間取り良ければすべて良し！

間取りのお手本

コラボハウス一級建築士事務所

X-Knowledge

間取りって、
どうしてこんなに

悩むんだろう……

「お手本」の中から
理想の間取りを
見つけましょう！

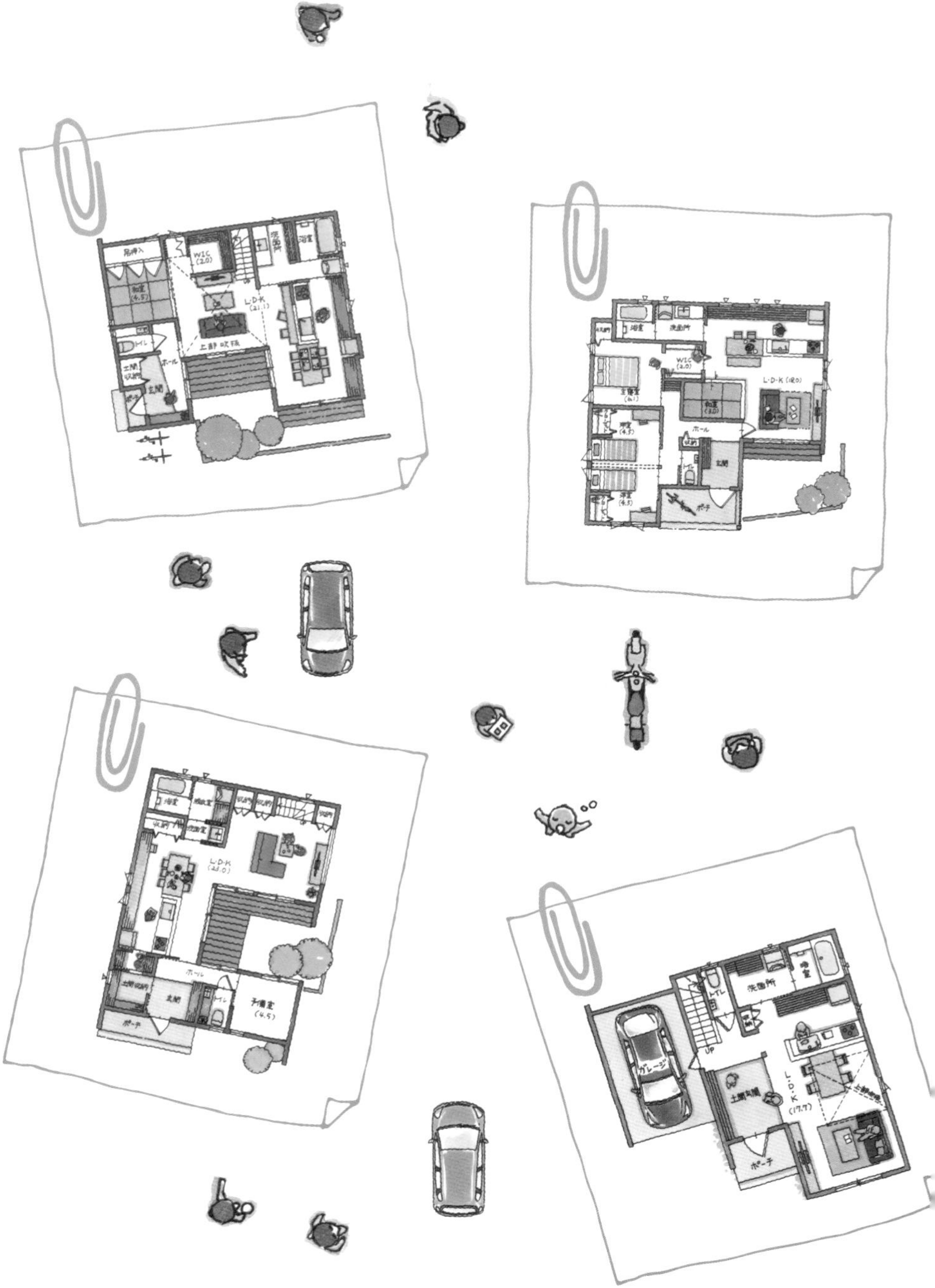

浴室
収納
L·D·K
(21.0)
ホール
土間収納
玄関
トイレ
予備室
(4.5)
ポーチ
トイレ
洗面所
浴室
UP
ガレージ
土間玄関
L
D
K
(17.7)
ポーチ

家づくりでいちばん大切なのは間取りです。

理由はかんたん。
住みやすさに直結するからです。

リビングは正方形？　それとも長方形？
キッチンの隣は収納？　それとも洗面所？
子ども部屋は兄弟で仕切る？　それとも仕切らない……？

実はどちらも正解で、
また、不正解とも言えます。
なぜなら間取りの正解は、住む人によって違うから。
家族の年齢や趣味、起床や食事の時間によっても、
住みやすい間取りは異なります。

だからこそこの本では
どんな家族が・何に困って・どんな暮らしをしたいから
その間取りに行きついたのか、詳しく解説しています。
都心の狭小地でも明るくて風通しのいい住宅や
光熱費を抑えつつも憧れの吹き抜けを実現したお宅、
布団派の夫とベッド派の妻の両方が快適に眠れる住まいなど
どの家もそれぞれがそれぞれの正解。
言わば「間取りのお手本」です。

掲載している間取りは既に建っている家も計画段階の家もありますが、
建て主の想いと設計士の知恵が詰まった家ばかり。
これからの家づくりを考える方のヒントになれば嬉しいです。

Contents

間取りの見方

動線
視線
通風

・床面積は、小数点第２位を四捨五入しています
・家族構成や周辺環境等の情報は、取材時の状況に基づきます（施主名は仮名を含む）

Staff

デザイン
三木俊一＋高見朋子（文京図案室）

編集協力
小林綾華、四方川めぐみ（株式会社キャデック）

印刷
シナノ書籍印刷株式会社

親子共々、カフェ巡りが趣味という土井さん。家具や雑貨にもこだわりがあり、北欧のデザイナーものをコツコツ集めていました。家を建てるなら、それらが似合う雰囲気にしたいと思うのは自然な流れ。「好きなテイストがはっきりしているせいか、設計士さんとのやりとりもスムーズ。打合せはいつも楽しい時間でした」

力を入れたのは目につく場所の収納や建具。やわらかい印象のパイン材でまとめ、ほっこりした雰囲気を演出します。「カウンターや窓枠、本棚まで、手持ちのお気に入りに合わせて細部までオーダーメイド。建売では叶わなかった理想のわが家ができました」

大好きな北欧家具に合う オーダーメイドの家づくり

細部まで北欧カフェ風に

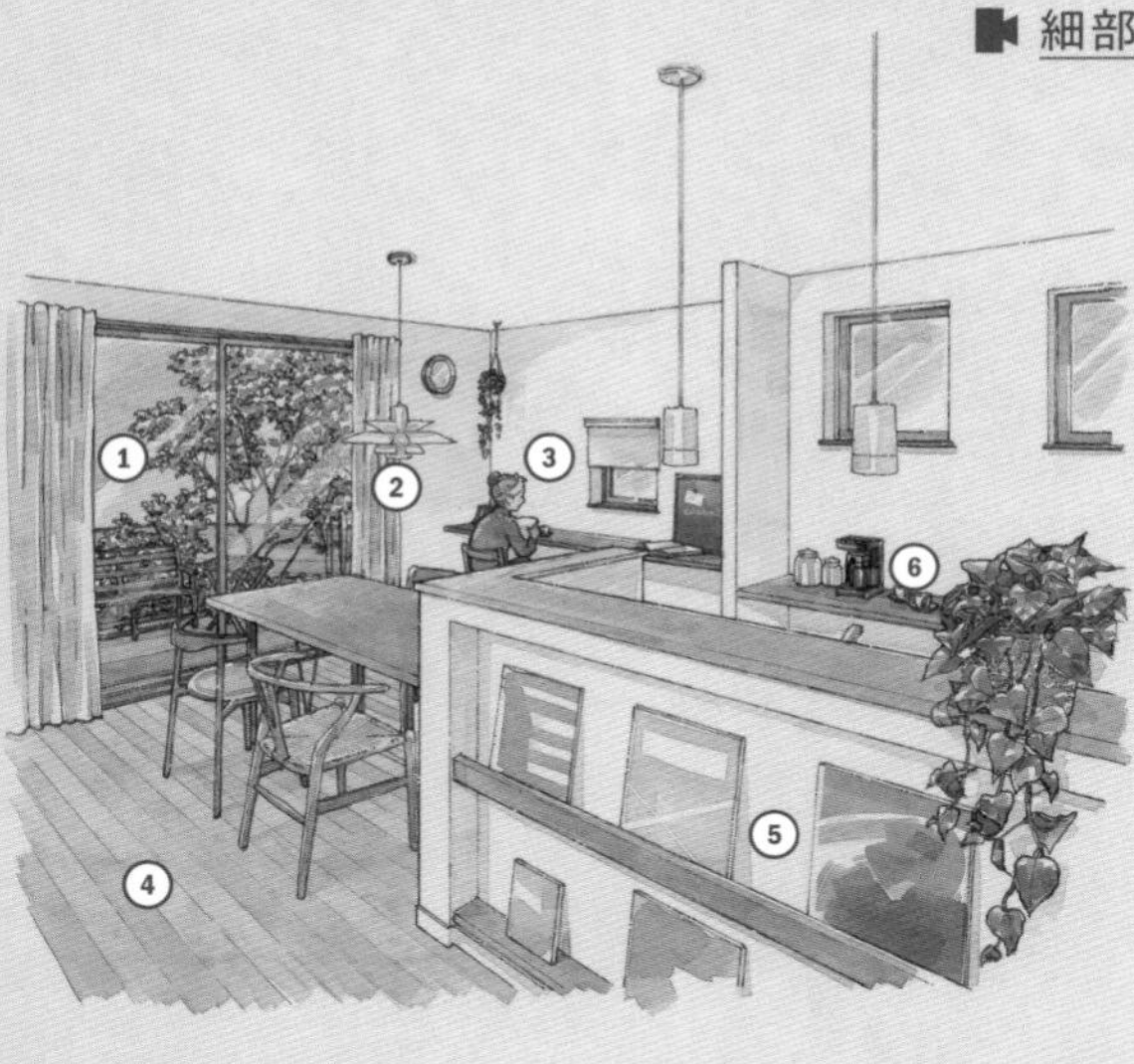

① 外は眺めのいい景色
② 北欧の名作照明で落ち着いた雰囲気
③ ダイニングとは別に、ほっこりくつろげるコーナーを設置
④ フローリングや窓枠は、やわらかい雰囲気のパイン材で統一
⑤ カウンターの外側にマガジンラックを造作
⑥ キッチン背面の棚はやや深くし、様々なコーヒー道具の置き場に

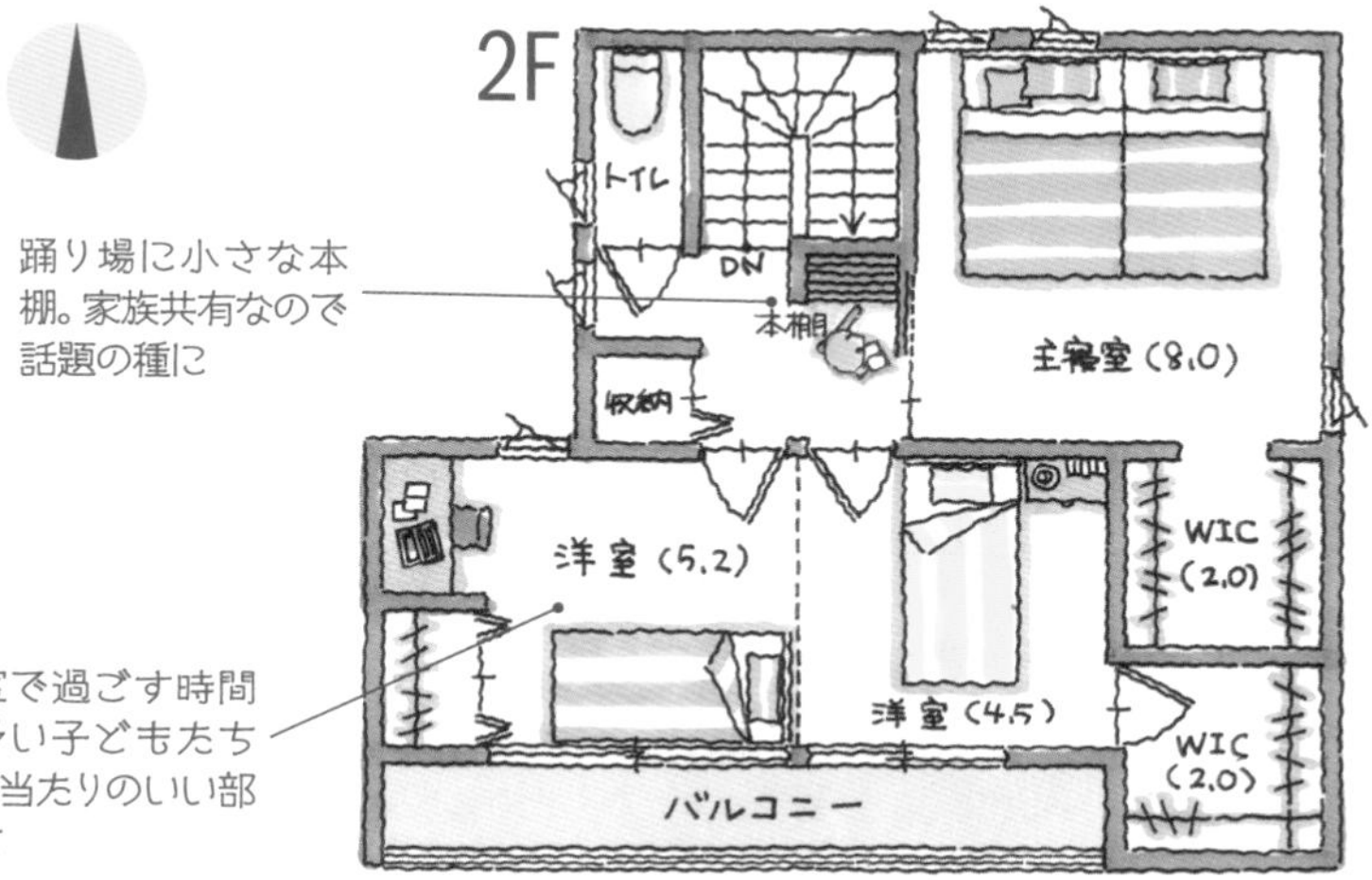
個室で過ごす時間も多い子どもたちに日当たりのいい部屋を

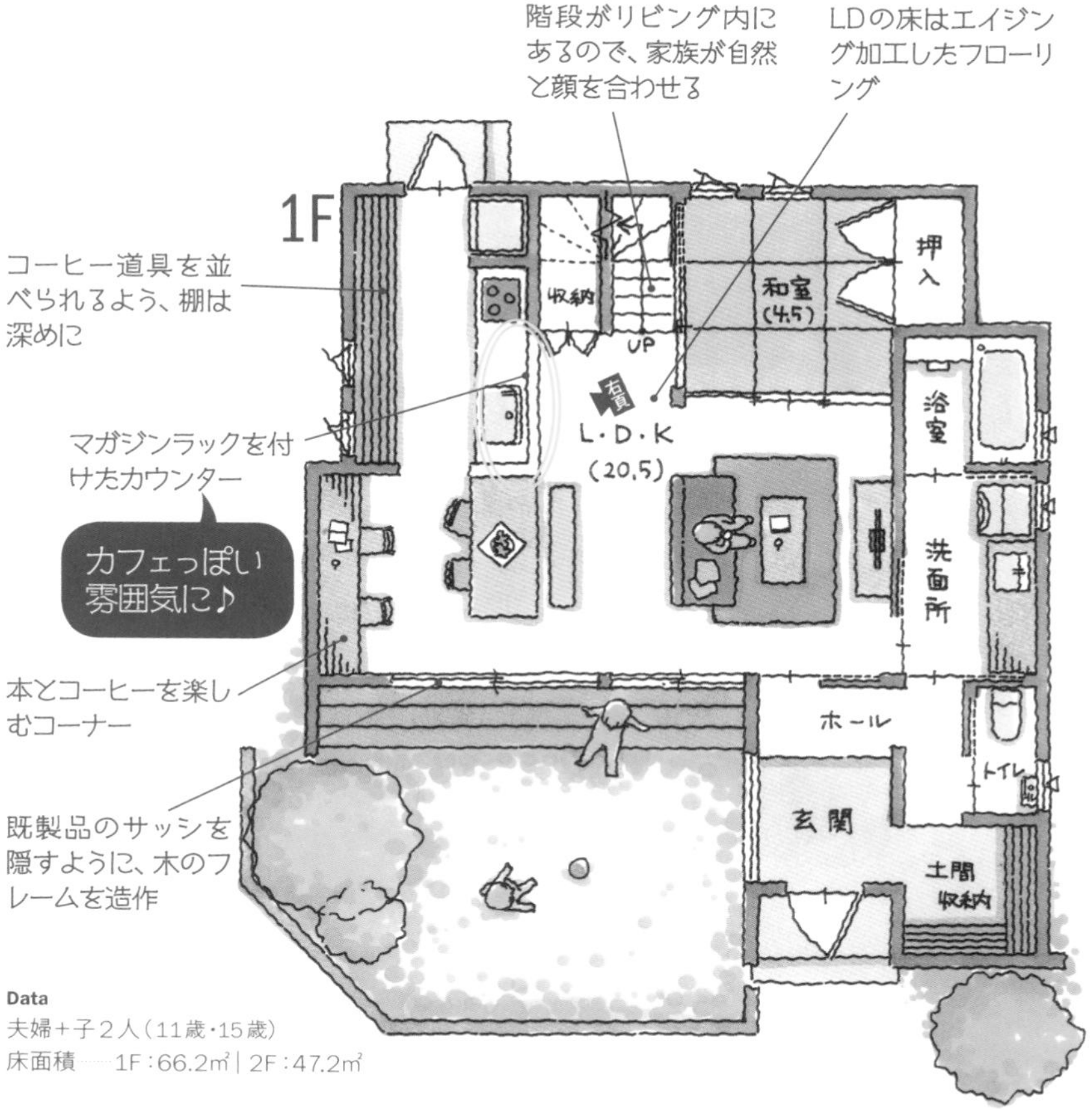

Data

夫婦＋子２人（11歳・15歳）

床面積……1F：66.2㎡｜2F：47.2㎡

同級生と今も家族ぐるみで集まるという妻の果穂さん。「子連れで集まっても狭く感じず、わいわいできる家が希望でした」

大きなポイントは床の高さ。「キッチンだけ一段低くしてあるんです。おかげで奥行きが強調され、視線がまっすぐスーッと伸びる。うちに来た人はみんな、部屋に入った瞬間、『広ーい！』と驚いてくれます」。料理中のおしゃべりを楽しくするのも、実はこの段差のおかげ。「キッチンで立っている私と、ソファや椅子に座っている人との目線が同じになるんです。気兼ねがなく一体感がある、理想通りの住まいです」

天井や床の高さを変えた広見せマジック

リビングが広く感じる視覚のマジック

① リビングの天井はDKより一段高く
② キッチンの床はLDより一段低く
③ LDの床はキッチンより明るく、広見せ効果のある色のタモ材

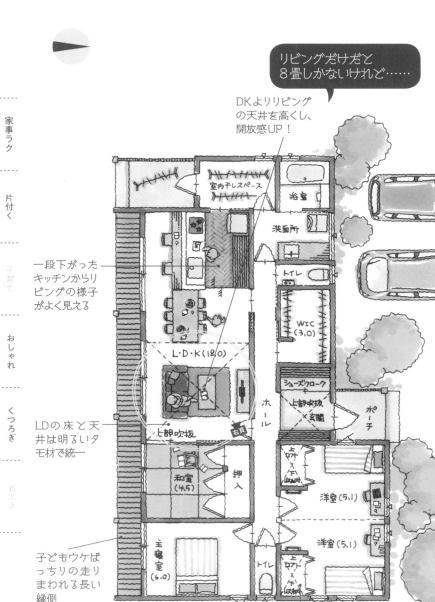

リビングだけだと
8畳しかないけれど……

DKよりリビング
の天井を高くし、
開放感UP！

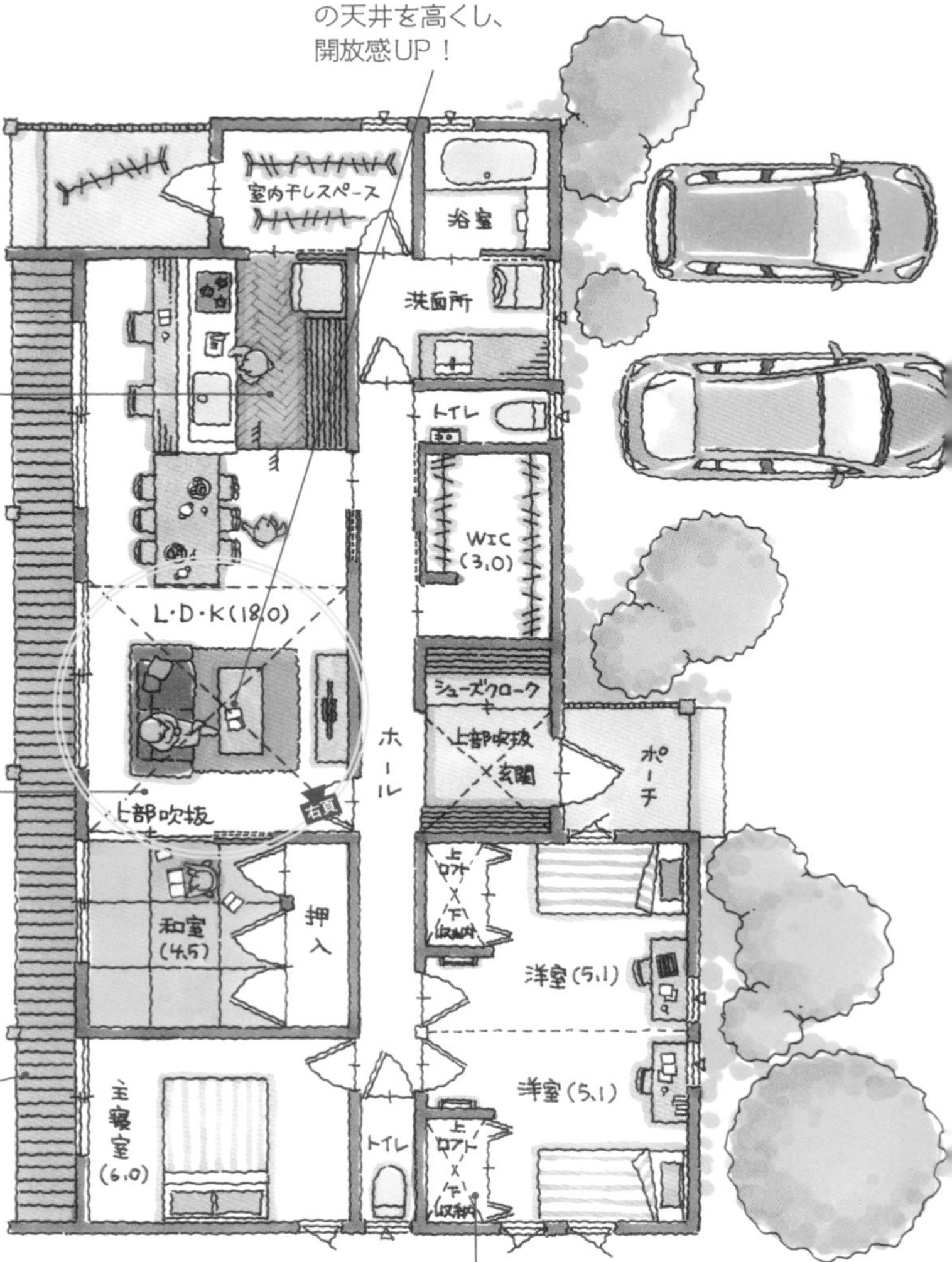
室内干しスペース
浴室
洗面所
トイレ
WIC
(3.0)
L・D・K(18.0)
シューズクローク
上部吹抜
玄関
ポーチ
ホール
上部吹抜
右頁
和室
(4.5)
押入
上
ロフト
下
収納
洋室(5.1)
洋室(5.1)
主寝室
(6.0)
トイレ
上
ロフト
下
収納

一段下がった
キッチンからリ
ビングの様子
がよく見える

LDの床と天
井は明るいタ
モ材で統一

子どもウケば
っちりの走り
まわれる長い
縁側

子ども部屋の収納
上は、はしごで登れ
る小窓付きのロフト

Data
夫婦＋子２人（3歳・7歳）
床面積……105.2㎡

みんなが使う細々した物が、以前は家中に散乱していたという重松さん。「子どもが3人いるから散らかるのは仕方ないけれど、せめて片付けがラクになったら、と思っていました」

その悩みを解決するために、リビング脇につくったのが大容量のウォークインクローゼットです。「約3畳の大容量。はじめは『そのぶん、リビングを広くしたほうがいいのでは？』と思ったりもしましたが、これで家が片付くならと設計士さんの提案に乗りました」

その威力を感じたのは、住み始めてすぐのことでした。「今までは『どうせまたすぐ使うから』と出しっぱなしにしていた物たちを、

掃除機も本も上着もここ！リビング脇収納は超便利

私も夫も億劫がらずにしまいに行くようになったんです。掃除機や筋トレグッズなどの大きな物はもちろん、本や耳かき、ハサミまで、全部の置き場がここだからこそ迷わずしまえるのがラクですね」

引き戸を閉めれば急な来客時も安心です。「いわば、物の避難所。『とりあえずここへ』で何度も助けられています」

他にも玄関横の土間収納や2階のファミリークローゼットなど、大きめの収納を適材適所にまとめています。「片付けだけでなく、探すのもラクになりました。『アレ、どこだっけ？』が減ると、日々のプチストレスも減ることを実感しています」

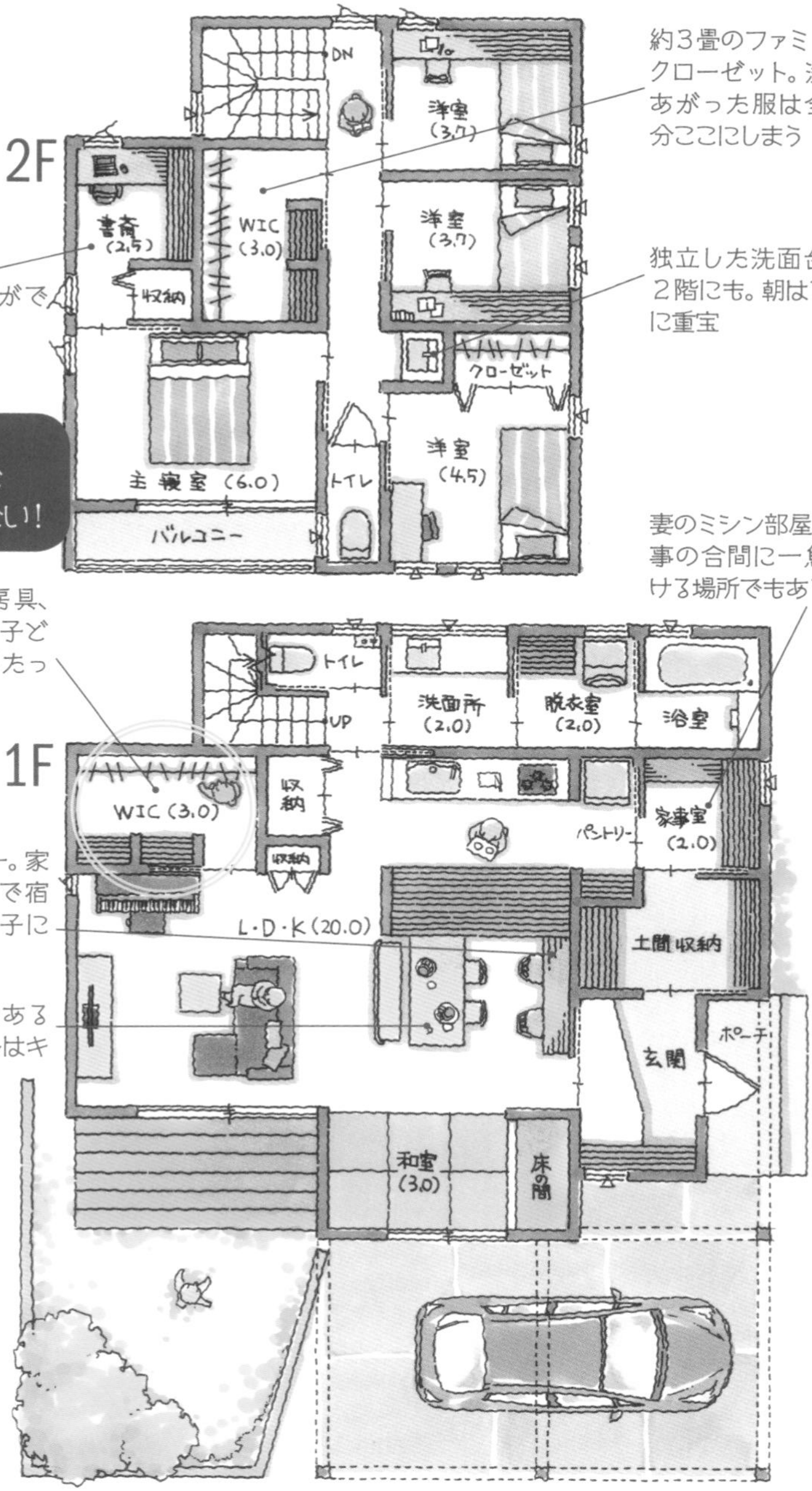
2F
DN
洋室 (3.7)
書斎 (2.5)
WIC (3.0)
洋室 (3.7)
収納
クローゼット
主寝室 (6.0)
トイレ
洋室 (4.5)
バルコニー
1F
トイレ
UP
洗面所 (2.0)
脱衣室 (2.0)
浴室
WIC (3.0)
収納
収納
パントリー
家事室 (2.0)
L・D・K (20.0)
土間収納
ポーチ
玄関
和室 (3.0)
床の間

約3畳のファミリークローゼット。洗いあがった服は全員分ここにしまう

こもって仕事ができる書斎

独立した洗面台を2階にも。朝はとくに重宝

おかげでリビングが散らからない！

妻のミシン部屋。家事の合間に一息つける場所でもある

掃除機や文房具、筋トレグッズ、子どもの着替え等たっぷり入る

デスクコーナー。家族がいる場所で宿題をしたがる子に最適

デスクが別にあるから、テーブルはキレイに保てる

Data

夫婦＋子３人（2歳·5歳·10歳）

床面積……1F：76.2㎡ | 2F：53.0㎡

「子どもが成長しても、一日一回は顔を合わせる家にしたくって」と話す三浦さん。「おはよう・ただいま・行ってきます」を自然と交わせる家が希望でした。SNSなどを見て惹かれていたのが、リビング内に階段のある間取りです。「家族がリビングに集まりやすいし、見た目もおしゃれでいいなあと思っていました」

そして完成したのは、約22畳のLDKにナチュラルな階段のあるお宅。「キッチンから2階を呼ぶのも便利だし、開放感があって気持ちがいいですね」。以前より建坪は狭くなったにも関わらず、「むしろ広くなった」と感じるそう。実は、階段は廊下に別途設けるよりも、室内に入れ込むほうが省スペースにつながります。「間取りの工夫で体感が変わるなんて魔法みたい！」と新居を満喫しています。

リビング内階段はいいこといっぱい！

「リビングから上がると気持ちのいい渡り廊下です」

① 蹴込み板がないスケルトン階段
② 東の小窓。外観のアクセントにもなっている
③ 手摺はアイアン。黒が空間を引き締める
④ 見晴らしのいい渡り廊下
⑤ 吹き抜けで1階とつながる

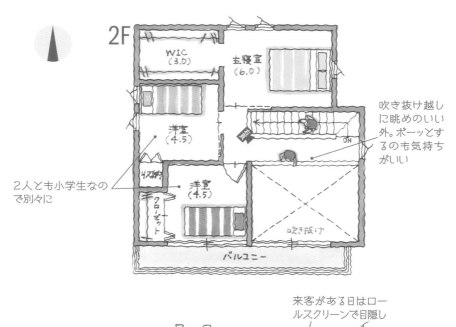

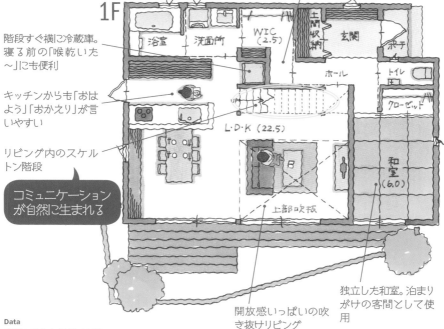

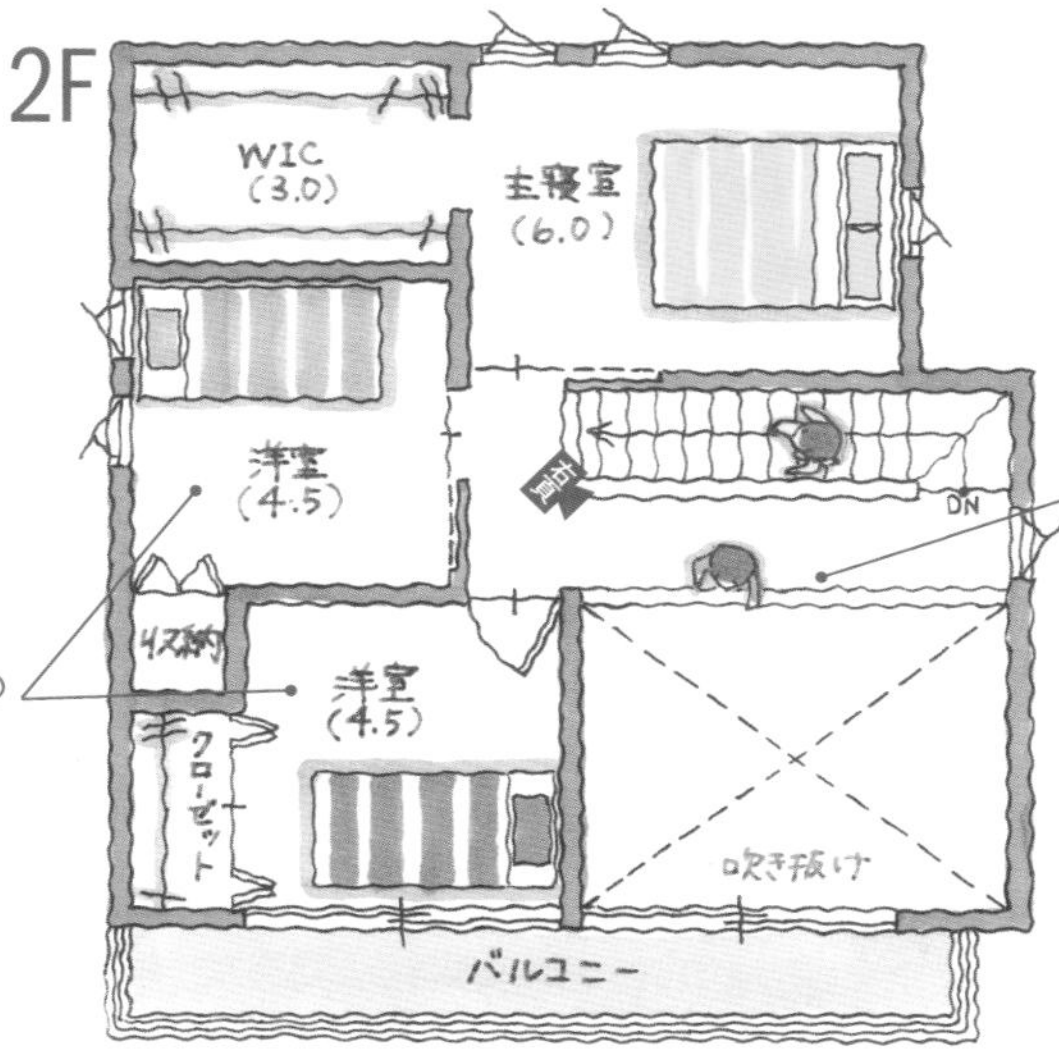
2F
WIC
(3.0)
主寝室
(6.0)
洋室
(4.5)
収納
洋室
(4.5)
クローゼット
DN
吹き抜け
バルコニー

吹き抜け越しに眺めのいい外。ボーッとするのも気持ちがいい

2人とも小学生なので別々に

来客がある日はロールスクリーンで目隠し

1F

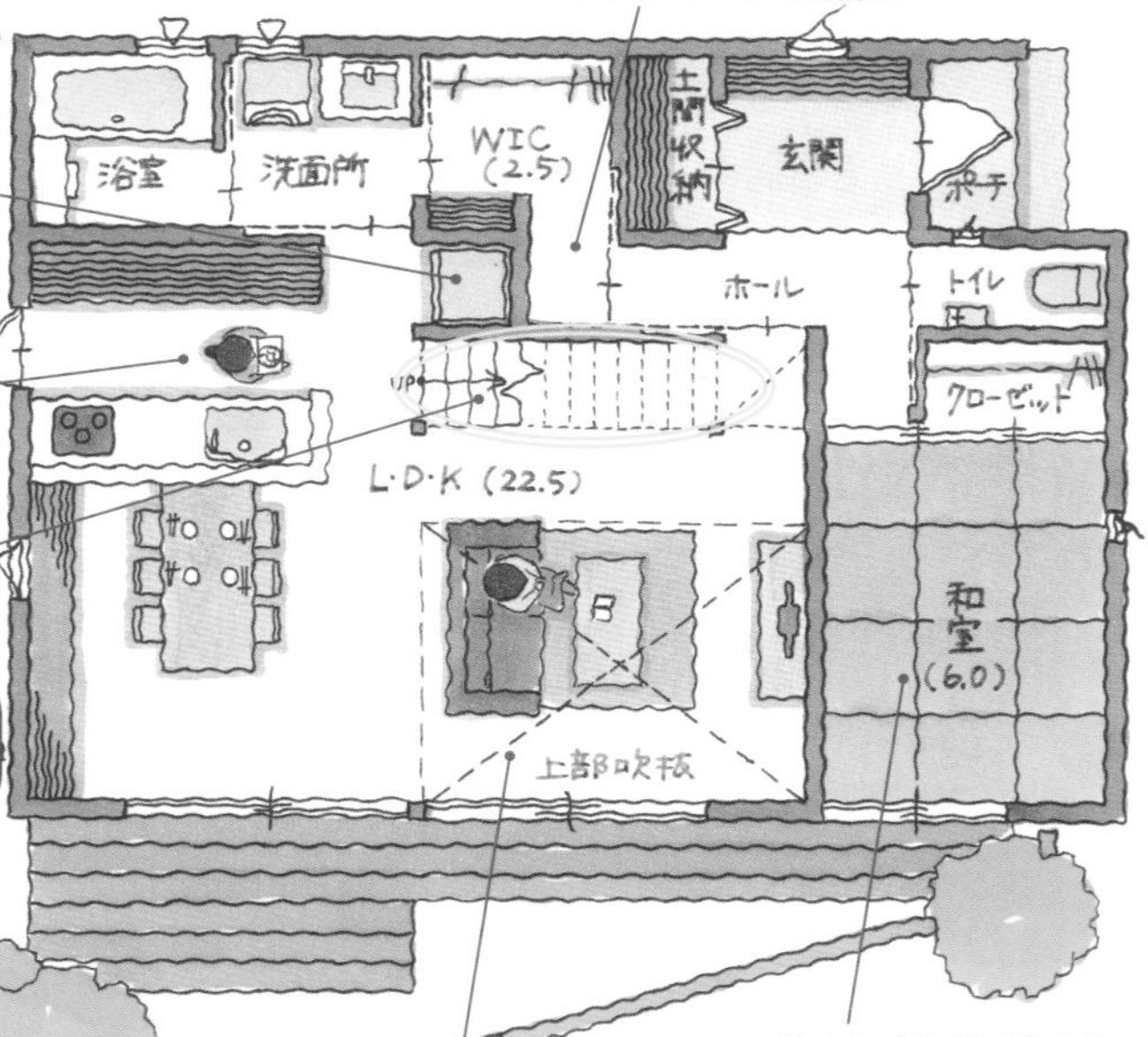
浴室
洗面所
WIC
(2.5)
土間収納
玄関
ポーチ
ホール
トイレ
クローゼット
UP
L・D・K (22.5)
和室
(6.0)
上部吹抜

階段すぐ横に冷蔵庫。寝る前の「喉乾いた～」にも便利

キッチンからも「おはよう」「おかえり」が言いやすい

リビング内のスケルトン階段

コミュニケーションが自然に生まれる

独立した和室。泊まりがけの客間として使用

開放感いっぱいの吹き抜けリビング

Data

夫婦+子2人（7歳·10歳）

床面積……1F：69.6㎡｜2F：40.6㎡

家族が自然と集まる
コンパクトな平屋

長年、平屋に憧れていたという越智さん。「地面と近くて、人間らしい暮らしのイメージ。階段がないので、老後も安心して住めるところに惹かれました」

一般的に、4人家族が住む平屋を建てるには敷地面積が60～70坪あるといいといわれます。しかし越智さんが選んだ土地は約50坪。「ややコンパクトですが、子どもたちはいつか巣立つ。そのぶんの部屋は将来空くし、子どもがいる今も家族が自然に集まるような、あったかい家ができるんじゃないかと思ったんです」

そんな想いを汲み取って、中央に約20畳のＬＤＫ、そこから放射状に、水まわりや寝室を配しました。

「子どもは本当に集中したいときだけ自室で机に向かいますが、それ以外はほぼリビング。どちらかが勉強していたら、テレビの音に気をつけるなど、気遣いもいつの間にか身につきました」

当初心配していた狭さについては、廊下をつくらない、引き戸を多用するなど工夫を徹底して解決。ＬＤＫは和室を含め、約24畳確保しています。「庭も想像以上に大きく取れました。ソファに座るとデッキ越しに向こうの部屋（主寝室）が見え、気持ちのいい抜けを感じます」。あえて選んだコンパクトな敷地が大正解。思い描いていた理想の暮らしが実現しました。

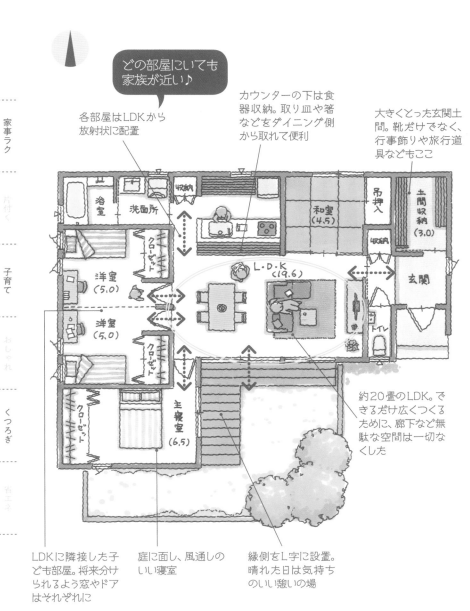

どの部屋にいても家族が近い♪

各部屋はLDKから放射状に配置

カウンターの下は食器収納。取り皿や箸などをダイニング側から取れて便利

大きくとった玄関土間。靴だけでなく、行事飾りや旅行道具などもここ

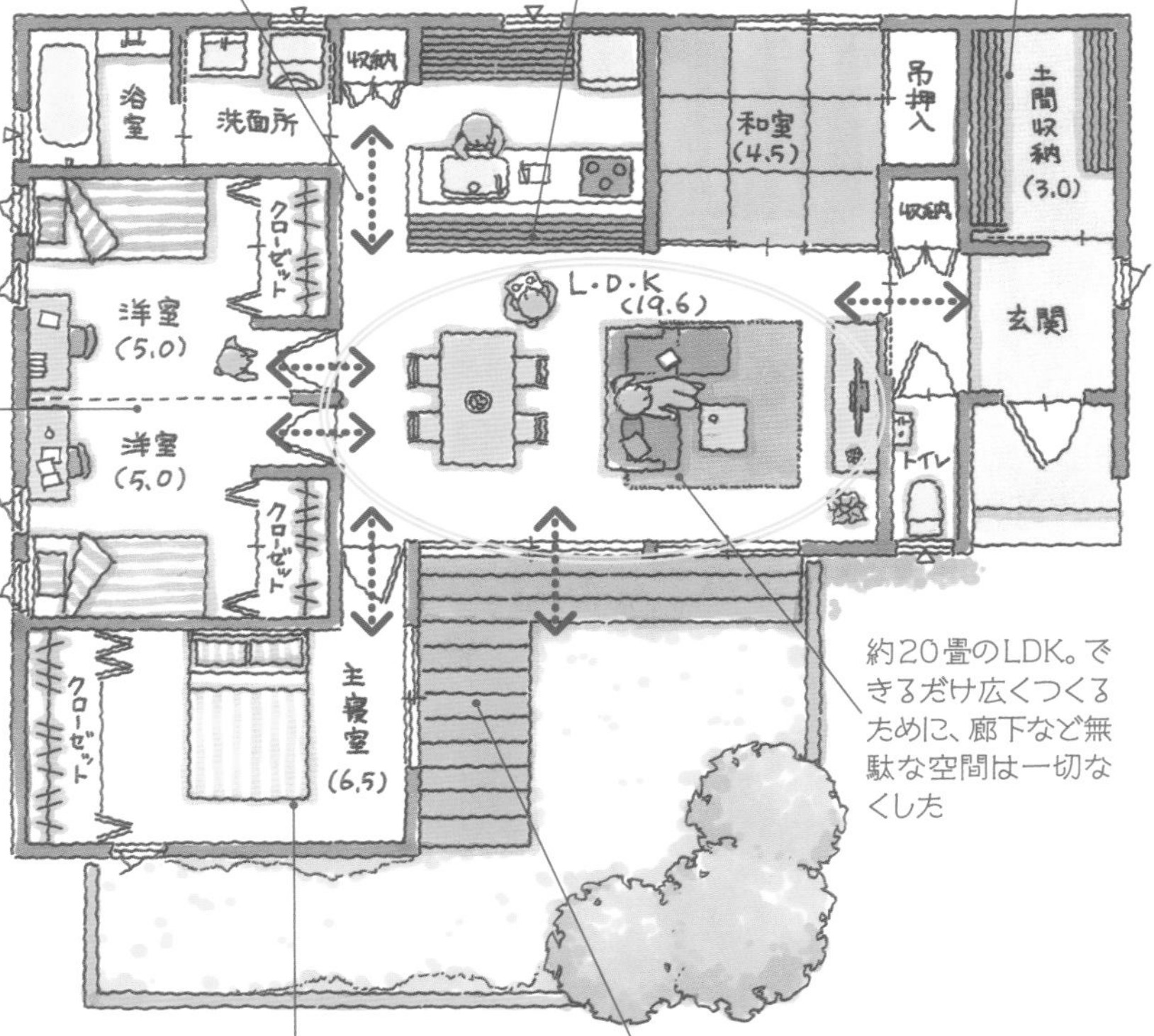
浴室
洗面所
収納
和室 (4.5)
吊押入
土間収納 (3.0)
収納
L・D・K (19.6)
玄関
洋室 (5.0)
クローゼット
洋室 (5.0)
クローゼット
トイレ
クローゼット
主寝室 (6.5)

約20畳のLDK。できるだけ広くつくるために、廊下など無駄な空間は一切なくした

LDKに隣接した子ども部屋。将来分けられるよう窓やドアはそれぞれに

庭に面し、風通しのいい寝室

縁側をL字に設置。晴れた日は気持ちのいい憩いの場

Data

夫婦＋子２人（10歳·12歳）

床面積……94.4㎡

妻の母親から土地を譲り受けた中野さん夫妻。「マンションをリノベーションする予定でしたが、その貯金で家を建てることに。土地を譲ってくれた母と相談しながら間取りを決めていきました」

夫妻が希望したのはゆったりとしたリビングと、将来を考えた子ども部屋、そして母親を招くこともできる和室です。「二人暮らしの今はのびのびと。家族が増えても無理なく対応できる家が理想でした」

日当たりのよい2階は、寝室＋セカンドリビングとして使うことに。妻の彩子さんは油絵が趣味で、今は部屋の半分くらいをアトリエにしています。「1階には友人を

家族が増えても対応できる柔軟な間取り

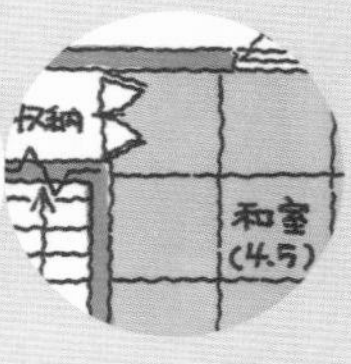

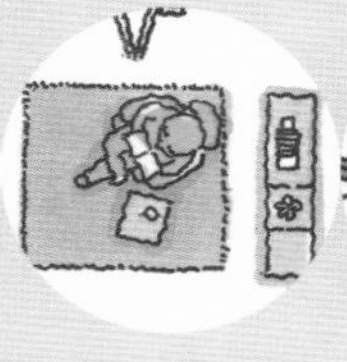

招くこともあるけれど、ここは完全に家族用。将来ふたつの子ども部屋にすることもできるように、窓や収納は左右につけました」

和室は階段の上り下りがない1階に設けました。約3畳のクローゼットもつけ、個室としてもしっかり使えるようにしています。今は主に客間として利用。来客の頻度はそこまで高くありませんが、家づくりのプロセスを通して将来への思いを真剣に話せたのは大きな進歩だと振り返ります。「母も安心感につながったよう。マンションではできなかったことが実現でき、夫婦間の信頼もぐんと深まった気がします」

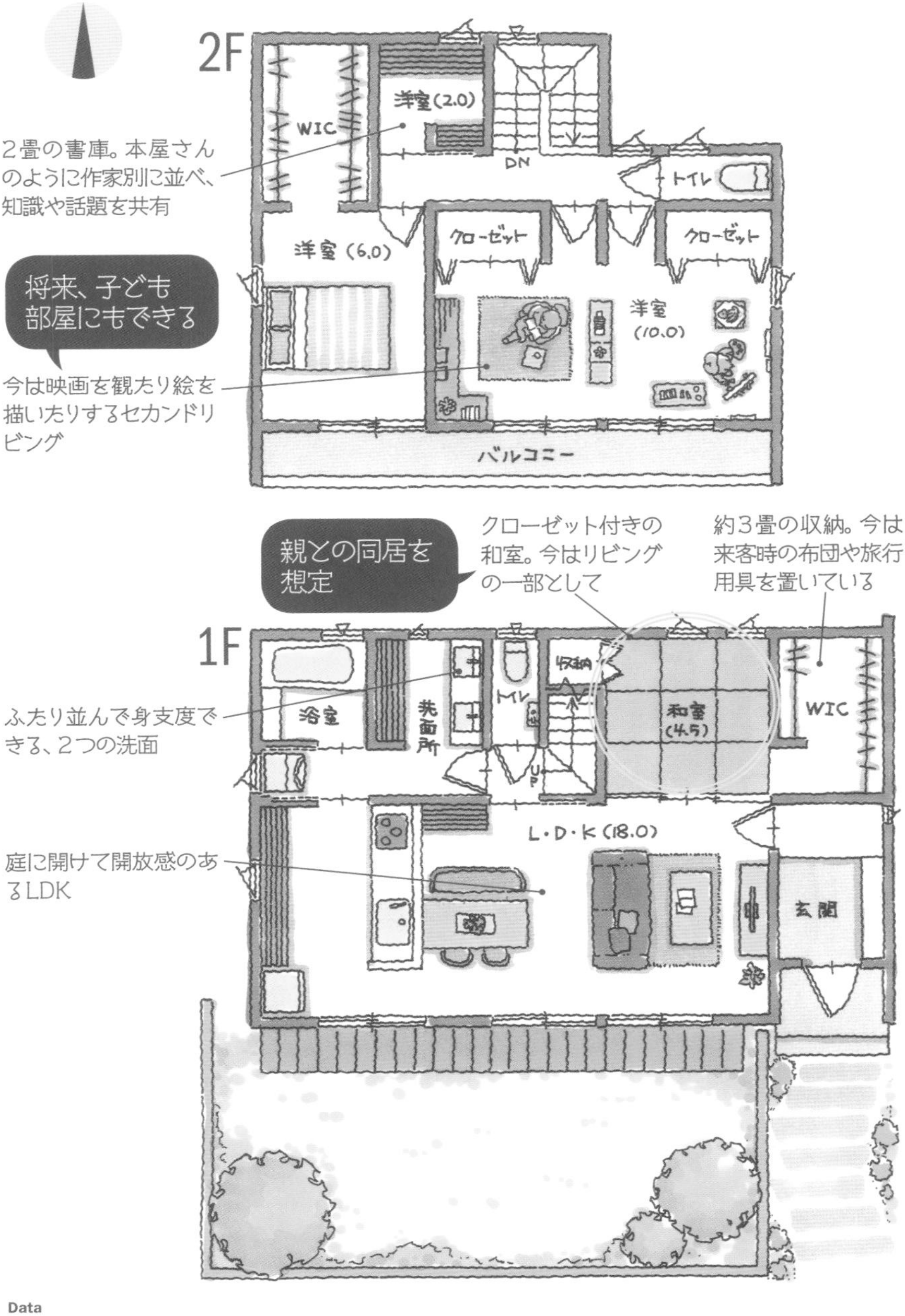
2F
WIC
洋室(2.0)
DN
トイレ
洋室(6.0)
クローゼット
クローゼット
洋室
(10.0)
バルコニー
2畳の書庫。本屋さんのように作家別に並べ、知識や話題を共有
将来、子ども部屋にもできる
今は映画を観たり絵を描いたりするセカンドリビング
1F
浴室
洗面所
トイレ
収納
UP
和室
(4.5)
WIC
L・D・K(18.0)
玄関
親との同居を想定
クローゼット付きの和室。今はリビングの一部として
約3畳の収納。今は来客時の布団や旅行用具を置いている
ふたり並んで身支度できる、2つの洗面
庭に開けて開放感のあるLDK

Data

夫婦

床面積……1F：62.1㎡｜2F：47.2㎡

「家の隅々まで適温で、夏も冬も快適な家にしたかった」という高垣さん。「パッシブデザイン」という設計手法を本で知り、これだ！とピンときたそうです。

パッシブデザインとは、自然エネルギーを最大限活用し、エコで、体に優しい設計手法のこと。窓のサイズや位置、断熱の工夫などを徹底し、太陽の光や熱、風を上手に取り入れます。「わが家いちばんの特徴は大窓のあるＬＤＫ。この窓で光を家中に届けつつ、トリプルガラスなので外気温の影響はほぼ感じません」。吹き抜けは上下階の空気を循環させます。「おかげで家中の温度がほぼ一定。一年中裸足で気持ちよく暮らせています」

自然エネルギーをフル活用 いつもちょうどいい温度の家

ここにも！ パッシブデザインの工夫

① あらわしの梁はインテリア的にもアクセント
② 高さ2m40cmの大きな窓。樹脂サッシのトリプルガラスで断熱もばっちり
③ 夏の日差しや、夜の冷気は障子を閉めてシャットアウト
④ 床暖房で冬はじんわり。部屋全体を暖かく保ちます
⑤ 屋根に9.52kWの太陽光パネルを搭載。南向きで環境がよく、余剰電力で収入もある

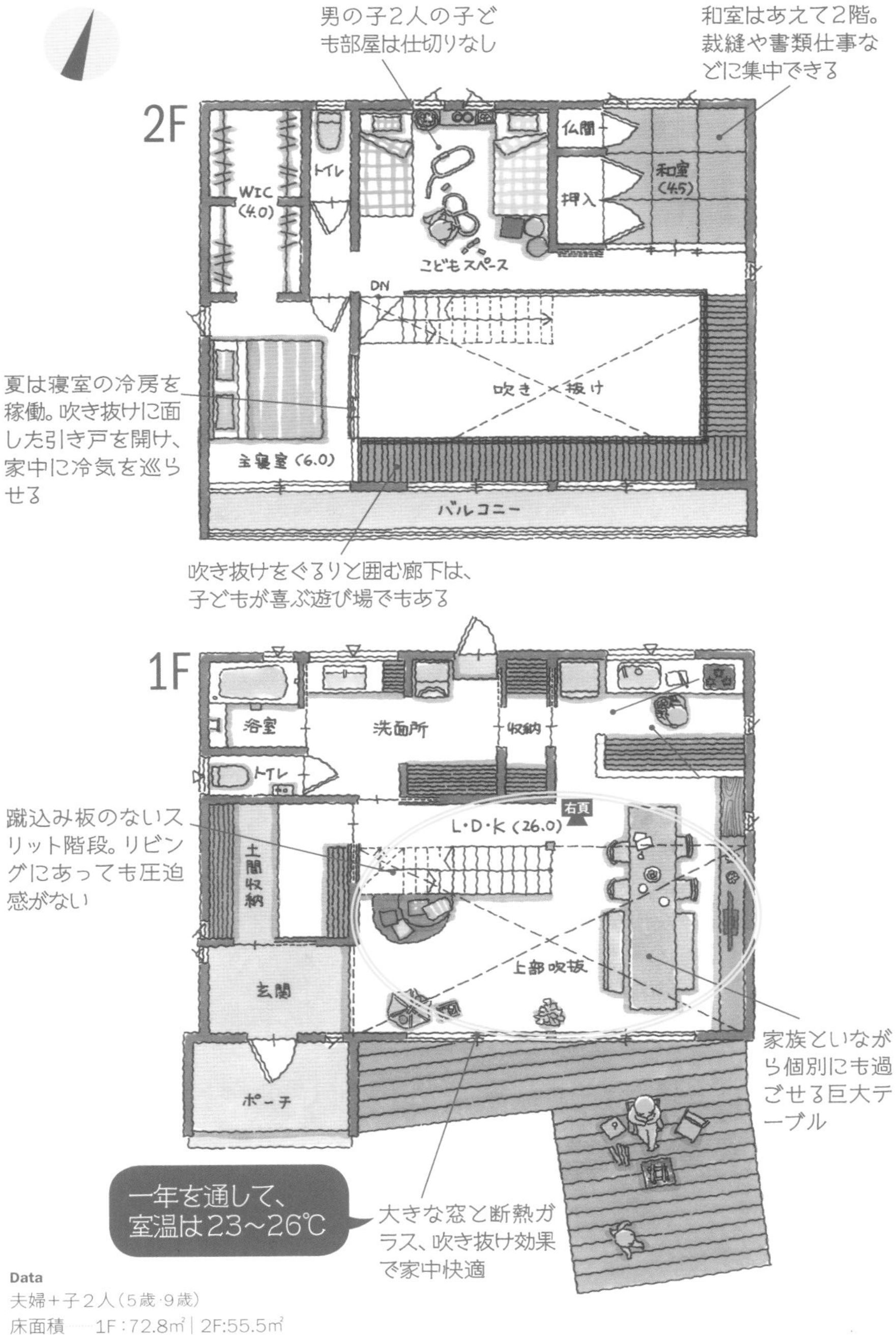
男の子2人の子ども部屋は仕切りなし
和室はあえて2階。裁縫や書類仕事などに集中できる
2F
WIC
(4.0)
トイレ
こどもスペース
仏間
押入
和室
(4.5)
DN
吹き抜け
主寝室(6.0)
バルコニー
夏は寝室の冷房を稼働。吹き抜けに面した引き戸を開け、家中に冷気を巡らせる
吹き抜けをぐるりと囲む廊下は、子どもが喜ぶ遊び場でもある
1F
浴室
洗面所
収納
トイレ
L・D・K(26.0)
右頁
土間収納
上部吹抜
玄関
ポーチ
蹴込み板のないスリット階段。リビングにあっても圧迫感がない
家族といながら個別にも過ごせる巨大テーブル
大きな窓と断熱ガラス、吹き抜け効果で家中快適
一年を通して、室温は23~26℃

Data

夫婦+子2人(5歳・9歳)

床面積……1F:72.8㎡|2F:55.5㎡

NYのSOHOがお手本！ おしゃれでロハスなLDK

夫婦ともにグラフィックデザイナーの渋谷さん。「ニューヨークのソーホーみたいな雰囲気が好きで」と、ずいぶん前から海外雑誌やSNSの写真をスクラップしていました。なかでも「絶対ほしい！」と決めていたのがモルタルのラフな土間でした。「無機質だけど、どこか職人っぽさがある感じ。玄関かキッチンか……、とにかく家のどこかにつくれたらおしゃれだなと思っていました」

設計士にその希望を伝えると、上がってきたのは、土間＝16畳のリビングのプラン。「はじめはちょっと驚きました。でも、いちばんリラックスして過ごしたいリビングが、いちばん好きな雰囲気なのってすごくいいかもと思えてきて」。大胆に感じたアイデアを快諾すると、その後は次々にやりたいことが溢れてきたそうです。

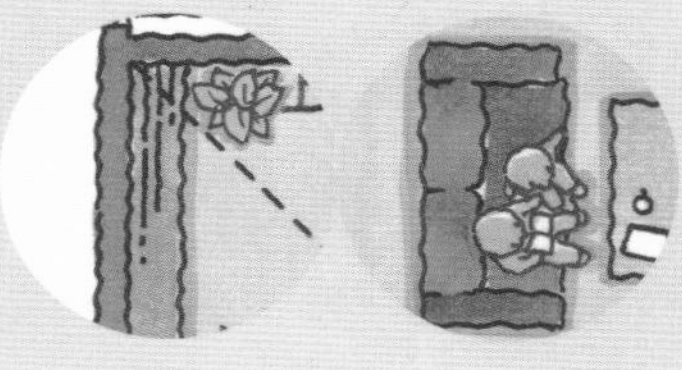

「床にコテ跡を残したい、壁にはブリックタイルを張りたい、目地はグレーがいいなど、設計士さんには希望を全部お伝えしました。とても楽しかったし、出来上がりにも大満足しています」

住み始めてから気がついたのは、意外にも土間の心地よさだと話します。「夏はひんやり、冬は太陽の光を溜めて温かい。一年中裸足でも快適なのは嬉しい驚きです」。おしゃれなだけでなくエコでロハス。そんな土間リビングを満喫しています。

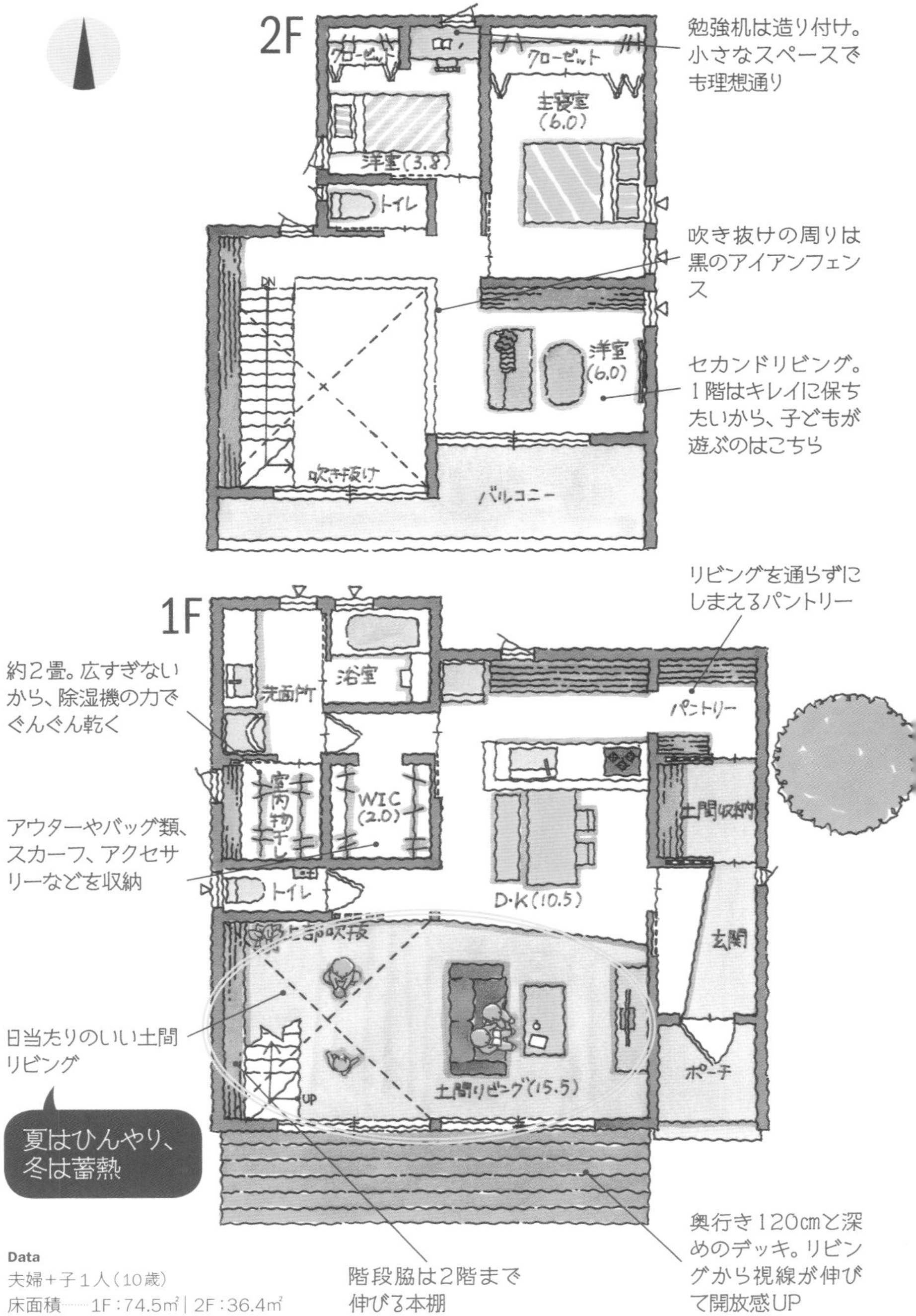
2F
クローゼット
クローゼット
主寝室
(6.0)
洋室(3.8)
トイレ
DN
吹き抜け
洋室
(6.0)
バルコニー
勉強机は造り付け。小さなスペースでも理想通り
吹き抜けの周りは黒のアイアンフェンス
セカンドリビング。1階はキレイに保ちたいから、子どもが遊ぶのはこちら
1F
洗面所
浴室
パントリー
室内物干し
WIC
(2.0)
土間収納
トイレ
D・K(10.5)
上部吹抜
玄関
土間リビング(15.5)
ポーチ
UP
リビングを通らずにしまえるパントリー
約2畳。広すぎないから、除湿機の力でぐんぐん乾く
アウターやバッグ類、スカーフ、アクセサリーなどを収納
日当たりのいい土間リビング
夏はひんやり、冬は蓄熱
奥行き120㎝と深めのデッキ。リビングから視線が伸びて開放感UP
階段脇は2階まで伸びる本棚

Data

夫婦＋子１人（10歳）

床面積……1F：74.5㎡｜2F：36.4㎡

男の子3人の子育てに奮闘中の大西さん。「元気に走り回る子を見るのは僕らも好きだから、わが家が楽しい遊び場になる、そんな家にしたいと思っていました」

リビングにつくったのは高さ6ｍのボルダリングコーナーです。ホールドの取り付けには家族で参加。「大工さんに教わりながら、好きな色を選んだり位置を決めたり。いい思い出になりました」。9歳の長男は、もうスルスルと2階まで登ります。「大人にとっては吹き抜けが気持ちいい、子どもにとっては体を使って遊べる、最高のリビングになりました」

一方、妻の佐紀さんは、家事をラクにするのが譲れないポイント。

3兄弟が元気に暮らす＆家事ラクを両立！

「とにかく洗濯、片付け、料理をラクに！　とお願いしました」

そのための最大の工夫が、洗面近くのウォークインクローゼットです。約4畳と大容量で、家族の日常着はオールシーズンすべてここ。「乾燥機から出したら運ぶだけ。仕分けがないからラクなんです。予算都合で扉をつけませんでしたが、結果的にはそれも正解。開け閉めのひと手間がなくなります」

もうひとつの工夫がコの字型のキッチン。「向きを変えるだけでコンロ・水場・配膳ができます。おかわりもすぐ出せるし、料理しながら宿題を見られる。3歩圏内であらゆる作業ができるので、忙しい日々を本当に助けてくれています」

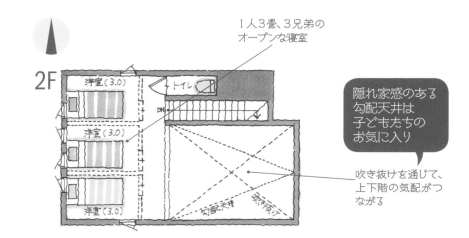

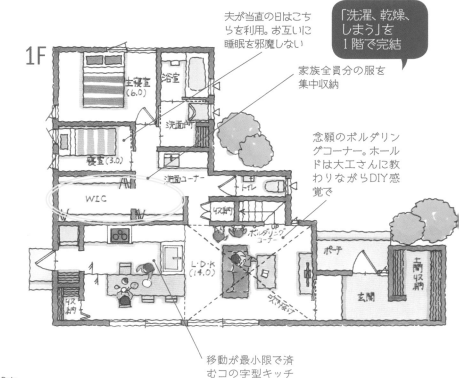

1人3畳、3兄弟のオープンな寝室

隠れ家感のある勾配天井は子どもたちのお気に入り

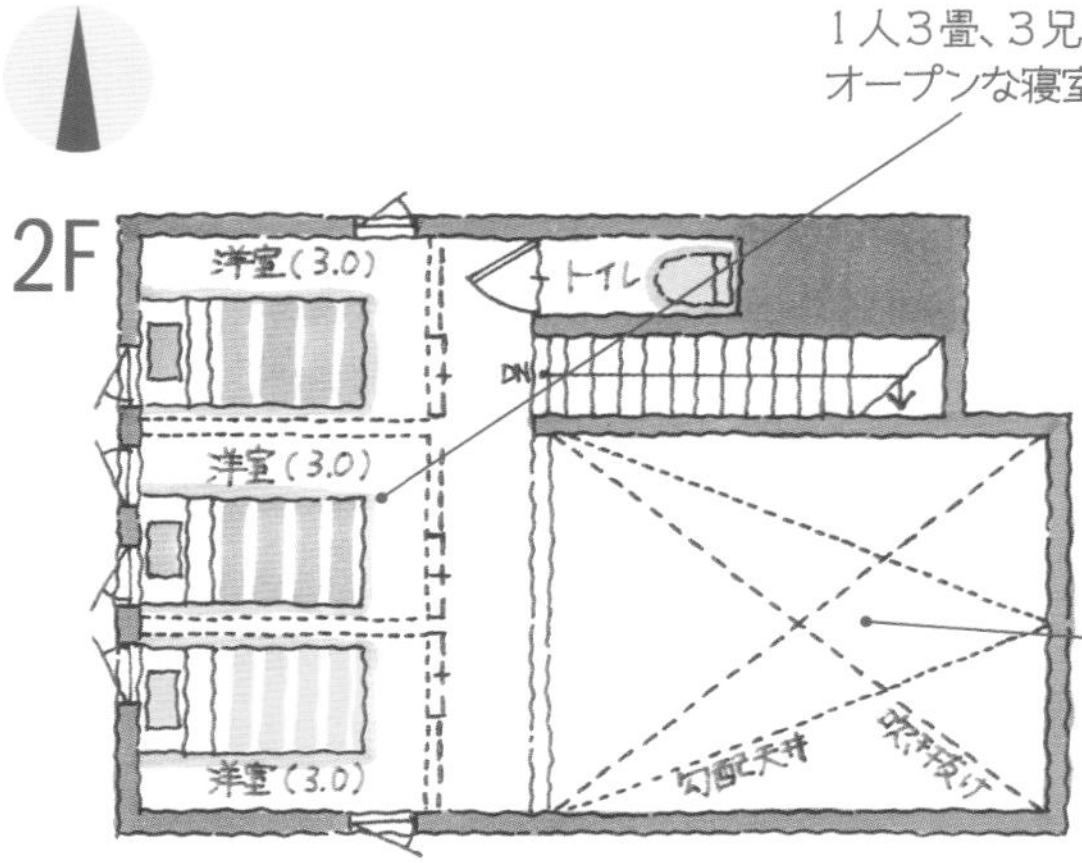
2F
洋室(3.0)
洋室(3.0)
洋室(3.0)
トイレ
DN
勾配天井
吹き抜け

吹き抜けを通じて、上下階の気配がつながる

夫が当直の日はこちらを利用。お互いに睡眠を邪魔しない

「洗濯、乾燥、しまう」を1階で完結

家族全員分の服を集中収納

念願のボルダリングコーナー。ホールドは大工さんに教わりながらDIY感覚で

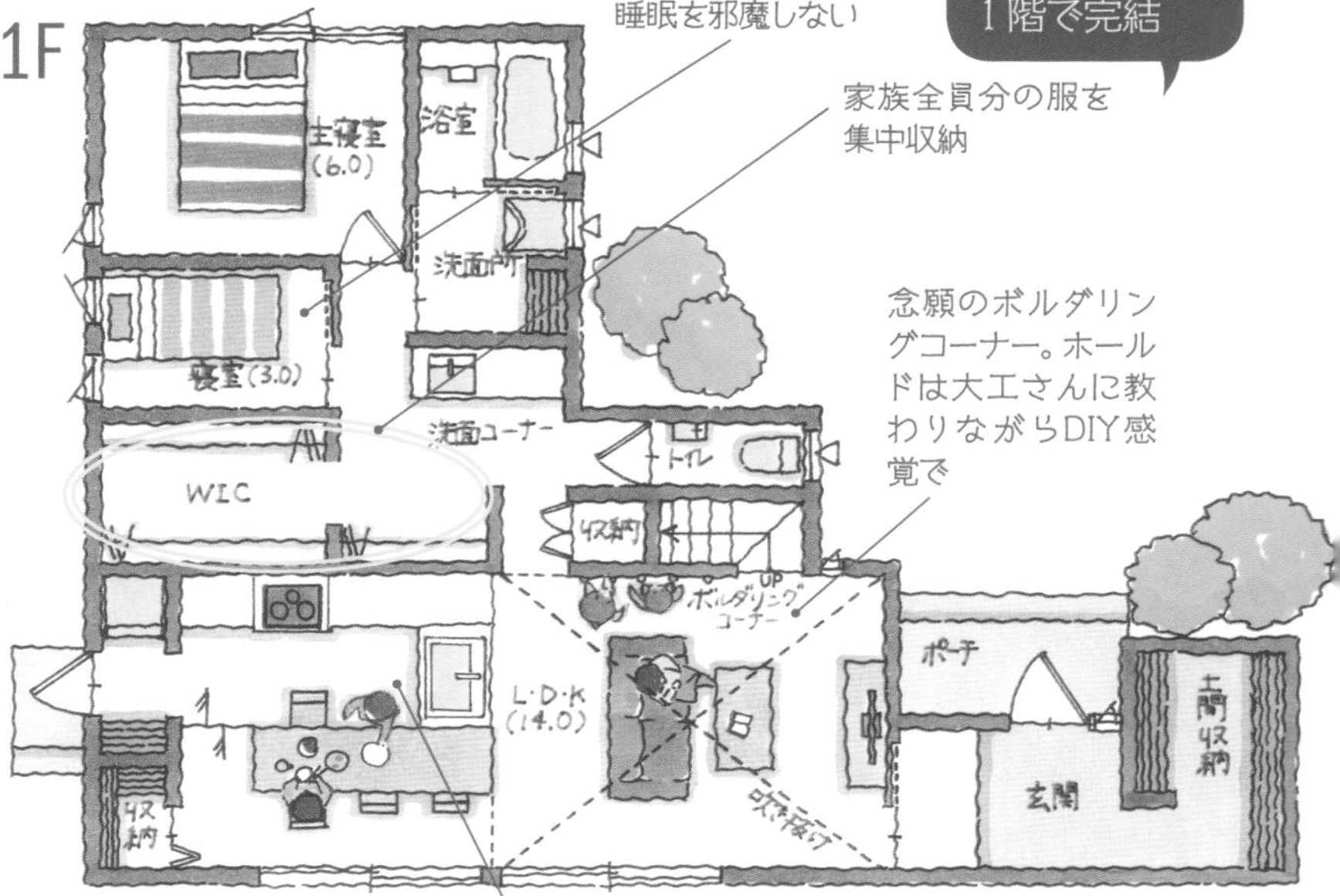
1F
主寝室(6.0)
浴室
洗面所
寝室(3.0)
洗面コーナー
WIC
トイレ
収納
UP
ボルダリングコーナー
ポーチ
L·D·K(14.0)
吹き抜け
収納
土間収納
玄関

移動が最小限で済むコの字型キッチンはとにかくラク！

Data

夫婦＋子3人（5歳·6歳·9歳）

床面積……1F：82.8㎡｜2F：24.8㎡

中本さん夫婦は、小さな家、それも平屋に暮らしたいと前々から考えていました。「どこにいてもだいたいの範囲に目が届き、家族と近い安心感。資金的に無理なく建てられるのも魅力でした」。土地を見つけ、ほしい部屋をリストアップして設計事務所を訪問。「子ども部屋2つに畳のスペース、できるだけ広いリビング……。『なかなかキビしいですね！』が設計士さんの第一声でした（笑）」

なかでも優先順位が高かったのはリビングです。「平日は帰りが遅い夫とも、休日はだらだらできる家にしたいねと話していて」。そこでもうひとつの希望、畳スペースをリビングに吸収することに。

小さな平屋の強い味方
小上がり和室＆通り抜け収納

通常より高さのある小上がり（35㎝）として、高低差による奥行き感を出しました。「おかげでワンルームの中にいくつも居場所がある部屋に。ここでアイロンがけをしていても、ソファ越しにちゃんとテレビが見えるのも嬉しいです」

もうひとつ、陰の立役者が〝通り抜け収納〟です。ＬＤＫと主寝室を結ぶ、ウォークインクローゼットで、「言わば廊下兼収納。ふたつの役割をひとつの空間で兼ねているので、わが家のような狭小住宅にはもってこいでした」。身支度と食事の場所が近いこと、入浴・着替え・就寝がコンパクトにできることなど時短効果も抜群。暮らしやすさを実感しています。

空間を
有効活用！

通り抜けできるクローゼット。動線上で、しまう・着替えができる

サニタリー⇔キッチン⇔クローゼット⇔寝室が近い

キッチンには小窓を付け、南北どちらの外も見える

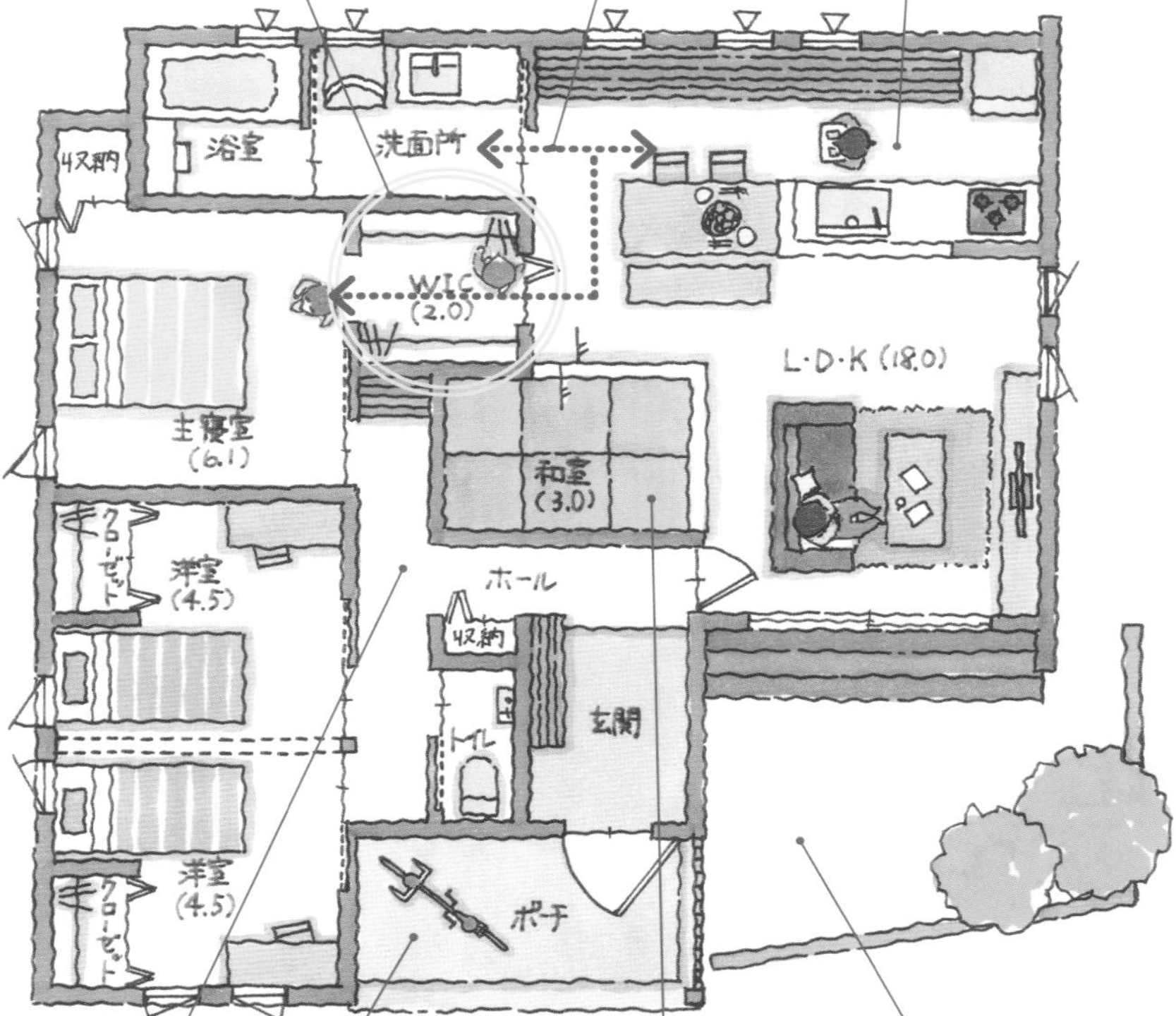

あえてきちんと廊下を設け、子ども部屋のプライバシーに配慮

自転車が雨に濡れない屋根付きポーチ

通常より高め(35cm)につくった小上がり。ソファ越しのテレビもよく見える

高低差でリビングに奥行きを

小さくても庭があることで視線が抜けるリビングに

Data
夫婦＋子２人（5歳・7歳）
床面積……97.0㎡

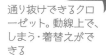

自慢したくなる
リビングSNAP

HELLO
ピザを焼いたり
シチューを煮たり……

薪ストーブのある土間リビング

フローリングの一部を切り取り、薪ストーブのある土間リビングに。吹き抜けから上る階段も楽しい、生活をとことん楽しむリビングです。

廊下のスタディコーナーとつながる

リビングから階段を上ったところに、子どもの勉強スペースを設置。遊んでいても宿題をしていても、1階から様子が見えるので安心です。

桜の景色を大窓で切り取る

隣地は古くからの桜並木。その景色をめいっぱい楽しむために、LDKに大きな掃き出し窓をつけました。家で外を眺めてお茶する時間が、何よりの贅沢です。

これぞ大空間！吹き抜けリビング

約22畳の大きなリビング。全体が吹き抜けで、2階と一体になった大空間です。日当たり抜群で開放的、子どもが楽しく走り回れる間取りです。

吹き抜けをぐるっと
囲む廊下も遊び場に

天井に張ったのは
木目の美しいツガ材

外の景色に吸い込まれる勾配天井

庭に向けて傾斜をつけた天井は、視線を自然と外へ向かせます。ソファに座っていても土間に降りても、気持ちいい景色に癒されます。

PCブースのあるヴィンテージ風LDK

グレーの塗り壁やウォルナットの床材で、大人っぽいヴィンテージスタイルに仕上げたLDK。階段との間にはPCブース。間仕切り壁のおかげで集中できます。

桜を楽しむ 2階リビング

「どんな家を建てたいか、ずいぶん前から話していました」という刈谷夫妻。当初は米軍ハウスのような平屋が憧れでしたが、隣地に大きな桜の木があるこの土地に出会い、気持ちが一変。「夜桜を眺めて晩酌する自分たちが想像できちゃって。予定より狭いので平屋は難しそうでしたが、ここしかない！と決めました」

その借景を最大限享受するため、ＬＤＫは２階に配置。バルコニーは桜の木にいちばん近い部分を張り出させ、お花見の特等席に仕立てました。キッチンは料理しながら会話しやすいL字型。ワインセラーも設置して、ふたりでも友人を招いても楽しい家になりました。

最高の借景に一目惚れして 土地選びのプラン変更！

① LDKを２階に配置。眺めを楽しめるだけでなく、プライバシーも守りやすい
② 隣地はお寺。大きな桜の木があり、春夏秋冬を感じられる
③ DK脇にも大きな掃き出し窓を設け、日当たりのいいフロアに
④ 22畳の広々LDK。大きなソファで、普段もホームパーティ時もくつろげる

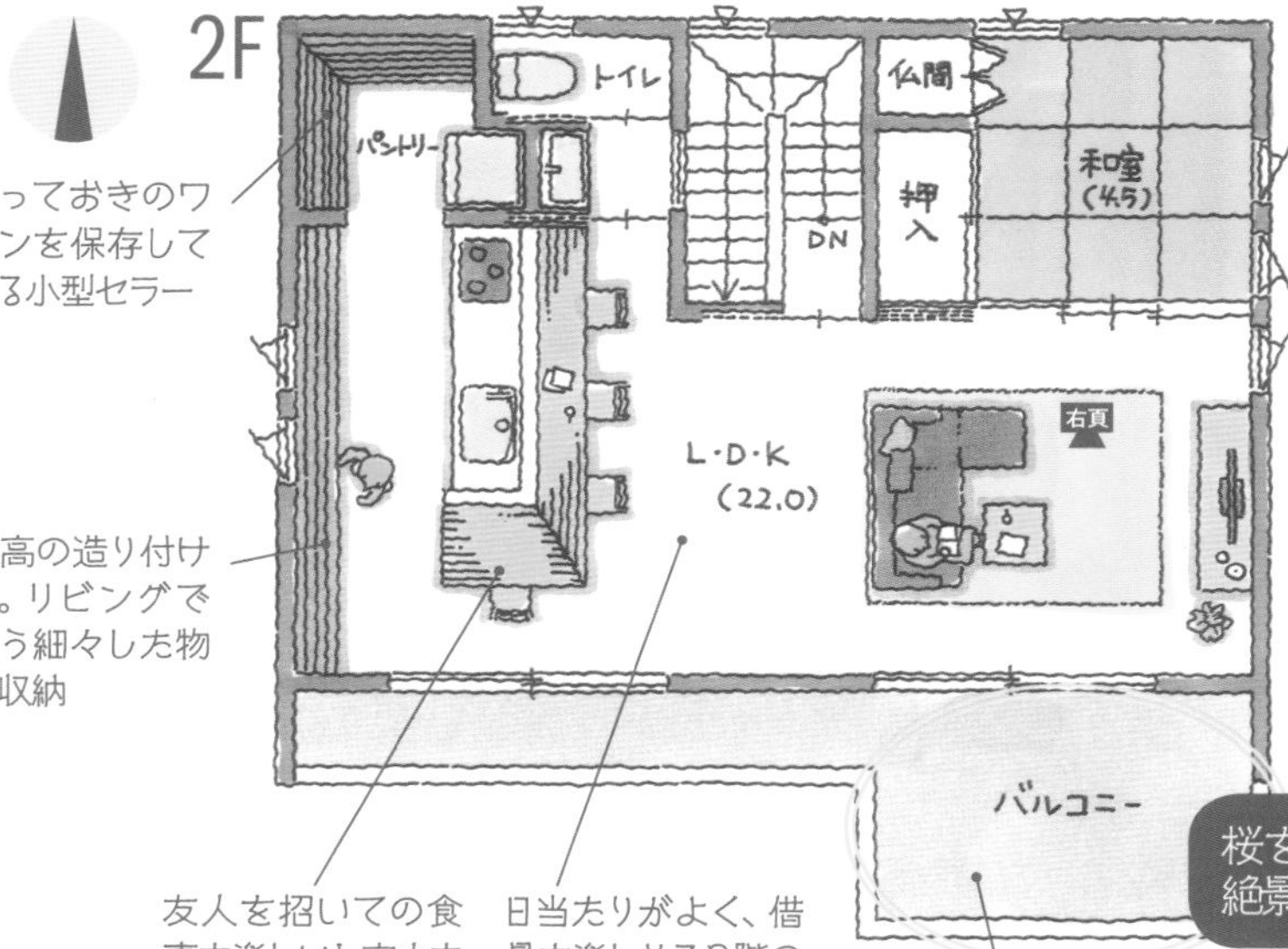

とっておきのワインを保存している小型セラー

腰高の造り付け棚。リビングで使う細々した物も収納

友人を招いての食事も楽しいL字カウンター

日当たりがよく、借景も楽しめる2階のLDK

桜をのぞむ絶景スポット!

屋外チェアも置けるよう一部張り出したバルコニー

スリット階段。玄関をおしゃれにかつ広く演出

夫専用トレーニングルーム。人目を気にせず没頭できる

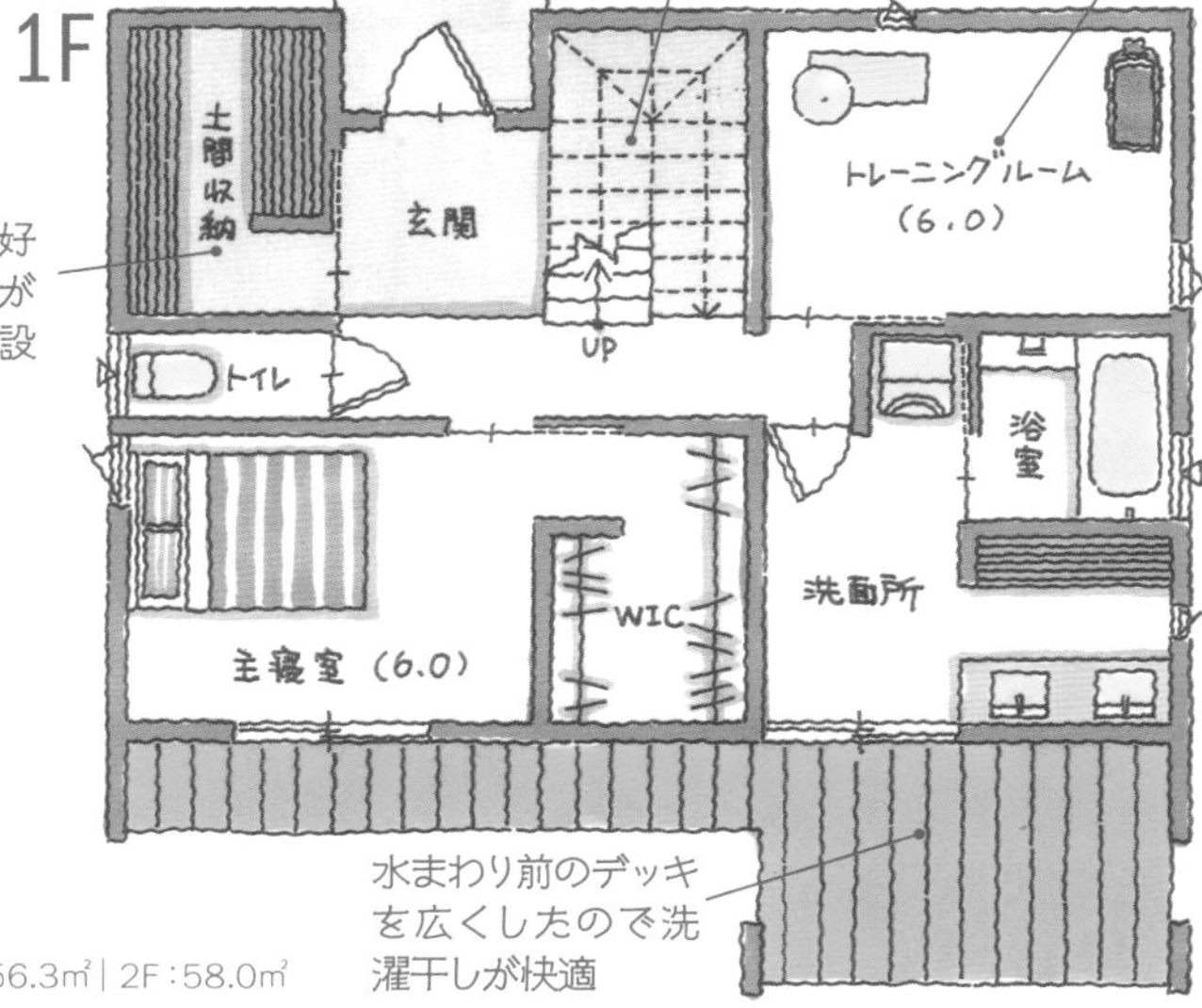

夫婦ともに靴好き。約100足が入る大容量に設計した

水まわり前のデッキを広くしたので洗濯干しが快適

Data

夫婦

床面積……1F:56.3㎡ | 2F:58.0㎡

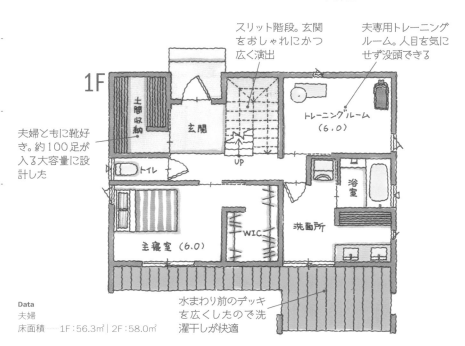

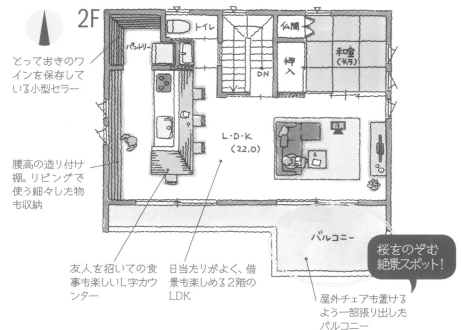

長男の小学校入学を機に都心へ引っ越した谷さん。「駅が近くて便利な分、以前より隣家が近い住宅地。目隠しをしっかりしつつ、でも家の中は開放的な間取りにできたらと思っていました」

そこで選んだのが3つの中庭がある間取りです。まず玄関を入ると最初の中庭。いちばん広い憩いの庭で、LDK、ホール、主寝室が囲み、家族が集まる場所一体に光と風をもたらします。「家の中に家族だけの庭がある。帰宅してこの庭が目に入ると、守られている感覚でホッとします」

2番目の中庭は、ふたつの子ども部屋が挟む位置。「布団干しも各自にお任せ。廊下から直接出入りできないのも子どもたちには特別感があるみたいです」

3番目の中庭はいちばん奥。LDKからまっすぐ進んだ突き当たりに、機能と癒しを両立させたサービスヤードをつくりました。「洗濯物干し場であり、眺めを楽しめる場所。植栽に選んだロドレイヤは常緑で、春にはピンクの花を咲かせます」

中庭の外壁は、内側を白く塗装。光を反射させ室内を明るく感じさせる工夫です。「斬新な間取りだったので住み心地が気になっていましたが、いざ暮らしてみると理想以上。個性的で、『これぞわが家』と思える城です」

3つの中庭を点在させて
どの部屋からも緑を楽しむ

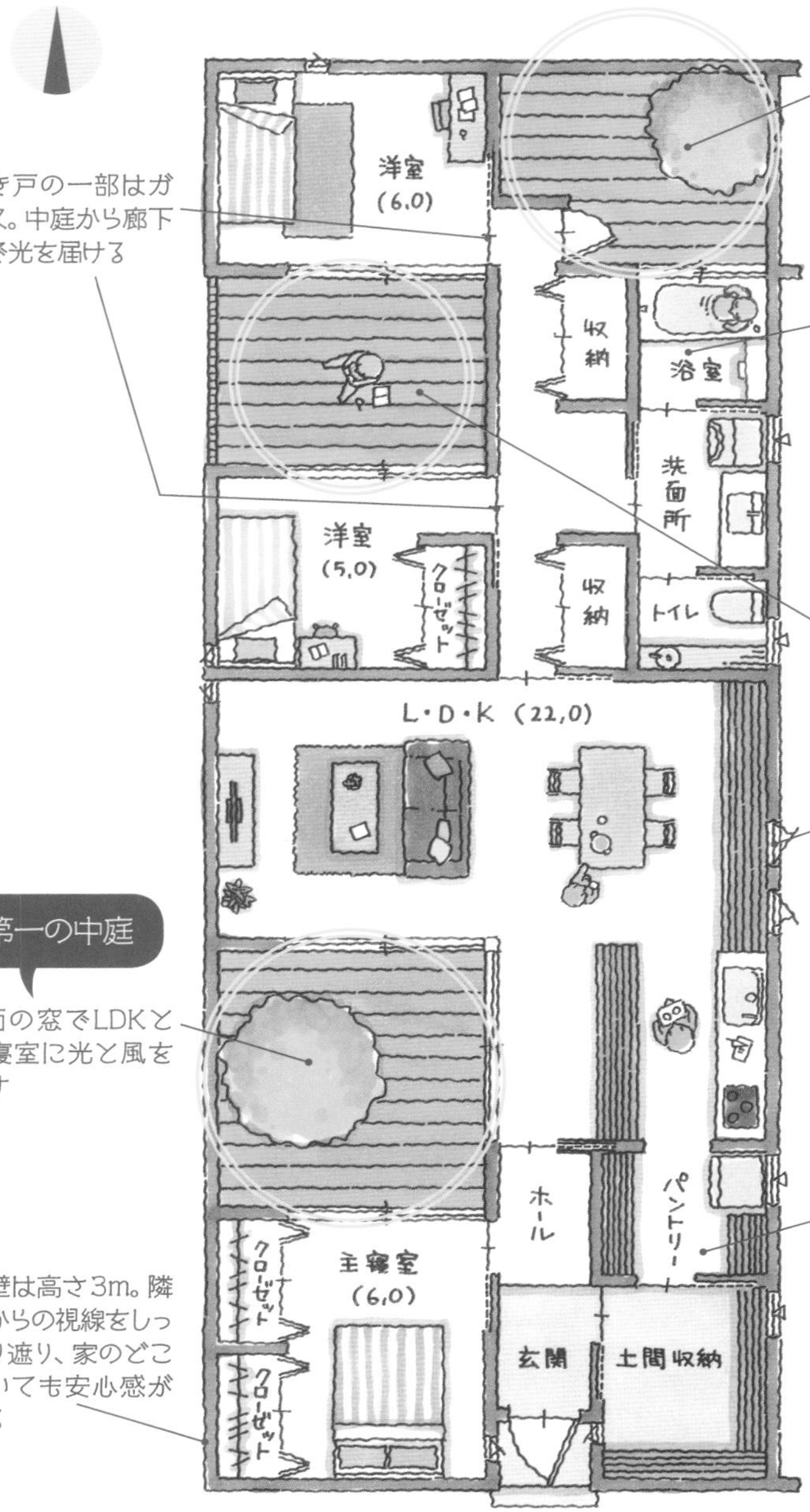
第三の中庭
洗濯干し場にもなるサービスヤード
引き戸の一部はガラス。中庭から廊下まで光を届ける
入浴中も空と緑を楽しめる
第二の中庭
子ども部屋からのみ行き来できる
中庭の対面に小窓。LDKの風通しを促す
3面の窓でLDKと主寝室に光と風を通す
広めの土間収納とパントリー。買い物帰りの大荷物をサッとしまえる
外壁は高さ3m。隣家からの視線をしっかり遮り、家のどこにいても安心感がある

Data
夫婦＋子２人（２歳·６歳）
床面積……106.0㎡

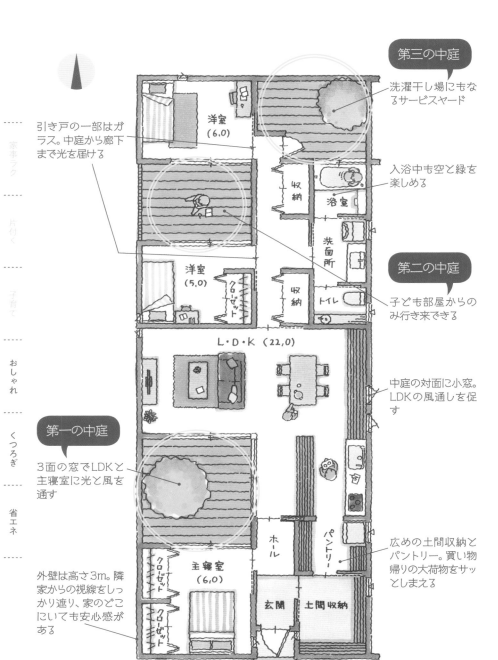

八木さん夫妻は小学校の先生。「とにかく2人の娘にとって楽しい家に」と設計士に相談したところ、提案されたのがアスレチックのような吊り橋がある間取りでした。2階に上がり、ホールから子ども部屋まではこの橋で渡ります。「子どもたちも自慢みたい。毎日のように友達を連れてきます」

片付けをラクにすることにもこだわりました。解決策のひとつはリビングの納戸。「薬や文房具、掃除機まで、ここだと片付けが億劫になりません」。もうひとつはスタディコーナーです。「視界が開けて気持ちいい場所。『宿題はここで』をルールにしたら、本やプリントが散らからなくなりました」

子ども部屋への吊り橋と片付けラクな間取りが自慢！

子どもがいきいき！　丸太の吊り橋

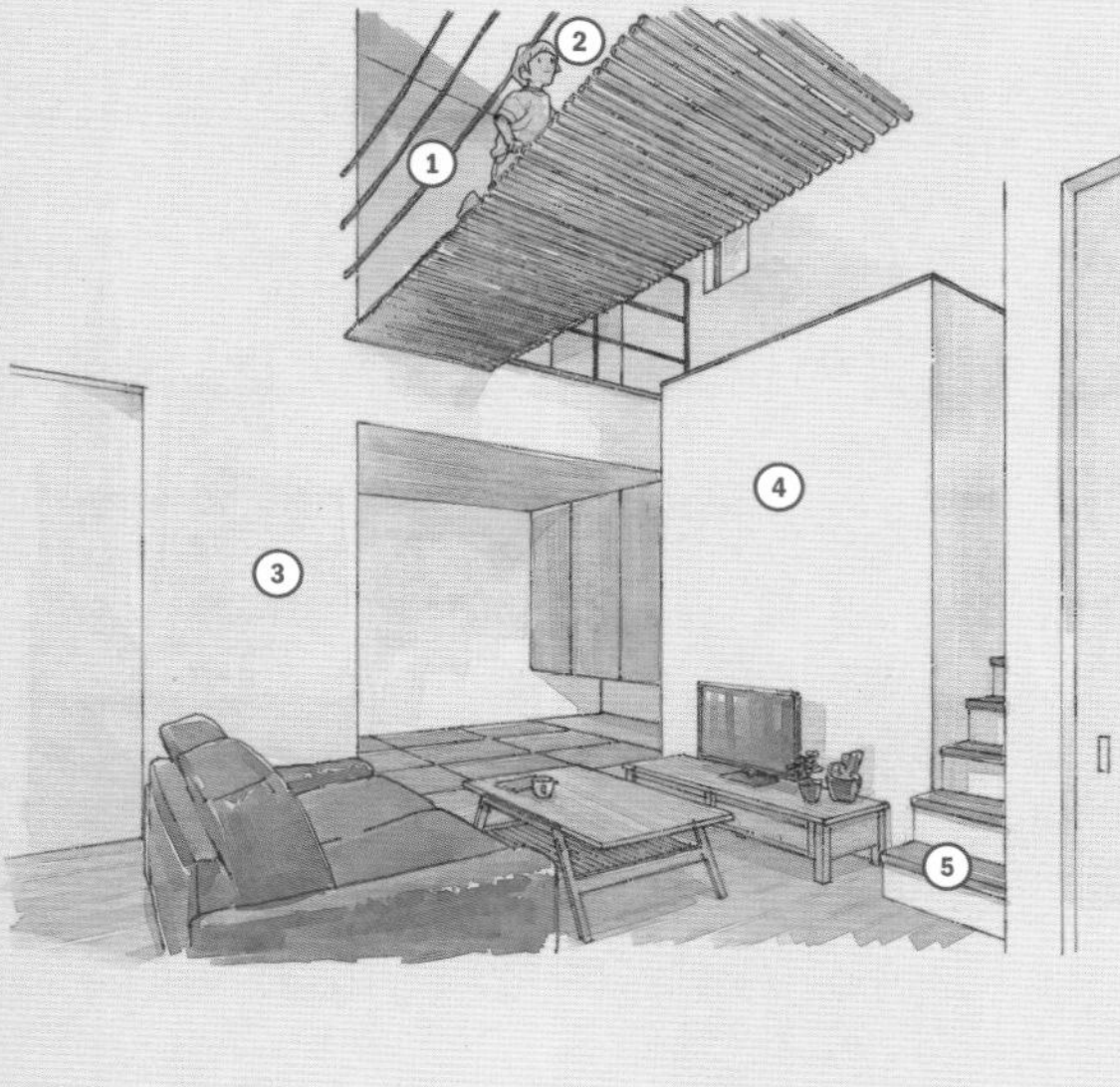

① 手摺はロープ、踏板は丸太で制作。ワイルドな素材で、渡るたびに楽しい
② ホールから子ども部屋へ渡るところ
③ 1階の吹き抜けの上なので、リビングにいる家族ともコミュニケーションを取りやすい
④ 階段下（1階部分）は納戸、踊り場（スキップフロア）はスタディスペースとして利用
⑤ 階段はリビング内に設計。2階へ上がる前に必ずLDKを通る間取り

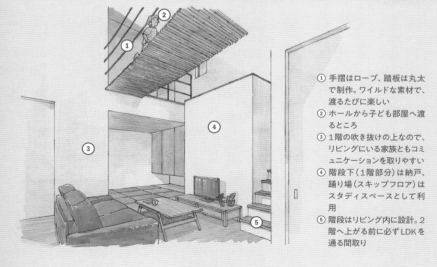

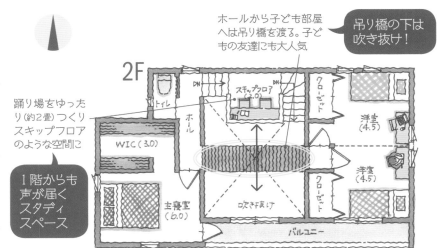

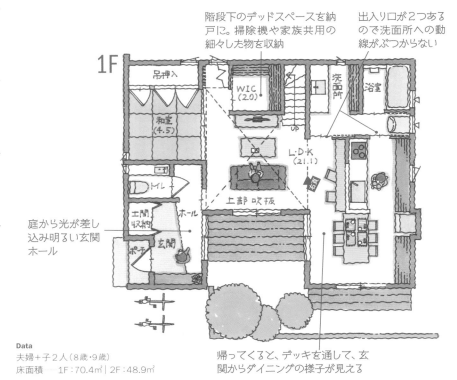

ホールから子ども部屋へは吊り橋を渡る。子どもの友達にも大人気

吊り橋の下は吹き抜け！

2F

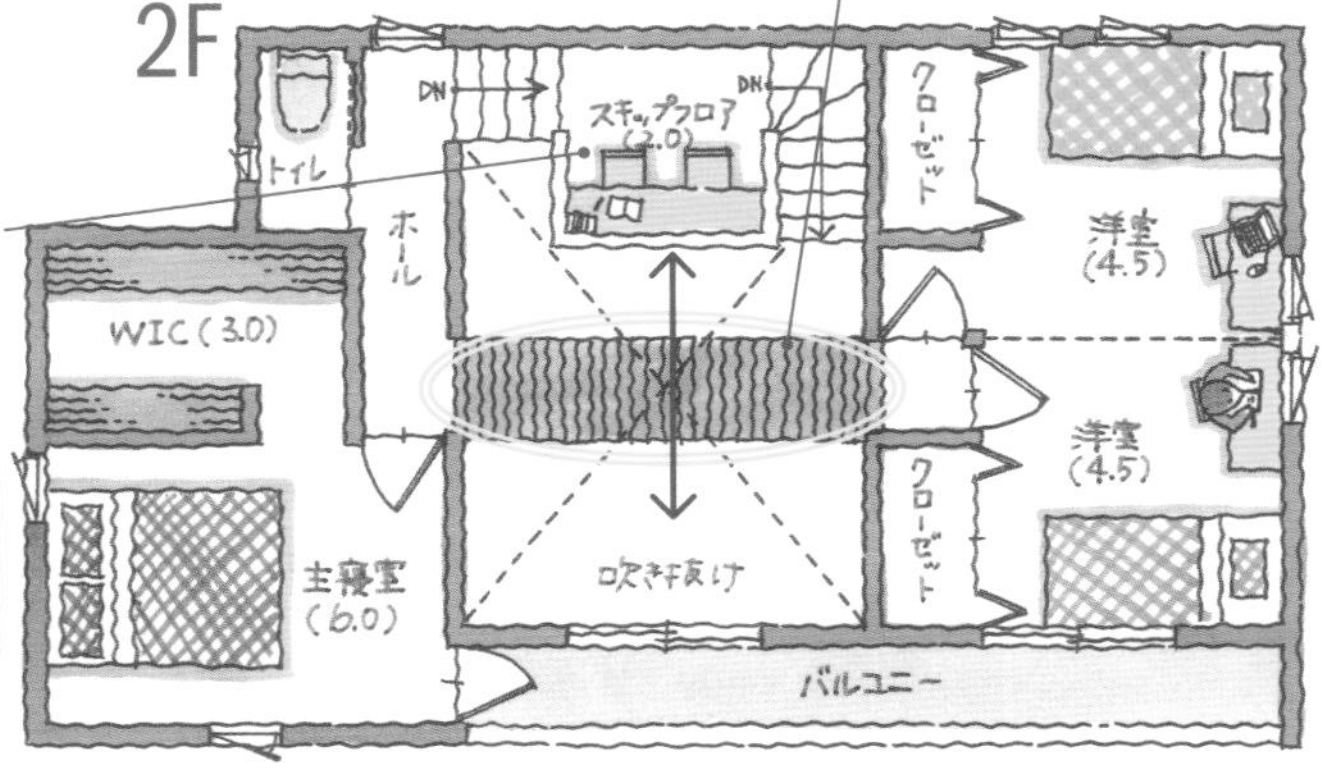
DN
スキップフロア
(2.0)
DN
トイレ
ホール
クローゼット
洋室
(4.5)
WIC(3.0)
洋室
(4.5)
クローゼット
主寝室
(6.0)
吹き抜け
バルコニー

踊り場をゆったり（約2畳）つくりスキップフロアのような空間に

1階からも声が届くスタディスペース

階段下のデッドスペースを納戸に。掃除機や家族共用の細々した物を収納

出入り口が２つあるので洗面所への動線がぶつからない

1F

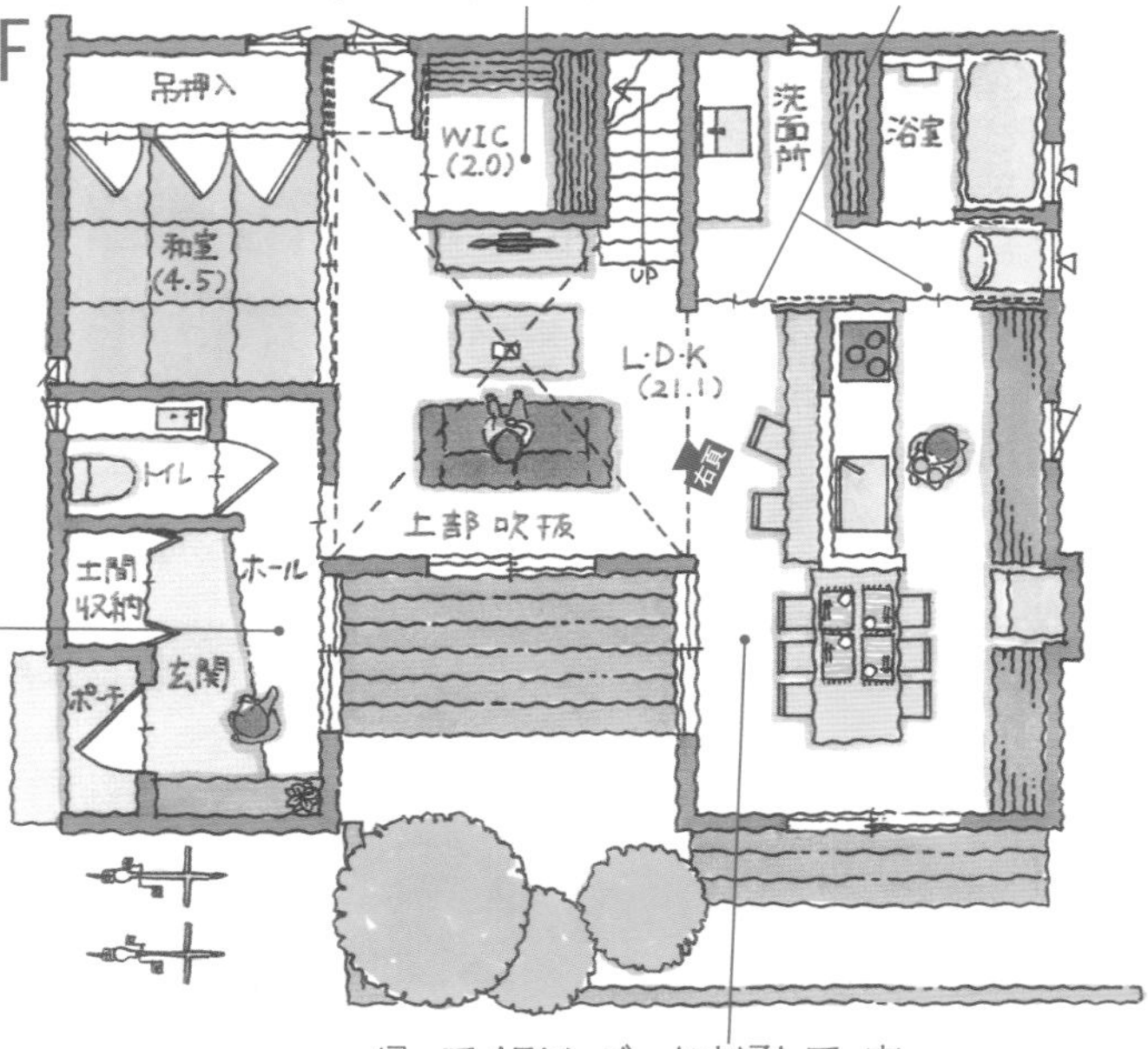
吊押入
WIC
(2.0)
洗面所
浴室
和室
(4.5)
UP
L・D・K
(21.1)
トイレ
上部吹抜
土間収納
ホール
玄関
ポーチ

庭から光が差し込み明るい玄関ホール

帰ってくると、デッキを通して、玄関からダイニングの様子が見える

Data

夫婦＋子２人（8歳・9歳）

床面積……1F：70.4㎡｜2F：48.9㎡

広々デッキは第二のリビング

大きなウッドデッキのある家に憧れていたという玉井さん。「室内もいいけれど、外の風を感じながらお茶を飲んだり、本を読んだり。日常の中にスペシャル感がある、そんな暮らしが夢でした」

そこで広い敷地を贅沢に分割。約21畳のＬＤＫに対し、デッキもほぼ同等の約20畳という広さです。「家族4人がデッキに集まっていても、まったく窮屈ではありません。窓を開け放てば内と外がつながって、室内の開放感も抜群です」

キッチンとサニタリーが近いのも便利だそう。「水しごとの動線が短いと家事も時短できるように。くつろぐ時間が、前よりずっと増えました」

「昼寝もコーヒーも外でできると最高です」

① 約６ｍに渡る掃き出し窓
② デッキは一部斜めにカット。土の部分を残し、庭いじりもできるようにした
③ 硬くて耐久性に優れたイペ材を使用
④ アウトドア用のテーブルセットや照明を置いて室内と同じように居心地よく
⑤ 玄関側には板塀をつけ目隠し

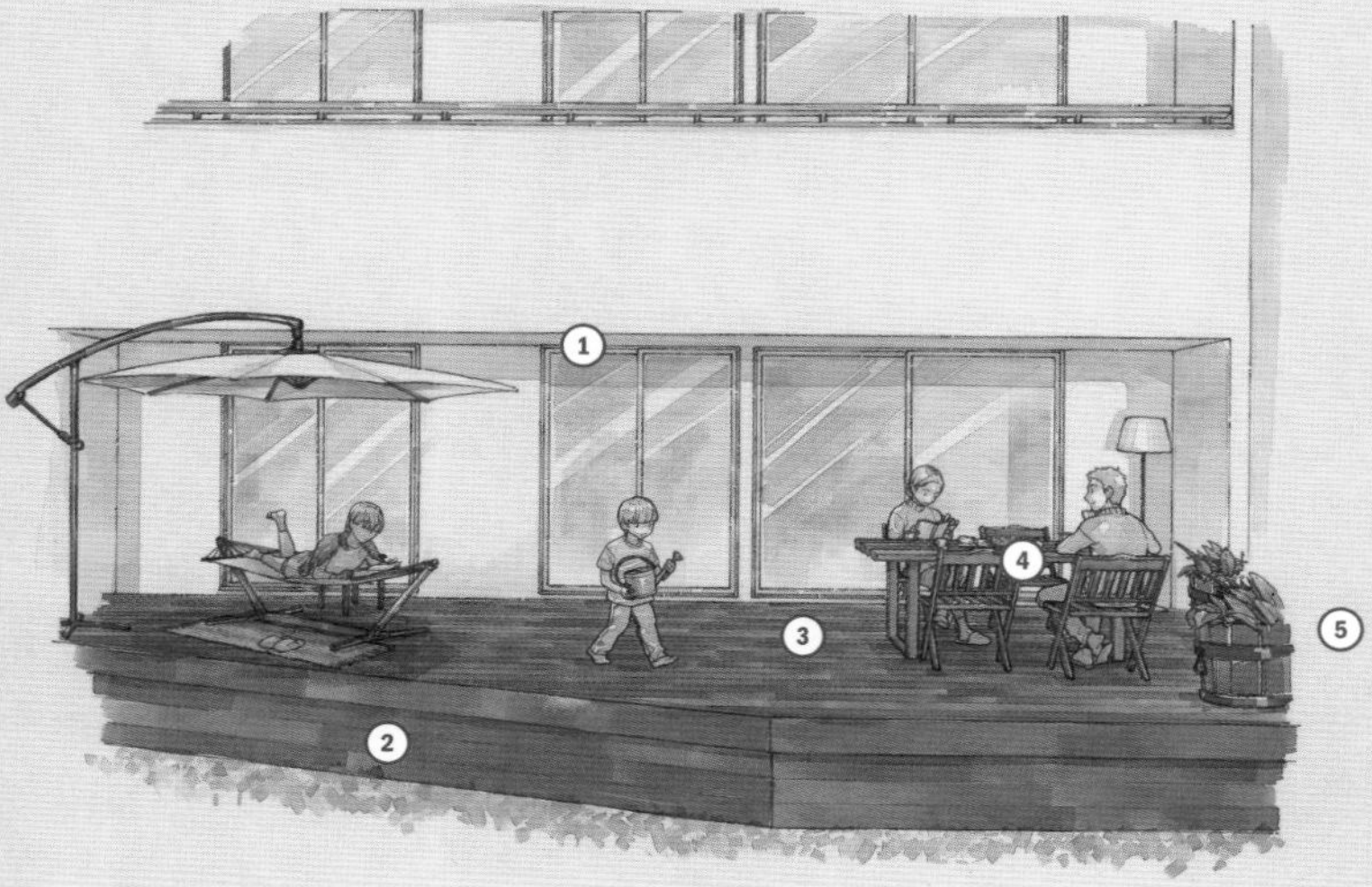

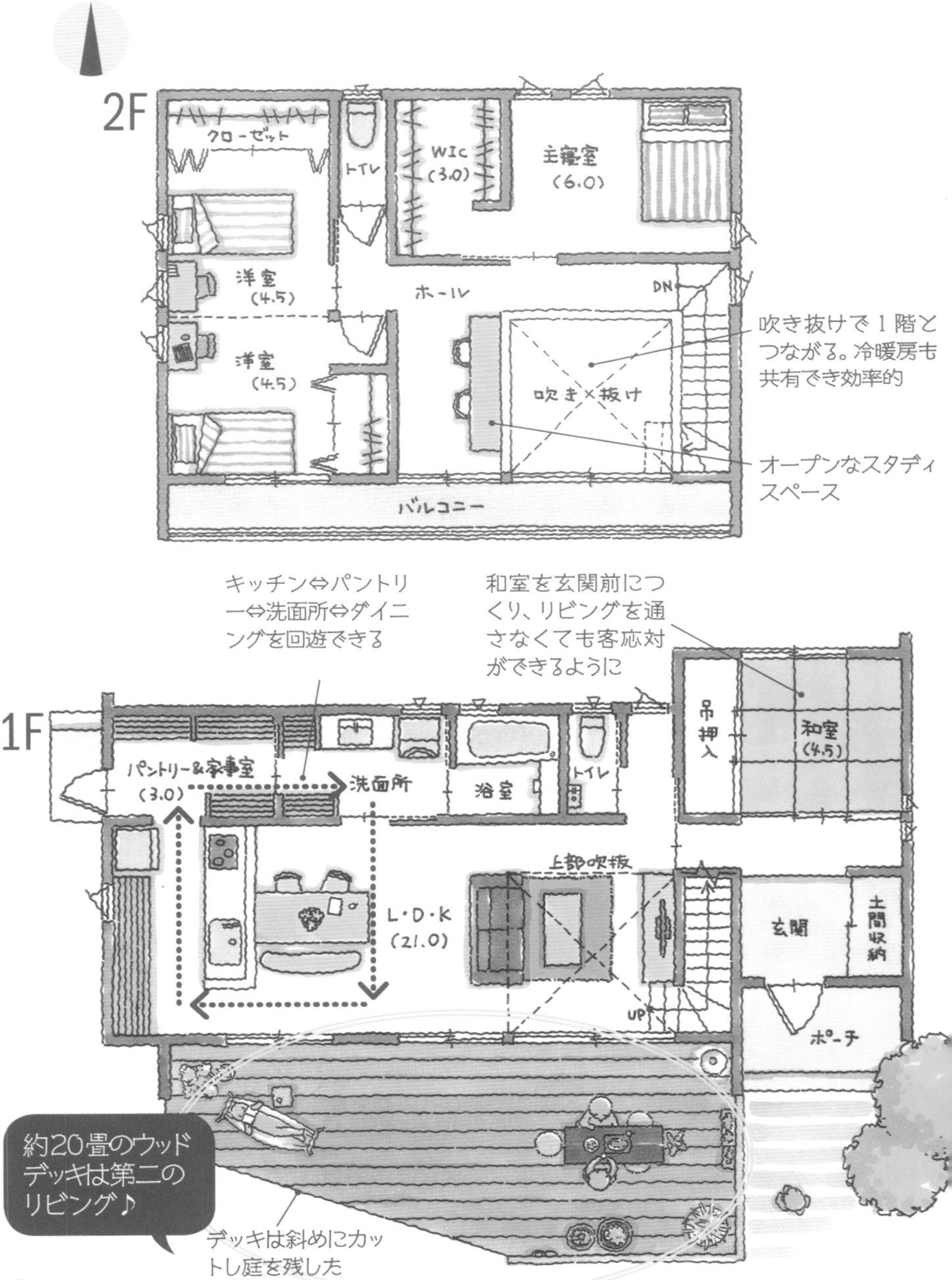
2F
クローゼット
トイレ
WIC
(3.0)
主寝室
(6.0)
洋室
(4.5)
洋室
(4.5)
ホール
DN
吹き抜け
バルコニー
吹き抜けで1階とつながる。冷暖房も共有でき効率的
オープンなスタディスペース
キッチン⇔パントリー⇔洗面所⇔ダイニングを回遊できる
和室を玄関前につくり、リビングを通さなくても客応対ができるように
1F
パントリー&家事室
(3.0)
洗面所
浴室
トイレ
吊
押入
和室
(4.5)
上部吹抜
L・D・K
(21.0)
玄関
土間収納
UP
ポーチ
約20畳のウッドデッキは第二のリビング♪
デッキは斜めにカットし庭を残した

Data
夫婦+子2人(6歳・8歳)
床面積……1F：70.4㎡ | 2F：50.5㎡

右頁

高い所が大好きな猫のために吹き抜け＋キャットウォーク

山本さん一家は愛猫・政宗くんと暮らしています。「以前はコンパクトな賃貸マンション。新居を建てるなら、政宗が思いっきり遊べるようにと思っていました」

いちばんのこだわりは長いキャットウォークです。LDKから主寝室に渡り約7mあり、テレビ脇のステップでアクセス。「下界の私たちを眺めながらよくお散歩しています。キャットウォーク上は日当たりもいいから、昼寝してたりも」。リビングの先、室内干しルーム上を通り過ぎれば主寝室。寒い朝はいつの間にか布団へもぐり込んできます。「いつも政宗が近いので楽しい。一緒に生活している感覚がより強まりました」

「猫も人間も楽しく安全に暮らしています」

① 猫は、安全な場所から人間を観察するのが好き。人間もDKから様子が見える
② 高所から下りるのは意外と苦手。キャットステップをつけた
③ リビングの端から室内干し場を通り主寝室まで伸びているキャットウォーク
④ 幅は約20cm。立ち止まって窓から外を眺めたりするにもゆとりがある

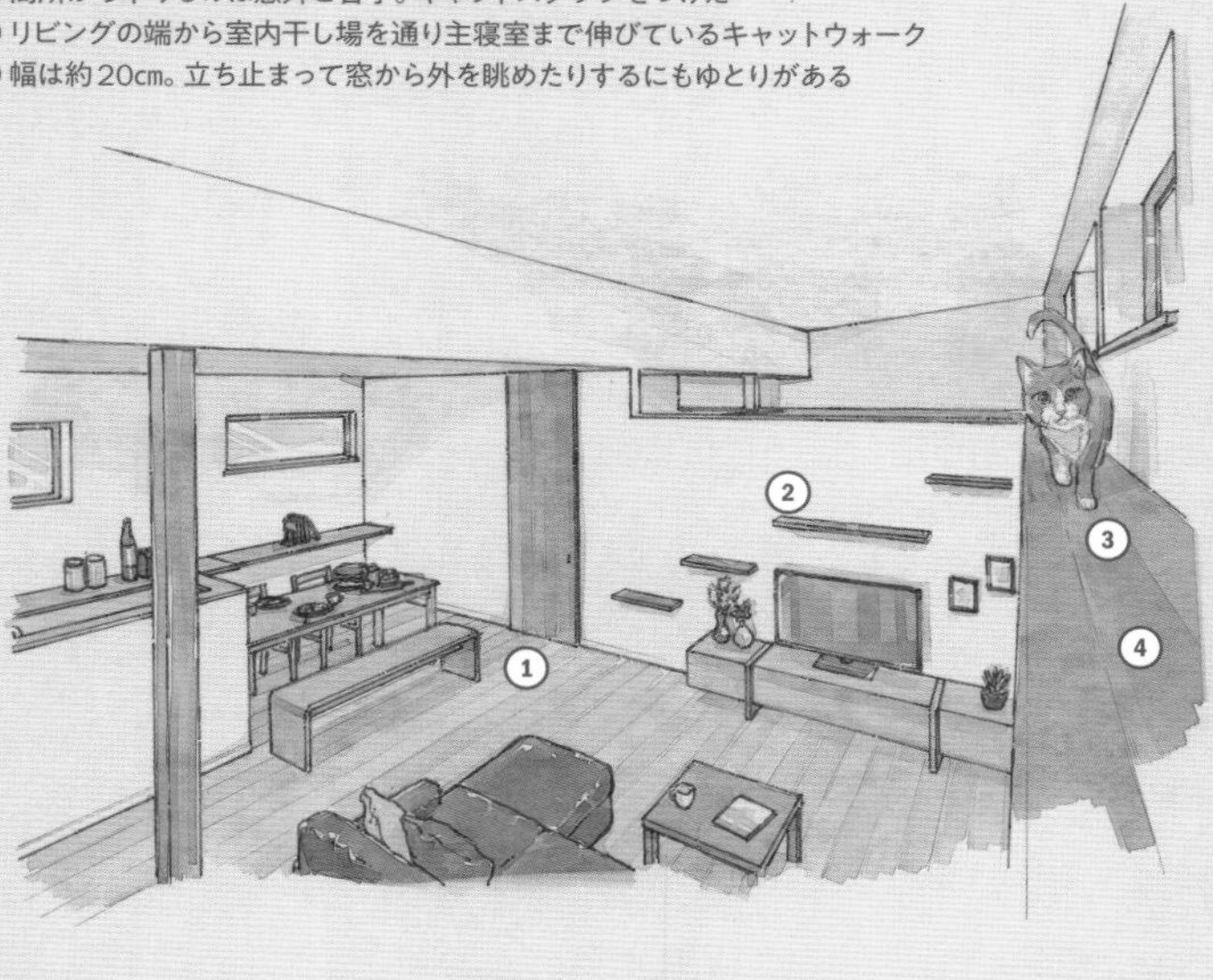

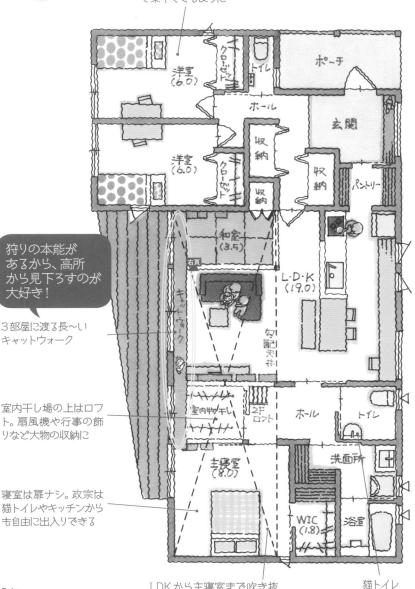

子ども部屋は猫の生活エリアから離し、清潔で集中できるように

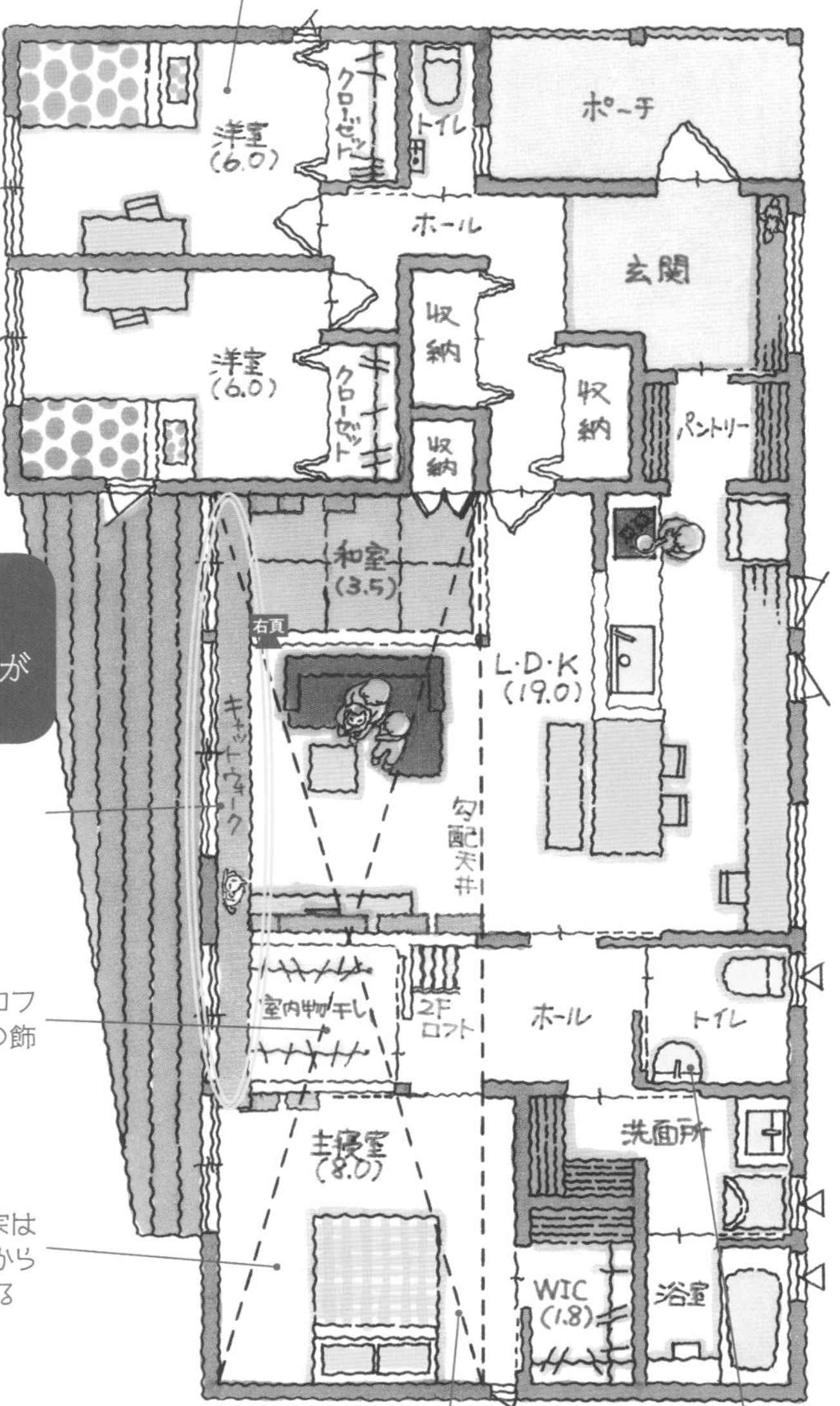
洋室
(6.0)
クローゼット
トイレ
ポーチ
ホール
玄関
収納
洋室
(6.0)
クローゼット
収納
収納
パントリー
和室
(3.5)
右頁
L·D·K
(19.0)
キャットウォーク
勾配天井
室内物干し
2F
ロフト
ホール
トイレ
洗面所
主寝室
(8.0)
WIC
(1.8)
浴室

狩りの本能があるから、高所から見下ろすのが大好き！

3部屋に渡る長〜いキャットウォーク

室内干し場の上はロフト。扇風機や行事の飾りなど大物の収納に

寝室は扉ナシ。政宗は猫トイレやキッチンからも自由に出入りできる

LDKから主寝室まで吹き抜けでつながる。空気がよくまわり、冷暖房が共有できる

猫トイレ

Data
夫婦＋子２人（12歳・15歳）
床面積……122.6㎡

夫婦ともにカメラマンの藤森さん。フォトジェニックで個性的な家が理想でした。「白くてシンプルな箱の中に、黒くて華奢な螺旋階段。そこに光が差し込むような家を二人とも思い描いていました」

明確なイメージに沿い、間取りはすんなり決まったそう。「ドアを開けるとオフホワイトの玄関ホール。奥にはアイアンの螺旋階段があり、吹き抜けから光が落ちる。言葉にしたことが現実になっていく過程はとても感動的でした」

螺旋階段は外からも見えるよう、2階天井までの大きなフィックス窓をつけています。「出来上がりは想像以上。自分たちでも見とれる家になりました」

スタイリッシュな 螺旋階段を家の主役に

螺旋階段だけを切り取る美しい外観

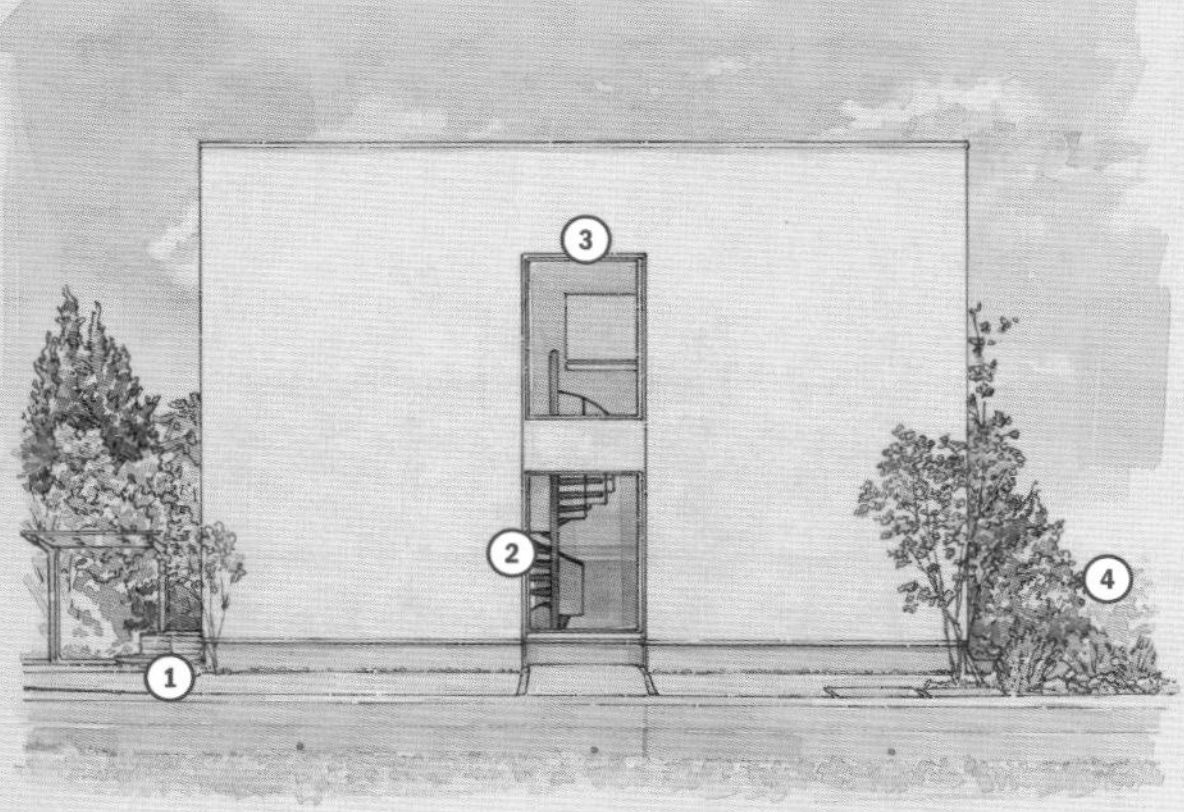

① リビングから出られる小さなデッキ。屋根付きで、ちょっとした憩いの場所
② 螺旋階段の脇だけ外から見えるようガラス張り。アートのような外観
③ 2階の吹き抜けまでフィックス窓に
④ 玄関入口までは季節を感じる低木を植えた

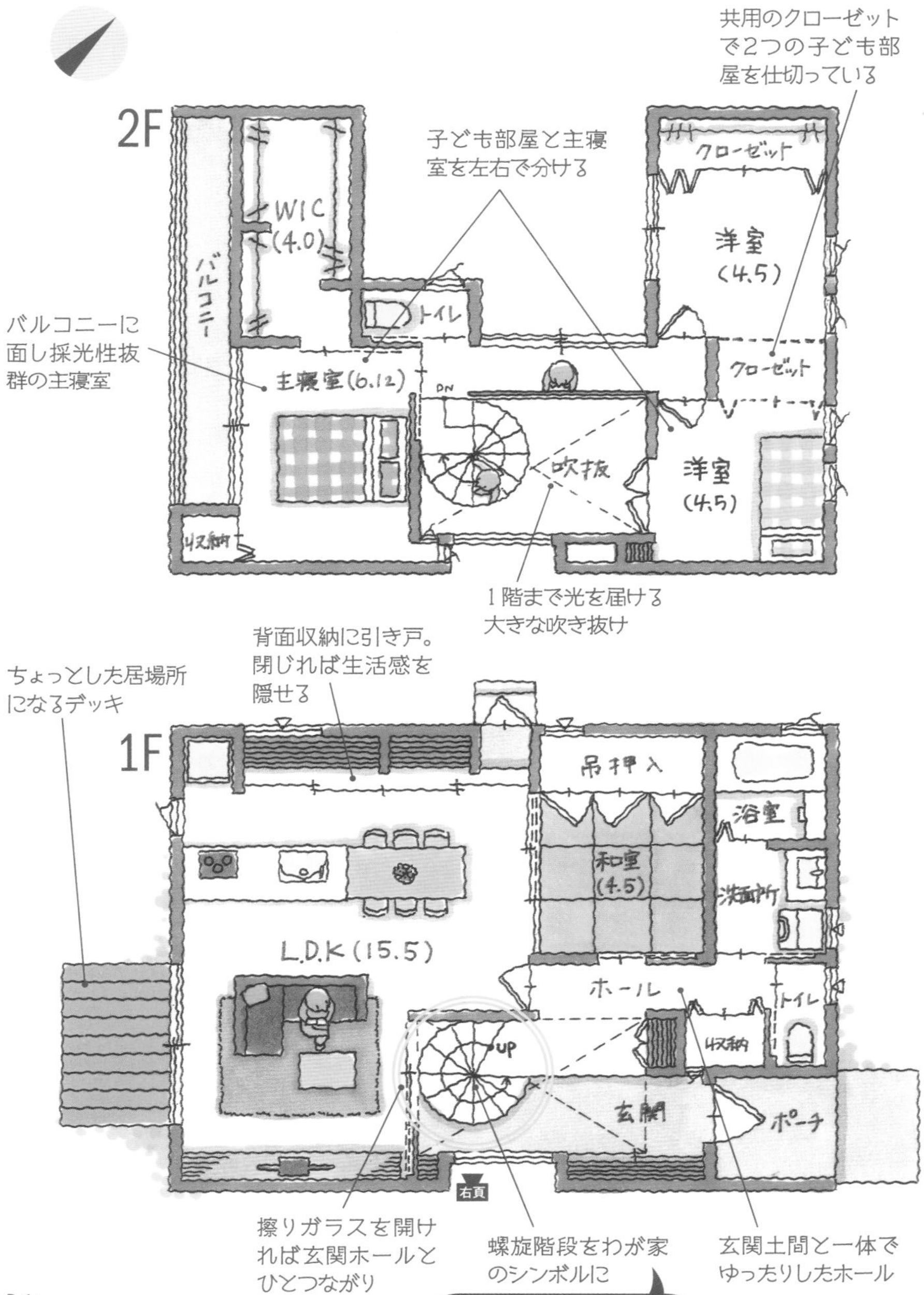
2F
共用のクローゼットで2つの子ども部屋を仕切っている
子ども部屋と主寝室を左右で分ける
WIC (4.0)
バルコニー
トイレ
クローゼット
洋室 (4.5)
バルコニーに面し採光性抜群の主寝室
主寝室(6.12)
DN
吹抜
クローゼット
洋室 (4.5)
収納
1階まで光を届ける大きな吹き抜け
1F
背面収納に引き戸。閉じれば生活感を隠せる
ちょっとした居場所になるデッキ
吊押入
浴室
和室 (4.5)
洗面所
L.D.K (15.5)
ホール
トイレ
UP
収納
玄関
ポーチ
右頁
擦りガラスを開ければ玄関ホールとひとつながり
螺旋階段をわが家のシンボルに
玄関土間と一体でゆったりしたホール

外からも見えるような外観デザイン

Data

夫婦＋子２人（3歳･7歳）

床面積……1F：68.7㎡｜2F：51.5㎡

商店街や学校に近く、暮らしに便利な分譲地。建売住宅が並ぶ通り沿いに、黒い外壁のスタイリッシュな家が現れます。ここが玉置さんのお宅。玄関ポーチの上は抜けていて、見上げるとふたつの小窓から子どもの「お帰り！」と弾む声がします。

　マイホームを建てるにあたり、最優先したのが立地と予算でした。「だから広さはやや難点。リビングを重視すると他が窮屈になりがちだろうけど、できれば玄関や階段まわりもゆったり感じるようにしたいなと思っていて」。そこで土地購入を決める一歩前で設計事務所に相談。「間取りの工夫でなんとかできますよ」と後押しを受け、

北向きの分譲地でも
ゆとりある玄関とリビングを

新築を決心したそうです。実際、間取り図ができてみると、玄関にはホールがあって快適そう。２階の廊下は吹き抜けに面し、広々気持ちがよさそうだなあと安心できたと話します。

　この敷地ならではのメリットもあります。それは南をリビングにできたこと。「日当たりも風通しも最高。家族が集まる部屋をいちばんいい場所につくれ、結果的にとても満足です」。キッチンは手元の立ち上がりを標準よりすこし高めに設定。リビング側から見えない工夫です。「リビングから煩雑さが見えません。広さはそこまでないけれど、十分くつろげるわが家になりました」

住宅密集地なので
個室の窓は小さく。
プライバシーを守る

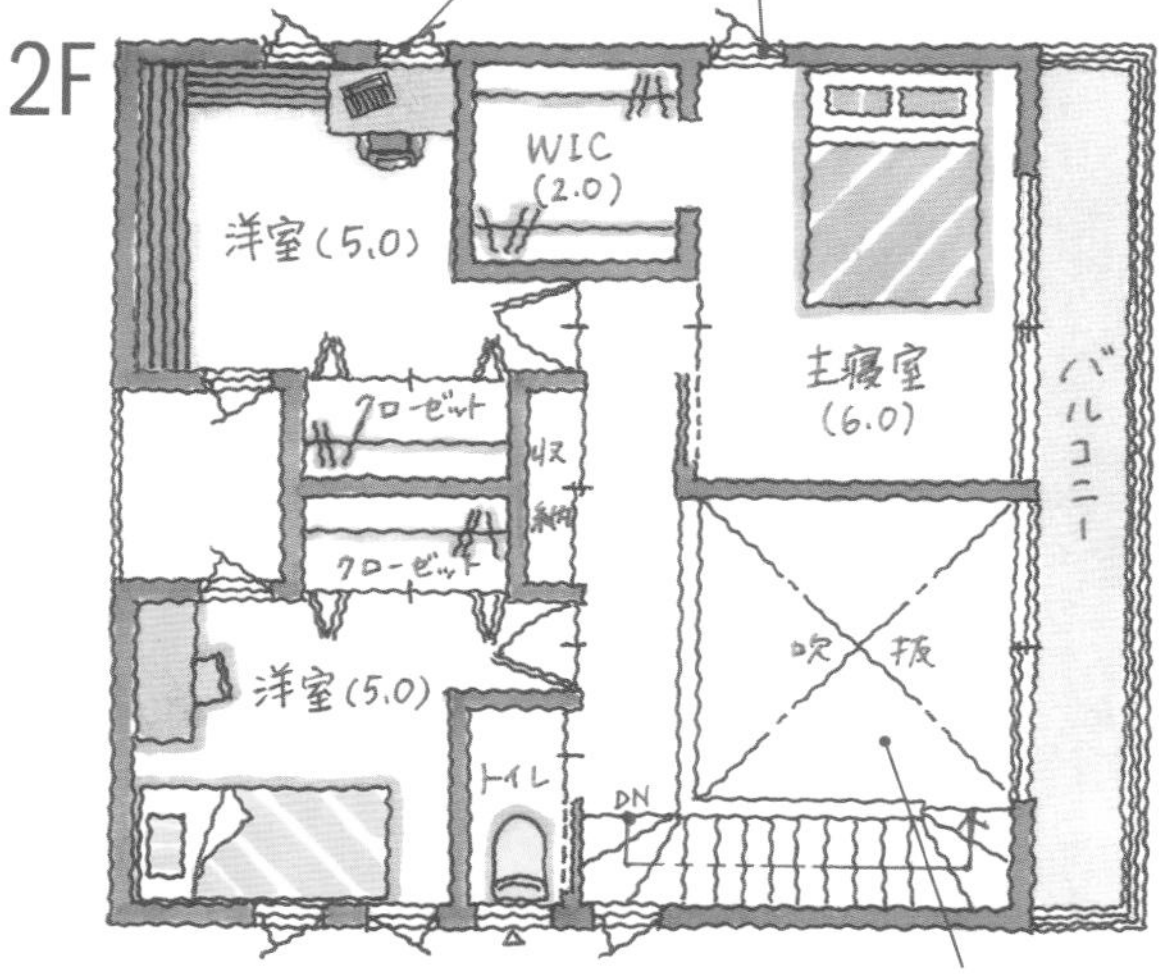

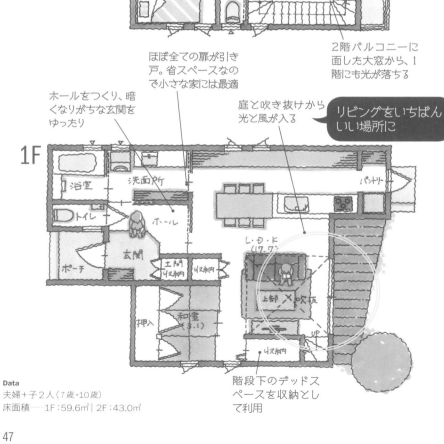

2階バルコニーに
面した大窓から、1
階にも光が落ちる

ほぼ全ての扉が引き
戸。省スペースなの
で小さな家には最適

ホールをつくり、暗
くなりがちな玄関を
ゆったり

庭と吹き抜けから
光と風が入る

リビングをいちばん
いい場所に

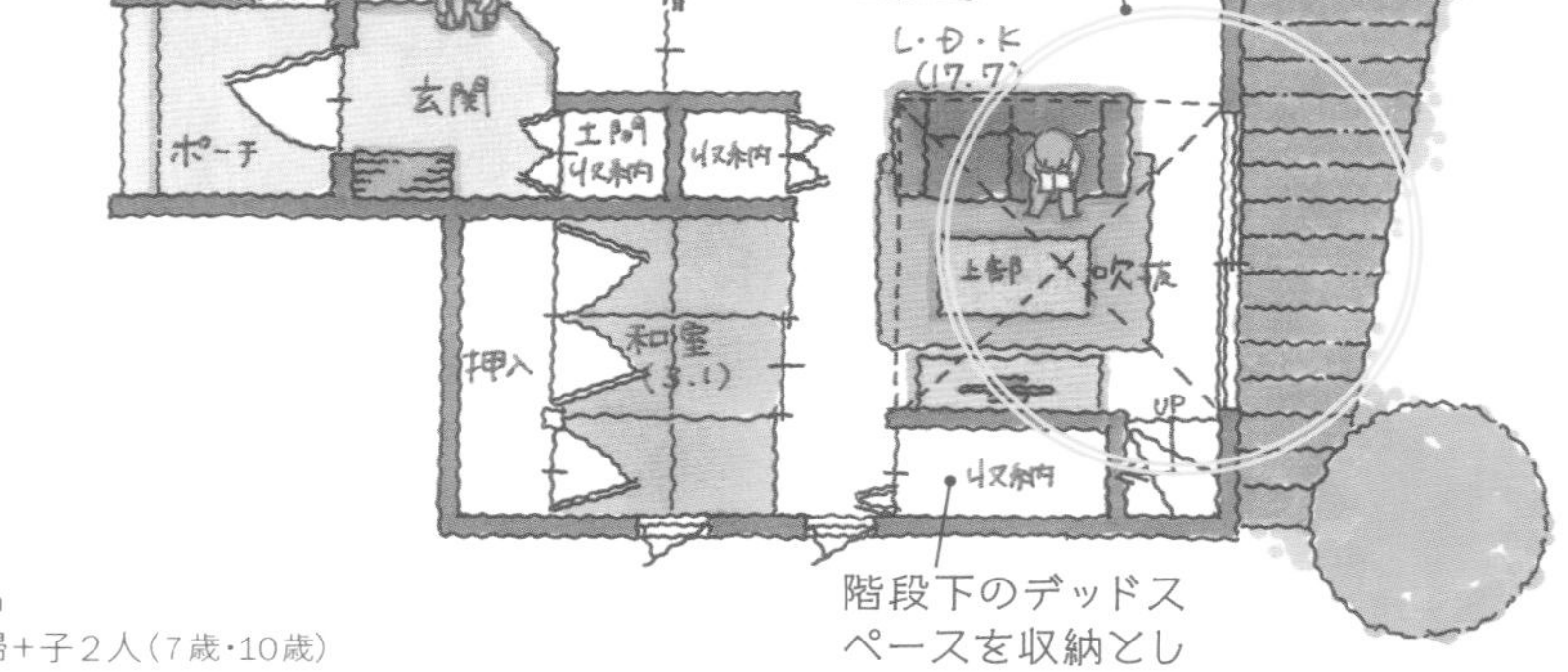

階段下のデッドス
ペースを収納とし
て利用

Data

夫婦+子2人(7歳・10歳)

床面積……1F:59.6㎡ | 2F:43.0㎡

スキップフロアで
34坪でも個性的な家

大工として働く結城さん。子どもが3人とも小学生になるのを機にマイホーム計画を開始しました。約22坪と5人家族にはやや小さめの土地ですが、「間取り次第でいかようにもできる」と見込んだそうです。

いちばんのこだわりがスキップフロアです。スキップフロアとは、階と階の間にもうひとつフロアを設ける間取りのこと。空間をより細かく分けることで、居場所を増やすことができます。「広めの踊り場程度ですが、子どもが遊んだり本を読んだり。2階からの光もよく入るので、家全体が広く明るく感じます」

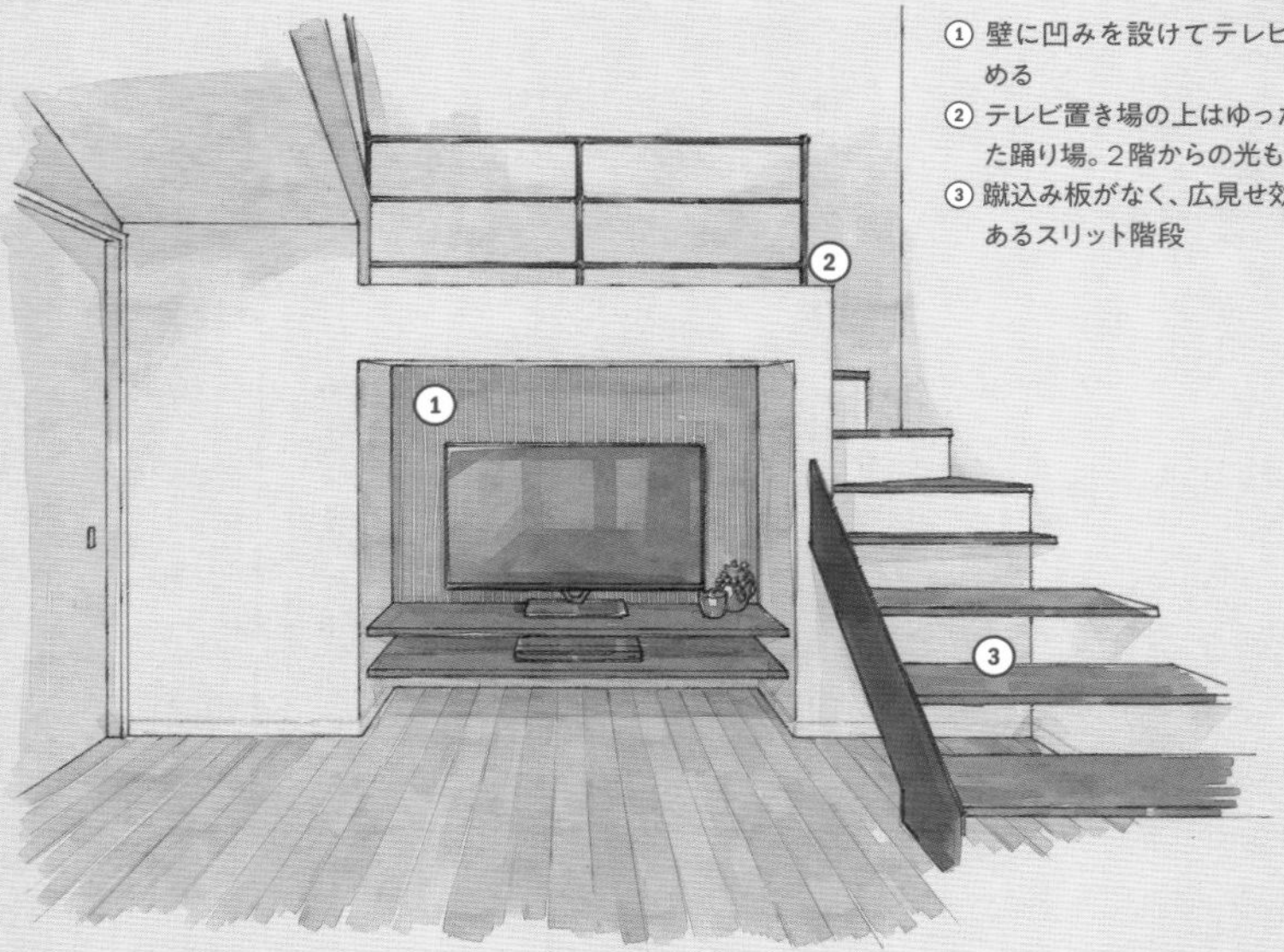

「小さな家でもゆったりリビングにできました」

1. 壁に凹みを設けてテレビを収める
2. テレビ置き場の上はゆったりした踊り場。2階からの光も入る
3. 蹴込み板がなく、広見せ効果のあるスリット階段

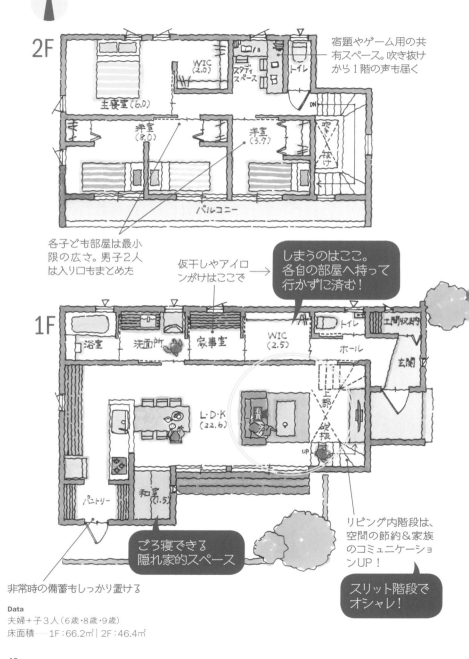

2F

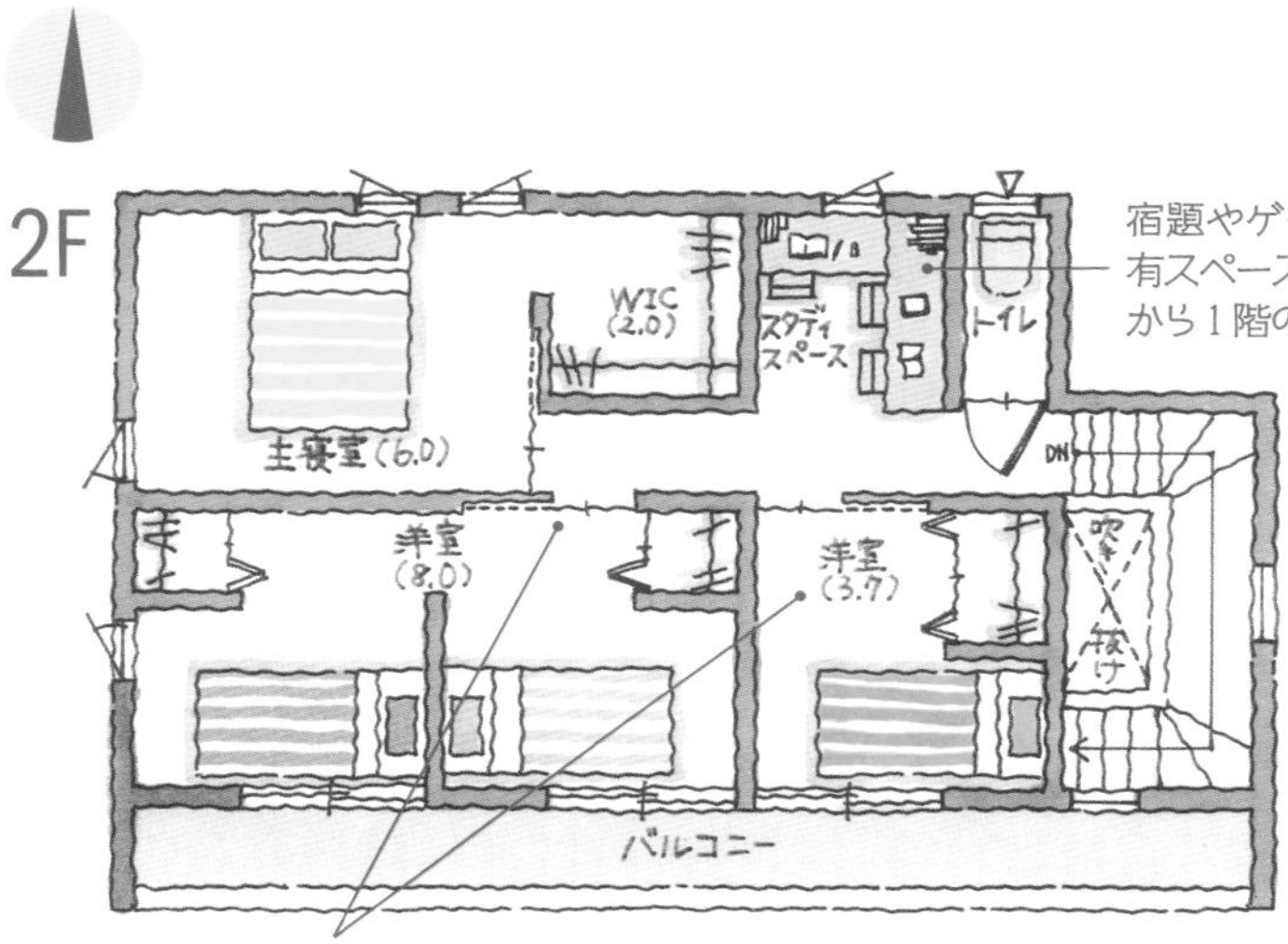
WIC
(2.0)
スタディスペース
トイレ
主寝室(6.0)
DN
洋室
(8.0)
洋室
(3.7)
吹き抜け
バルコニー

宿題やゲーム用の共有スペース。吹き抜けから1階の声も届く

各子ども部屋は最小限の広さ。男子2人は入り口もまとめた

仮干しやアイロンがけはここで

しまうのはここ。各自の部屋へ持って行かずに済む！

1F

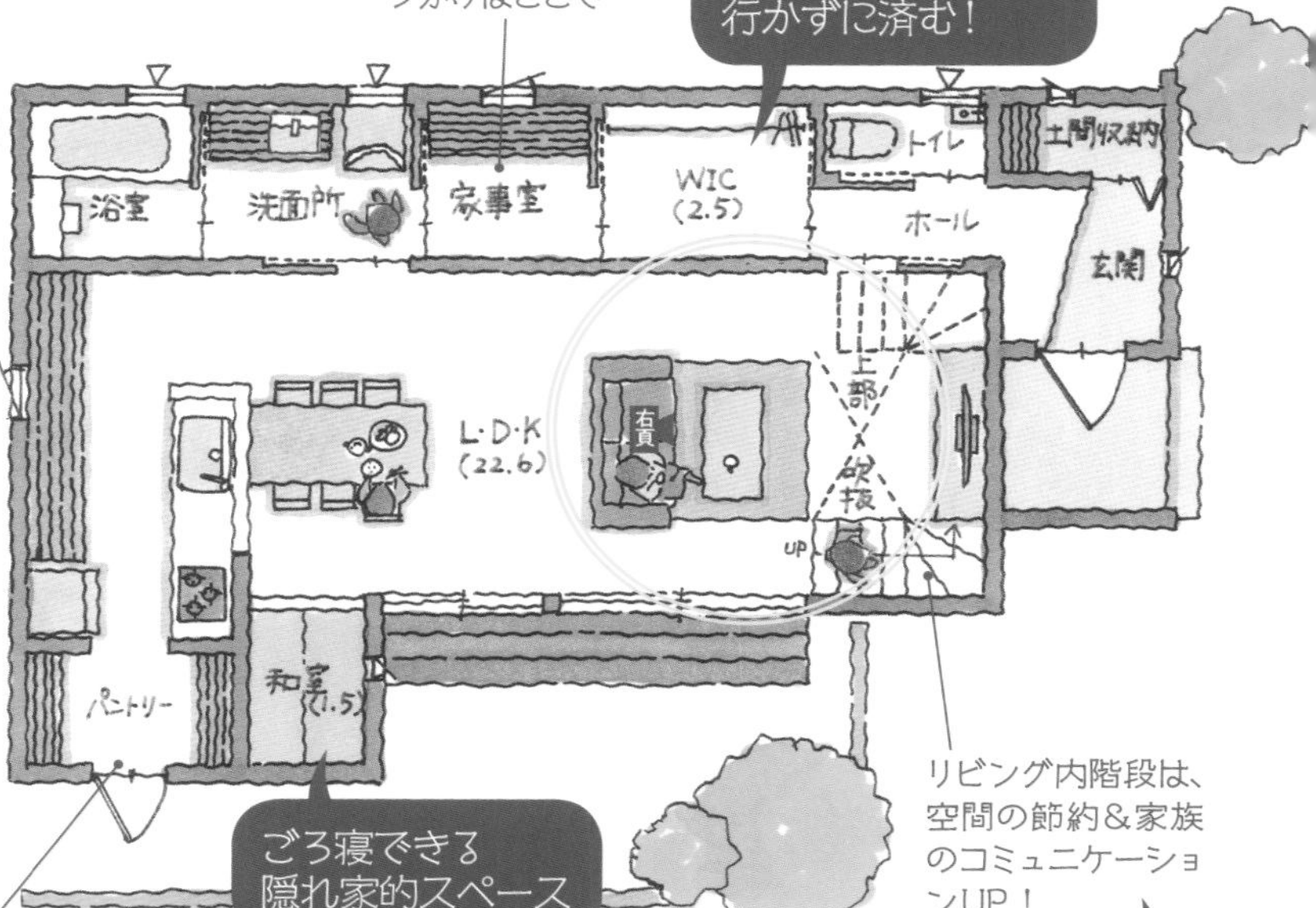
浴室
洗面所
家事室
WIC
(2.5)
トイレ
土間収納
ホール
玄関
L·D·K
(22.6)
上部吹抜
UP
パントリー
和室
(1.5)

ごろ寝できる隠れ家的スペース

リビング内階段は、空間の節約＆家族のコミュニケーションUP！

スリット階段でオシャレ！

非常時の備蓄もしっかり置ける

Data

夫婦＋子３人（6歳・8歳・9歳）

床面積……1F：66.2㎡ | 2F：46.4㎡

仏壇がさりげなく馴染む間取り

諏訪さんのお宅は、家の真ん中に和室があります。「家族みんながよくいる部屋に仏壇を置きたくて。とは言え目立たせたいものでもないので、ちょうどいい場所を設計士さんと相談しました」

打合せを何度か重ね、この間取り図を提案されると、一目でしっくりきたそうです。「LDKの中に仏壇が馴染んでいる感じがしました。なんとなくいつも目が届くし、ごはんを供えたりお線香をあげたりが日々の動線のなかでできそうだな、と」

実際に住み始めて2年。朝ごはんの準備とともに水を替えたりテレビを見ながら花を替えたりととても気持ちがいいそうです。「引き戸は両方ともだいたい開けています。空間が広く感じられるし、畳でごろごろもしやすいです」

和室の他にも工夫があります。室内干しもできる広めの脱衣室もそのひとつ。「夜に洗濯し、終わったら除湿機をつけてここに干します。朝には乾いているし、急な来客があっても洗面所とは仕切れるので見えません」

子ども部屋はふたつ。その間にスタディスペースをつくりました。「宿題やゲームはここで。引き戸を開けておけばキッチンからも様子がわかるので安心です」

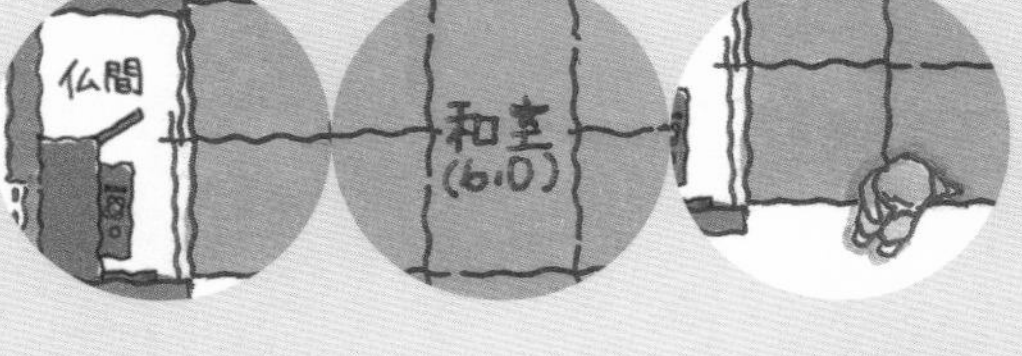

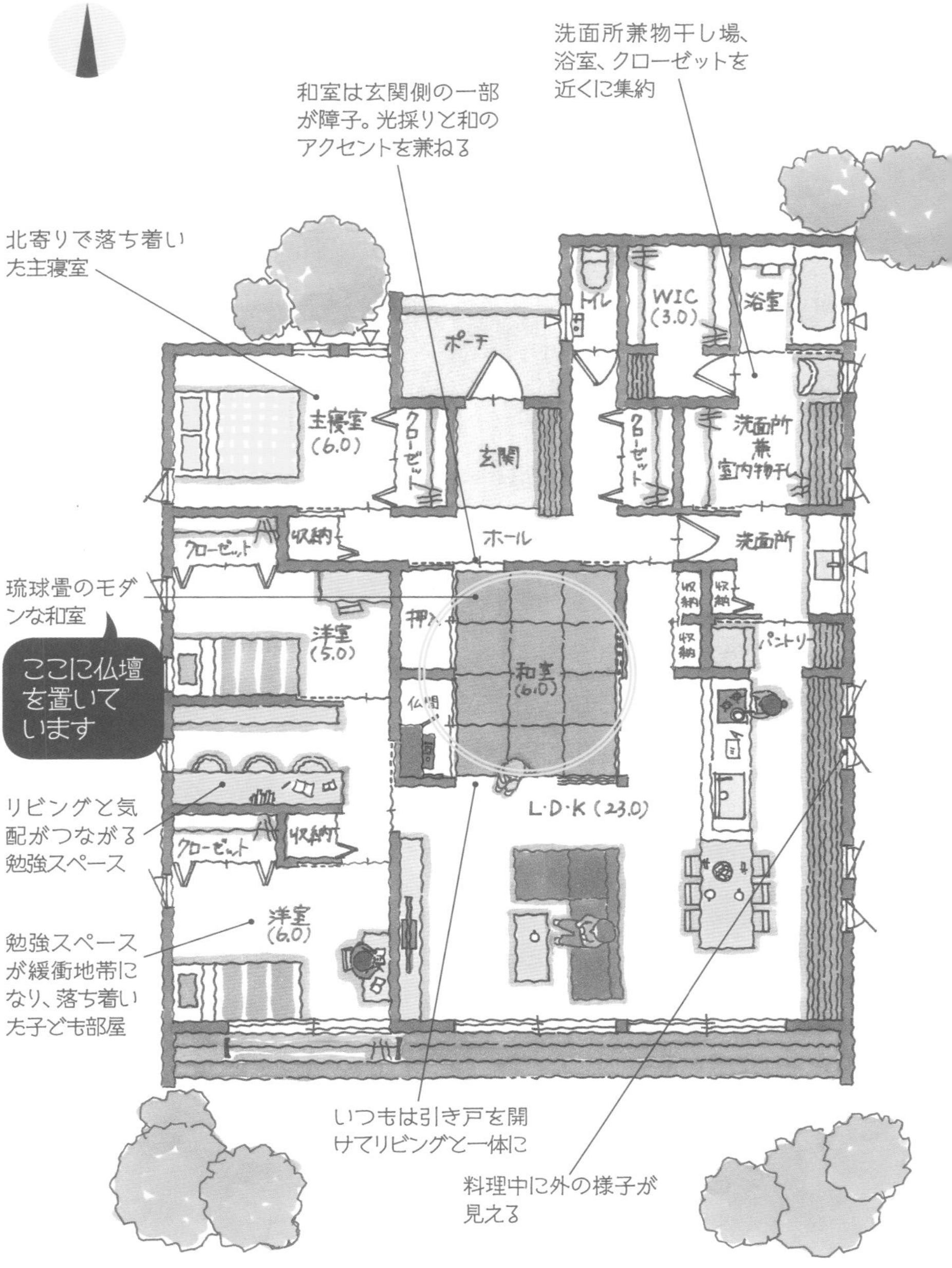
洗面所兼物干し場、浴室、クローゼットを近くに集約
和室は玄関側の一部が障子。光採りと和のアクセントを兼ねる
北寄りで落ち着いた主寝室
琉球畳のモダンな和室
ここに仏壇を置いています
リビングと気配がつながる勉強スペース
勉強スペースが緩衝地帯になり、落ち着いた子ども部屋
いつもは引き戸を開けてリビングと一体に
料理中に外の様子が見える
ポーチ
主寝室
(6.0)
クローゼット
玄関
トイレ
WIC
(3.0)
浴室
クローゼット
洗面所
兼
室内物干し
クローゼット
収納
ホール
洗面所
押入
和室
(6.0)
仏間
洋室
(5.0)
収納
収納
収納
パントリー
L·D·K (23.0)
クローゼット
収納
洋室
(6.0)

Data

夫婦＋子２人（3歳·6歳）

床面積……125.0㎡

自慢したくなる

庭＆デッキSNAP

宿題がはかどる中庭

ナチュラルな板塀で囲った中庭。デッキ材でテーブル＆ベンチをつくり、宿題やお絵描き、アウトドアランチにも最高です。

屋根付きなので
雨の日もくつろげる

週末ランチが楽しいデッキ

「家でもアウトドア気分を味わいたい」と、思いっきり大きなデッキを制作。ここでコーヒーを飲みながらたわいない話をするのが至福の時間になっています。

空の移ろいを
切り取ります

空を切り取るスモールテラス

「限られた敷地だけど庭がほしい！」という夢を叶えた小さな中庭。二階は外壁を額縁のように開け、プライバシーを守りながら外の景色を楽しめます。

木製フェンスでプライバシーを守る

隣家が迫った住宅地ですが、外とつながるリビングにしたかったので背の高いフェンスを設置。木製素材を使うことで、ナチュラルで優しい雰囲気です。

庭のある
リビングはやっぱり
気持ちいい♪

大きな庭が最高の遊び場！

地面に近い暮らしに憧れ、ゆったりした庭がつくれる土地を購入。デッキもアプローチも広々で、すべてが最高の遊び場です。

ペットと走りまわれるデッキ

ゆったりとした玄関先のデッキは、ペットと遊ぶ憩いの場。階段でリビング脇までつなげ、室内からも様子が見える安心の空間です。

料理好きで、食器も道具もいい物を長く愛用する山中さん。「見た目も好きな物ばかりですが、出し置きすると生活感が出るのが気がかりでした」。そこでつくったのがキッチンの背面収納です。幅３ｍ60㎝、高さは天井いっぱいに造り付け、器はもちろん、炊飯器や電子レンジなどもすべてここへ。引き戸を閉めれば人目もホコリも気になりません。さらに奥にはパントリー。「冷蔵庫も置ける小部屋感覚。生活感を徹底的に隠せています」

　アイランドキッチンの腰壁は木目の美しい木で設え、ＬＤＫ全体にぬくもりをプラス。「衛生的で美観もいい。自慢のキッチンです」

食器も家電もゴミ箱も徹底的に隠す美キッチン

オーダー壁面収納でショールームのようにスッキリ

① スライドドア４枚分の大容量
② 炊飯器やトースターなど調理家電もラクラク入る。棚板は引き出せるので蒸気が気になるときも安心
③ 置く物に合わせて高さを選べるよう、棚は可動式
④ ドアは白をチョイス。LDK全体が明るく見える
⑤ 右側の下２段分は空けてゴミ箱を入れている

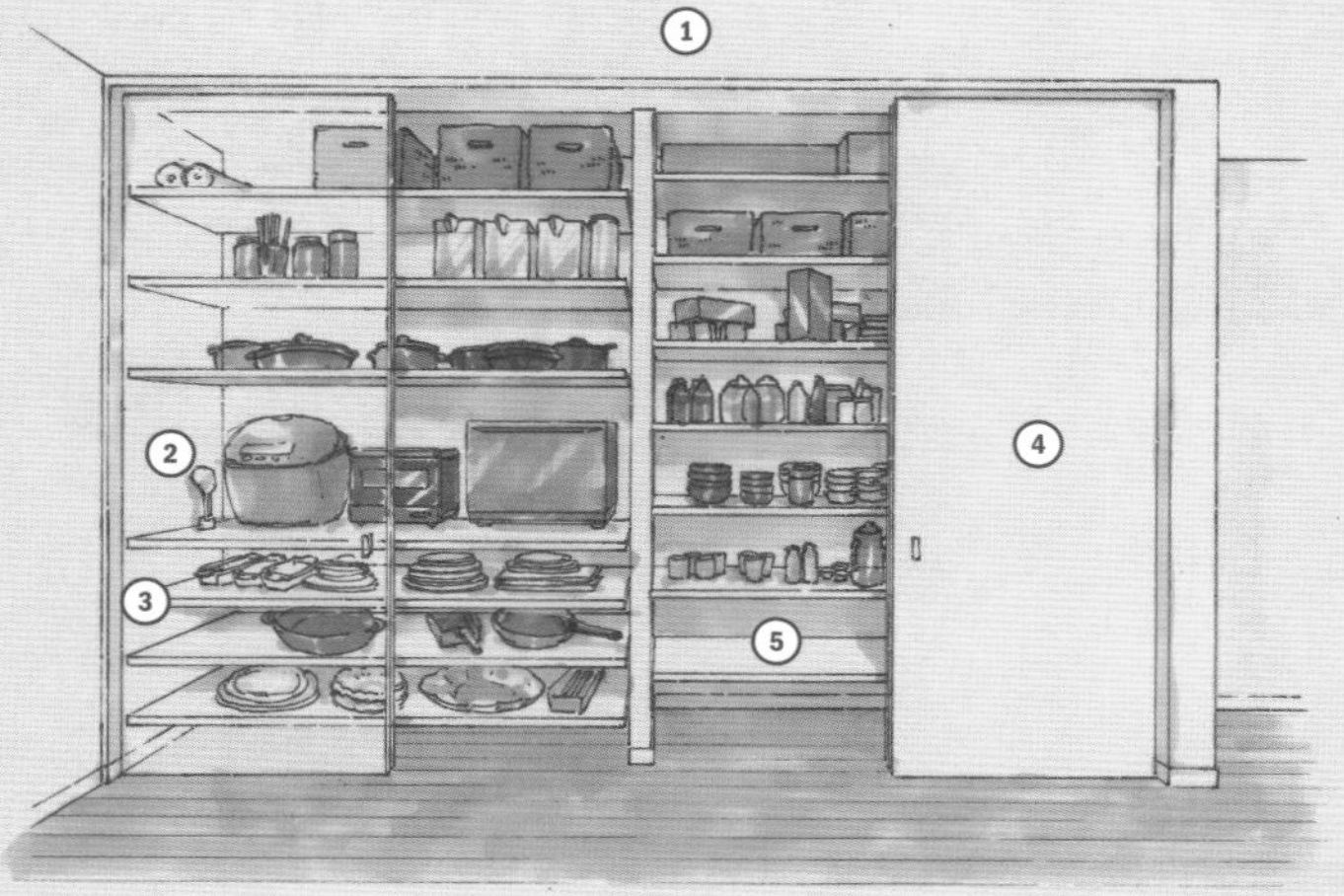

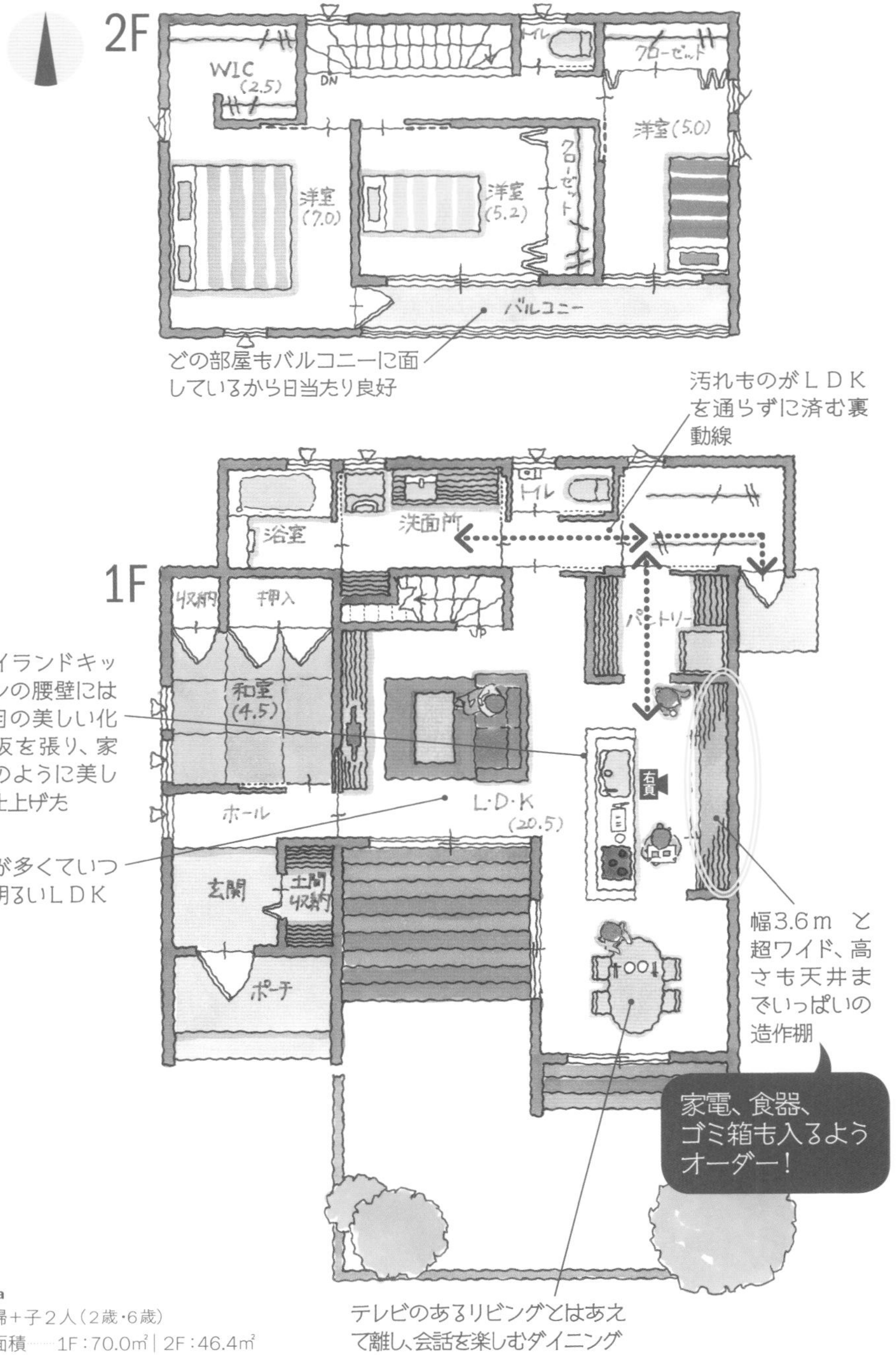
2F
WIC
(2.5)
DN
トイレ
クローゼット
洋室(5.0)
洋室
(7.0)
洋室
(5.2)
クローゼット
バルコニー
1F
浴室
洗面所
トイレ
収納
押入
UP
パントリー
和室
(4.5)
ホール
L・D・K
(20.5)
玄関
土間
収納
ポーチ

どの部屋もバルコニーに面
しているから日当たり良好

汚れものがＬＤＫ
を通らずに済む裏
動線

アイランドキッ
チンの腰壁には
木目の美しい化
粧板を張り、家
具のように美し
く仕上げた

窓が多くていつ
も明るいＬＤＫ

幅3.6ｍ と
超ワイド、高
さも天井ま
でいっぱいの
造作棚

家電、食器、
ゴミ箱も入るよう
オーダー！

テレビのあるリビングとはあえ
て離し、会話を楽しむダイニング

Data

夫婦＋子２人（２歳・６歳）

床面積……1F：70.0㎡｜2F：46.4㎡

２人の子どもを保育園に預け、共働きの北村さん。「夕方はとくにバタバタ。仕事が終わったらお迎えに猛ダッシュして、その足で買いもの。帰宅後はすぐ晩ごはんで、息つく暇もありません」

　そんな北村さんを助けるのが、玄関→土間収納→パントリー→キッチン路つながる動線です。土間収納の一部にはハンガーパイプをつけ、帰ったらすぐコートやバッグを掛けられるように。「以前の家ではリビングまでつい着て入り、ソファにポイ置きしがちでした。でもここに住んでからは、それがナシ。片付けの手間が減りました」

　土間収納はパントリーにつながります。米や缶詰などはここが定位置。重たい物から先にしまえる、合理的な動線です。「キッチンに立つ頃には、すぐ使う食材だけが手元に残ります。無駄のない動線って、ものすごく時短の効果がある。今の私をとっても助けてくれています」

買い物から帰ったら「しまう→料理」がすぐできる

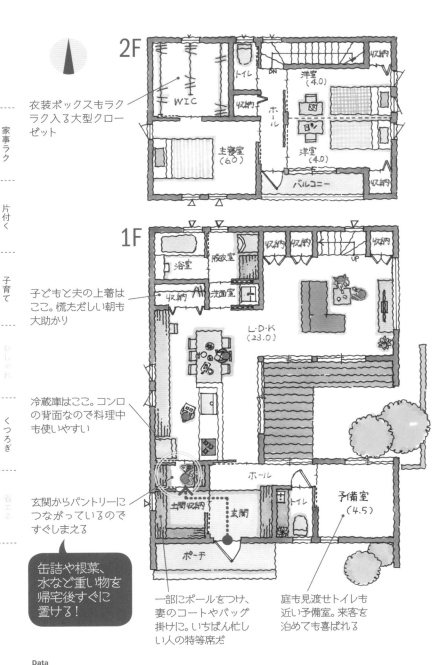

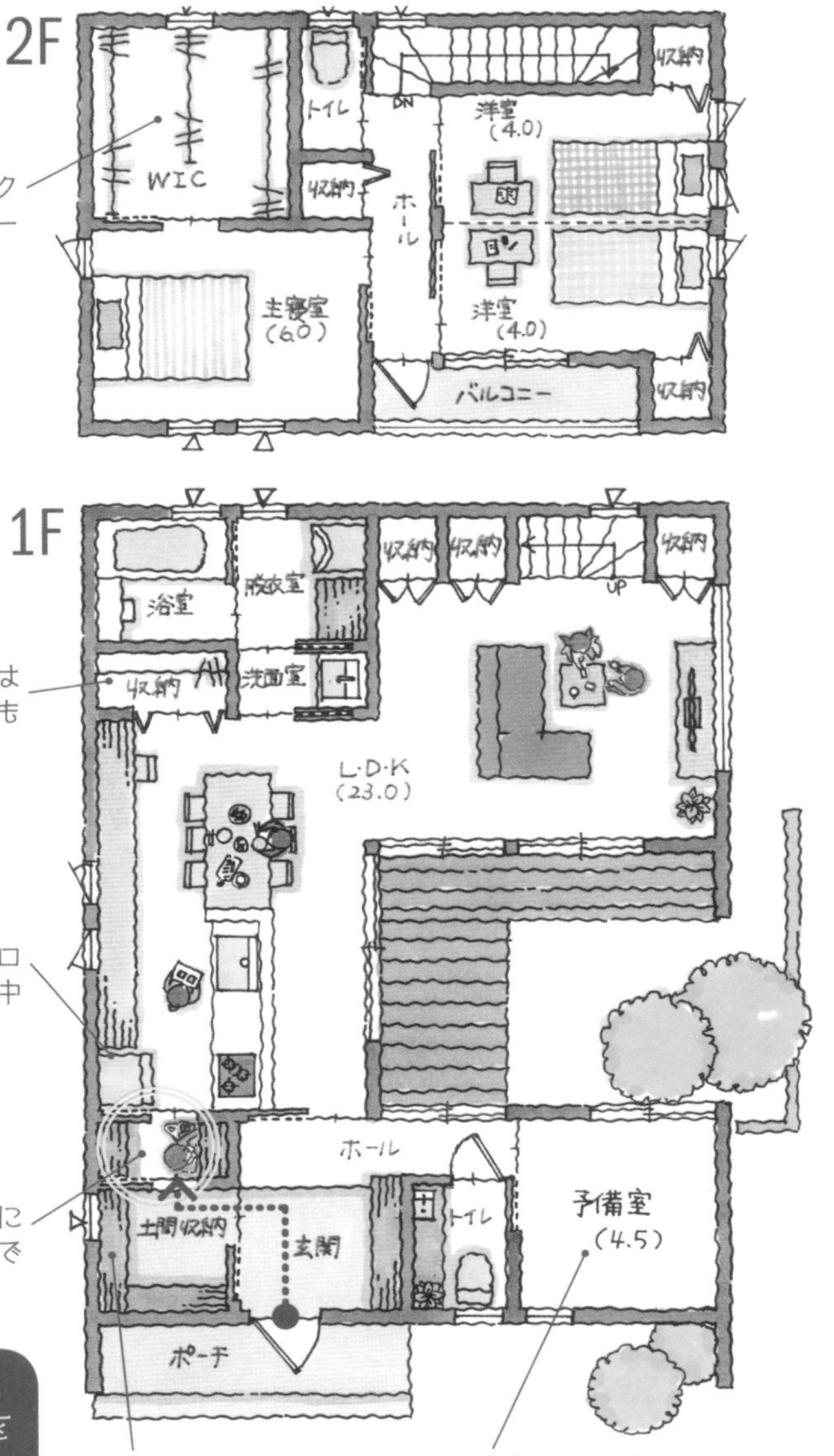
2F
WIC
トイレ
収納
収納
収納
収納
DN
ホール
洋室
(4.0)
洋室
(4.0)
主寝室
(6.0)
バルコニー
1F
浴室
脱衣室
洗面室
収納
収納
収納
収納
UP
L·D·K
(23.0)
ホール
トイレ
予備室
(4.5)
土間収納
玄関
ポーチ

衣装ボックスもラクラク入る大型クローゼット

子どもと夫の上着はここ。慌ただしい朝も大助かり

冷蔵庫はここ。コンロの背面なので料理中も使いやすい

玄関からパントリーにつながっているのですぐしまえる

缶詰や根菜、水など重い物を帰宅後すぐに置ける！

一部にポールをつけ、妻のコートやバッグ掛けに。いちばん忙しい人の特等席だ

庭も見渡せトイレも近い予備室。来客を泊めても喜ばれる

Data
夫婦＋子２人（0歳·4歳）
床面積……1F：72.9㎡｜2F：41.4㎡

料理、片付け、洗濯も
家事習慣が身につく間取り

「子どもたちには、人の役に立つのが好きな人間に育ってほしい」と話す真鍋夫妻。「家事は正にその最初の一歩」と、お手伝いしやすい間取りを求めました。

日々のなかでもっとも多い家事は、食事に関わる作業です。「配膳や下膳は子どもも協力するのがマスト」と、通路幅をゆったり確保（92㎝）。冷蔵庫置き場は壁をへこませ、どこですれ違ってもぶつからない余裕をもたせました。ダイニングテーブルはキッチンカウンターと横並び。子どもたちの席をキッチン側にして、やる気をさらに引き出します。「調理場の近くにいると、自然と手伝いたくなる

みたい。野菜の皮をむいたり香辛料をすったりと、日に日にいろんなしごとを覚えてくれます」

2階のホールはちょっと広め。バルコニーに面しているので日当たりがよく、室内干しするにも最適です。これを子どもの部屋の近くにしたのも、作戦のひとつなんだそう。「自分の服が乾いていたら、自分で取って自分でしまう。『1階から持って上がって』は面倒くさがるけど、『ここから取って』なら、意外とみんなすんなりしてくれます」。家事分担がこんなに進んだのは間取りのおかげ、と大いに満足しています。

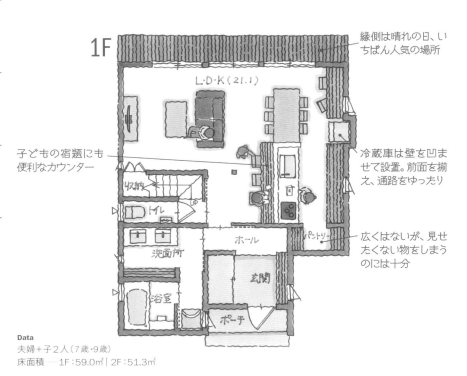

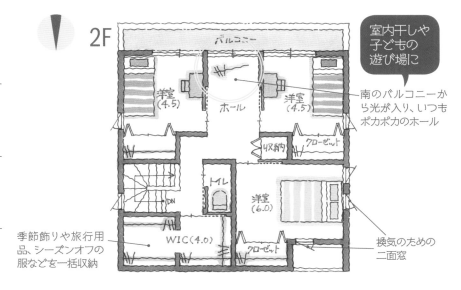

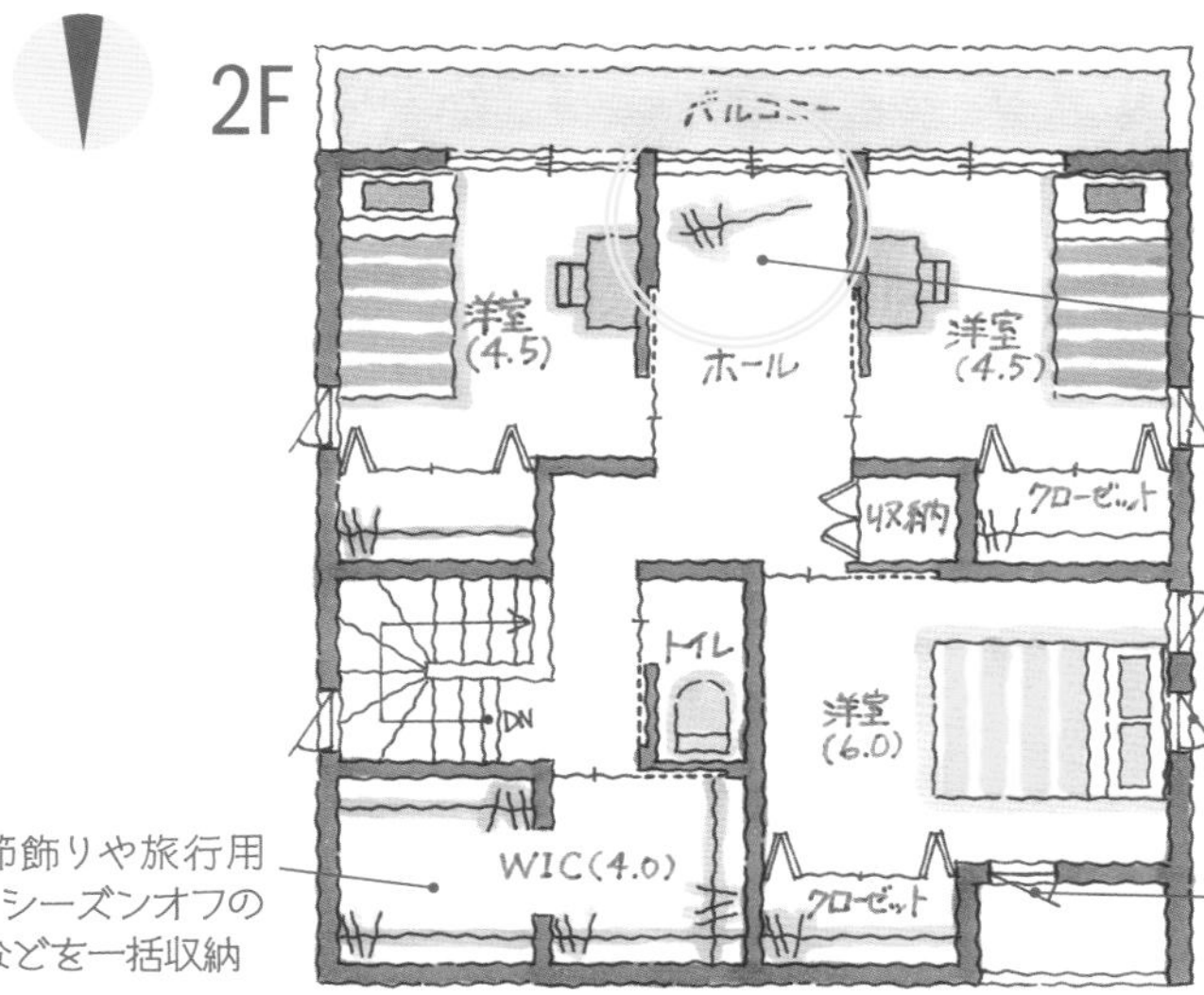
2F
バルコニー
洋室
(4.5)
ホール
洋室
(4.5)
収納
クローゼット
トイレ
DN
洋室
(6.0)
WIC(4.0)
クローゼット

室内干しや子どもの遊び場に

南のバルコニーから光が入り、いつもポカポカのホール

季節飾りや旅行用品、シーズンオフの服などを一括収納

換気のための二面窓

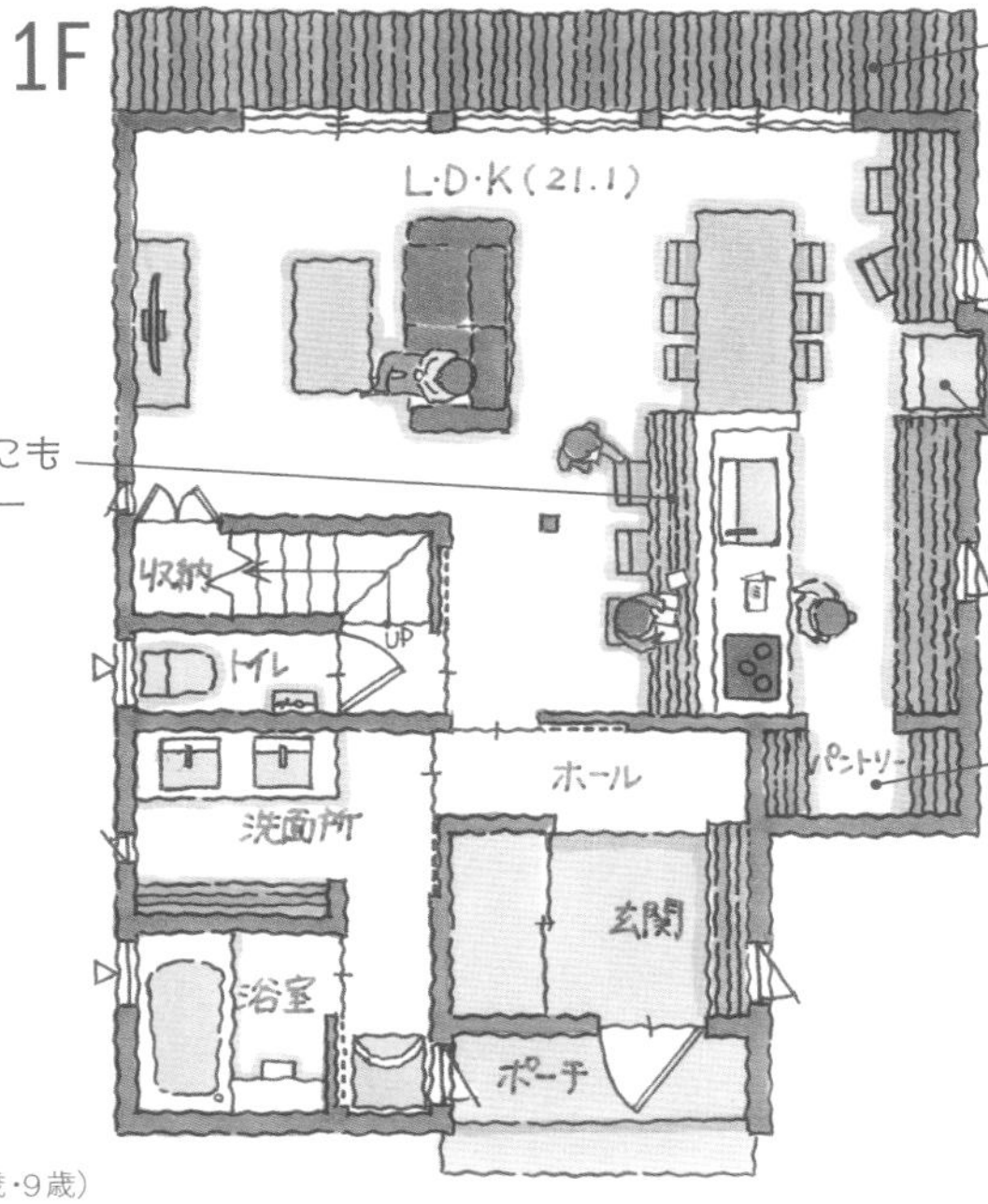
1F
L・D・K(21.1)
収納
UP
トイレ
ホール
パントリー
洗面所
玄関
浴室
ポーチ

縁側は晴れの日、いちばん人気の場所

子どもの宿題にも便利なカウンター

冷蔵庫は壁を凹ませて設置。前面を揃え、通路をゆったり

広くはないが、見せたくない物をしまうのには十分

Data
夫婦＋子２人（7歳・9歳）
床面積……1F：59.0㎡｜2F：51.3㎡

キッチンを家の真ん中にして家事動線を最短に

野島家は1歳と3歳の子育て真っ只中。「ごはん、洗濯、汚した、こぼした……の無限ループ。以前の家では、キッチン、リビング、洗面所、ベランダを行ったり来たりでヘトヘトでした」

　だから新築を建てるにあたり、いちばんこだわったのは、家事動線を短くすることでした。「『だったら、キッチンを家の真ん中にするといいですよ』と設計士さんが教えてくれました。確かに間取り図を見てみると、どこへ行くにもキッチンからが最短距離！　一目で納得できました」

　キッチンに立つと、視界には和室からＬＤ、デッキ、庭までほとんど家中が収まります。「子どもの食事や昼寝、遊んでいる様子もここ（キッチン）からわかります。合間にふと庭に目をやれば、木々がそよいだり木漏れ日が揺れたりするのが見える。日々のささやかな癒しです」。

　コンロの隣はパントリー。帰宅後、ここを通ってキッチンに入る動線なので、食料が自然と片付きます。「お米や水など重い物を買った日はとくに、この間取りにして良かった～と痛感しています」

　キッチンの裏はサニタリー。洗濯機まで3歩、洗面所までもそこから3歩と、こちらもラクさに大満足。文字通り〝キッチンが中心〟の家の、暮らしやすさを満喫しています。

キッチンと水まわりが近いと便利！

炊事の合間の洗濯がラク

畳の間は子どもの昼寝やおむつ替えにも便利

キッチンから家中が見渡せる

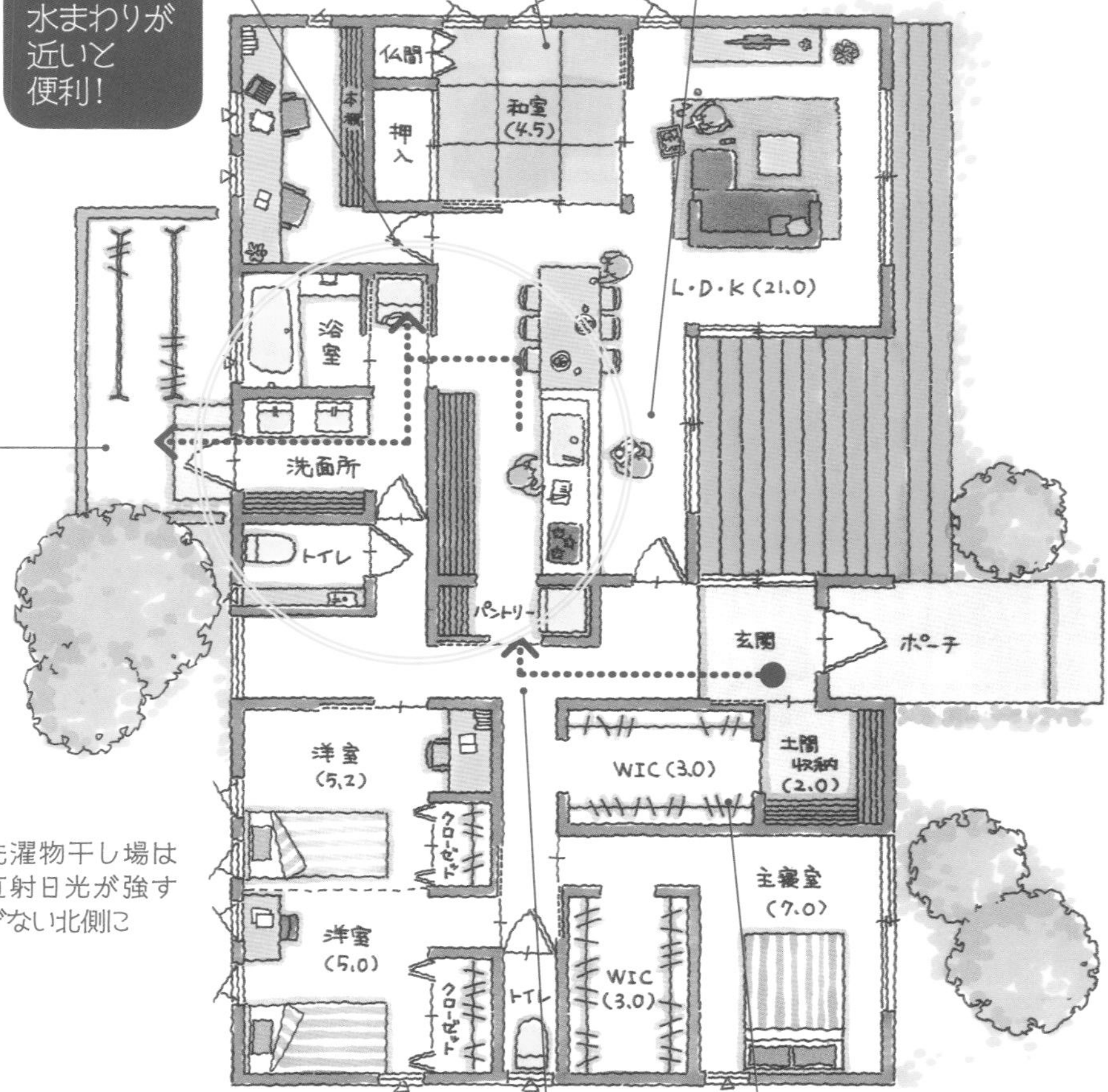

洗濯物干し場は直射日光が強すぎない北側に

動線上にパントリーがあると自然にしまえる

コートやカバン類はここ。花粉やホコリは土間で払ってから掛けます

Data

夫婦＋子２人（１歳・３歳）

床面積……129.2㎡

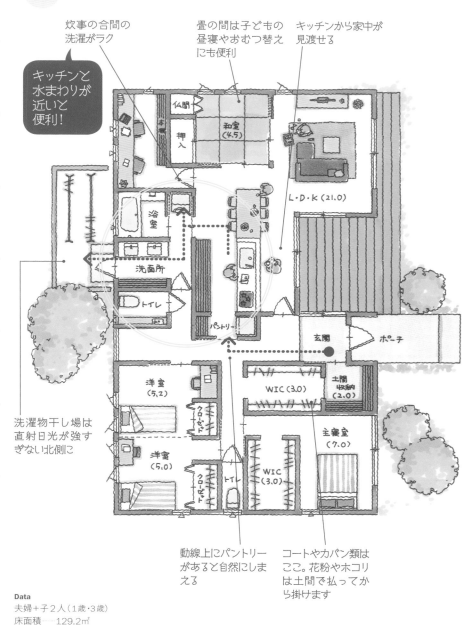

右からも左からも
お手伝いしやすい
アイランドキッチン

夫婦ともに料理好きの滝下さん。「最近は長女も興味をもちだして。下の子たちも大きくなったら、一緒に料理できる家にしたいと思っていました」。そこで選んだのはアイランドキッチン。右からも左からも自由に調理場に入れるから、数人同時に作業をしやすいのが魅力です。冷蔵庫はキッチンの斜めうしろ。「調理場を通らなくても行けるので、リビングにいる家族に『ちょっと取って』が言いやすい。色々な方向から料理に参加しやすい配置で助かっています」

ただアイランドキッチンは、壁付けキッチンより一般的に費用が高め。そこで滝下家では、通常より小さなユニットを選び、面材はシンプルなタイルにするなどしてコストダウンを図りました。「歩留まりのいいモザイクタイルを紹介してもらいました。色選びの過程も楽しくて、いい思い出になりました」

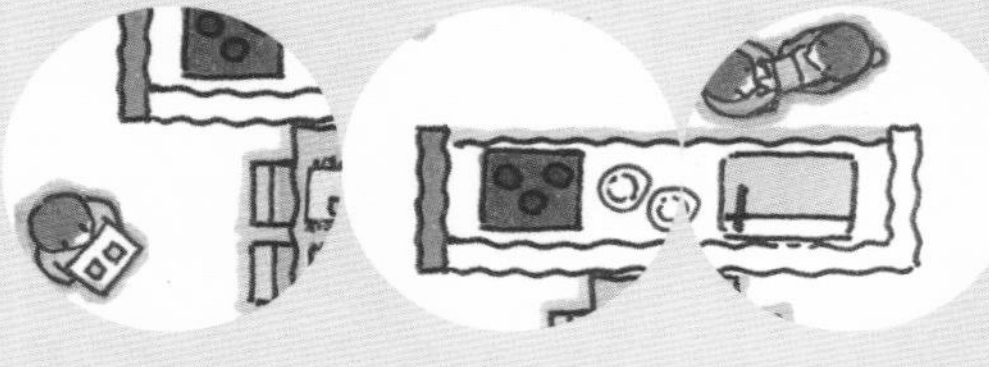

育児に忙しく過ごすなか、良さを感じる部分は他にもあります。「手元の壁が調理台より20㎝くらい高いのですが、このおかげでダイニングから手元が見えません。料理中はどうしても散らかるので、ごはんを食べるときにそこが見えないのは落ち着きにつながる。暮らすほどに有難さが見つかるキッチンだなあと感じています」

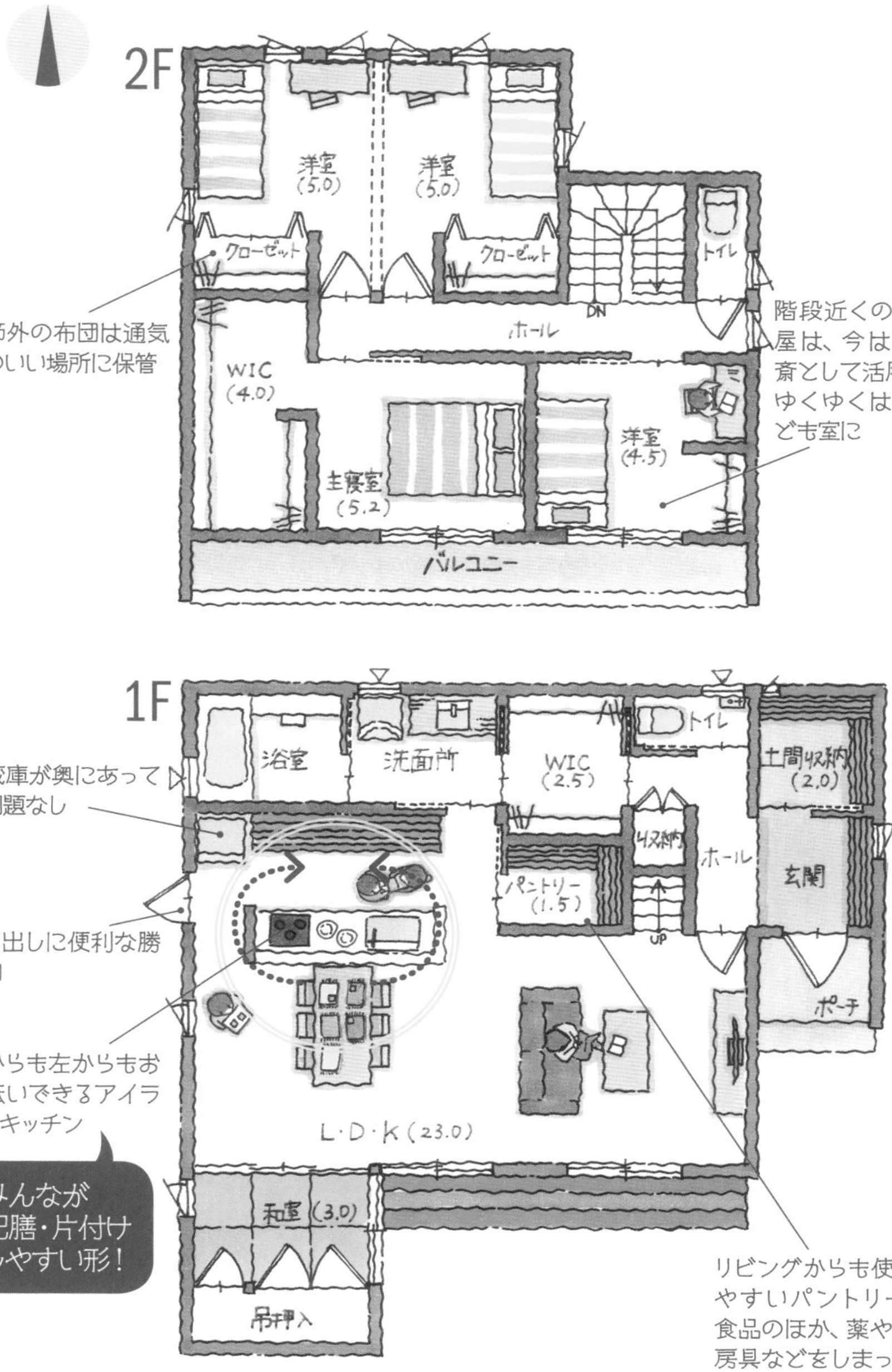

2F
洋室 (5.0)
洋室 (5.0)
クローゼット
クローゼット
トイレ
DN
ホール
WIC (4.0)
主寝室 (5.2)
洋室 (4.5)
バルコニー
1F
浴室
洗面所
WIC (2.5)
トイレ
土間収納 (2.0)
収納
ホール
玄関
パントリー (1.5)
UP
ポーチ
L・D・K (23.0)
和室 (3.0)
吊押入

季節外の布団は通気性のいい場所に保管

階段近くの部屋は、今は書斎として活用。ゆくゆくは子ども室に

冷蔵庫が奥にあっても問題なし

ゴミ出しに便利な勝手口

右からも左からもお手伝いできるアイランドキッチン

みんなが配膳・片付けしやすい形！

リビングからも使いやすいパントリー。食品のほか、薬や文房具などをしまっている

Data

夫婦＋子３人（０歳・２歳・７歳）

床面積……1F：73.7㎡｜2F：54.7㎡

釣り＆料理好きの厨房キッチン

野崎さんは船舶免許を取るほどの釣り好き。「週末は早朝から海に出て、大漁の日は友達を招きます。釣りたて・さばきたてで美味しくもてなせる家が夢でした」

そこで設えたのが鮮魚専用のシンク。シューズクロークの一角ですが、土間なので床が濡れても問題なし。帰ったままの格好での作業もしやすいです。そしてパントリーを通り、キッチンへ。「冷蔵庫をパントリー内に置いたので、買ってきた他の食材をしまうのもスムーズ。リビングから見えないのも気に入っています」。

来客が通るのは別ルート。玄関からホールを通りドアを開けると、カウンターに立つ野崎さんが迎えます。「作ったそばから食べてもらえるのが嬉しい。L字のカウンターもコンパクトで使いやすく、小料理屋のような気分で大満足しています」

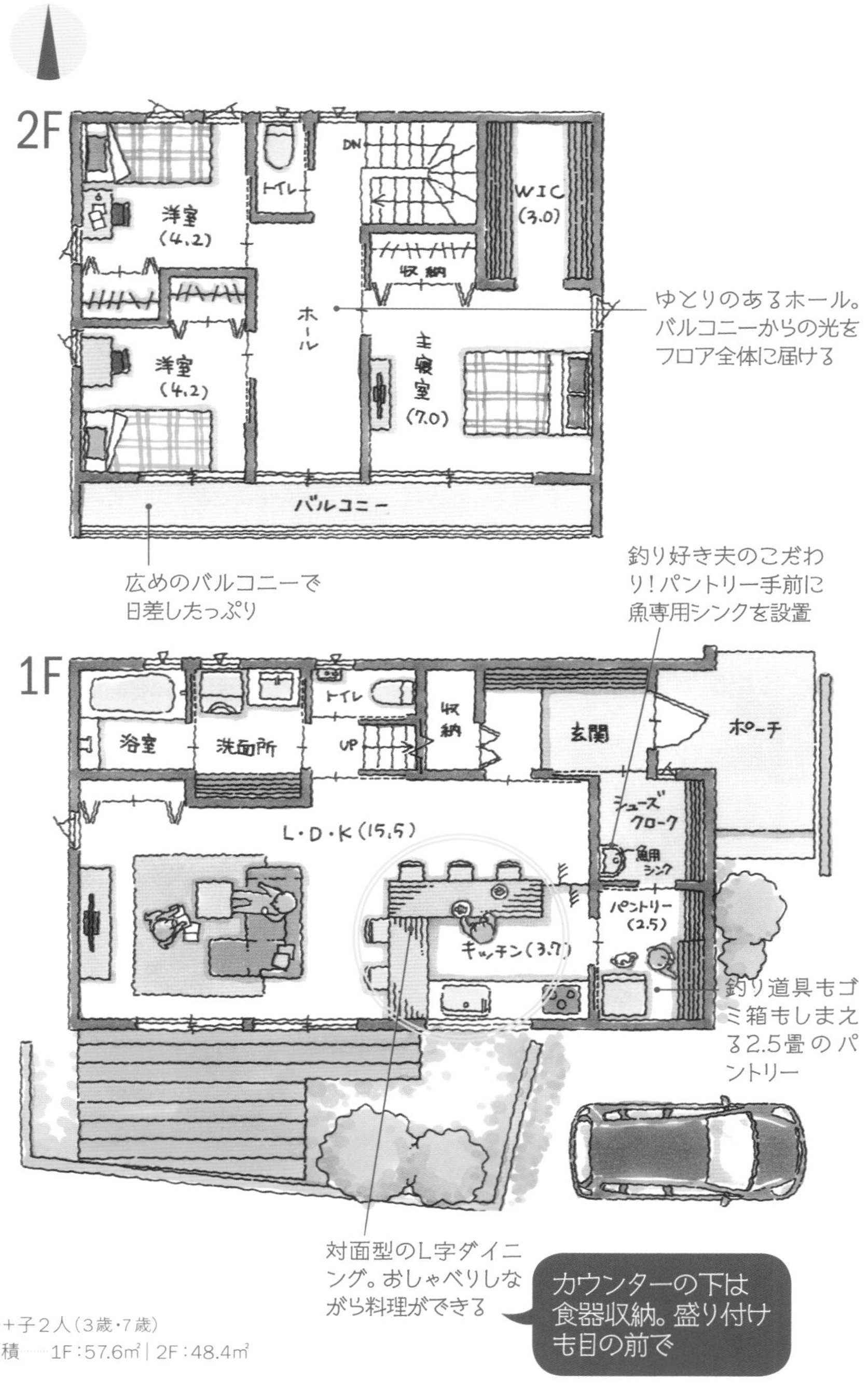
2F
洋室
(4.2)
トイレ
DN
WIC
(3.0)
収納
ホール
主寝室
(7.0)
洋室
(4.2)
バルコニー
ゆとりのあるホール。バルコニーからの光をフロア全体に届ける
広めのバルコニーで日差したっぷり
釣り好き夫のこだわり！パントリー手前に魚専用シンクを設置
1F
浴室
洗面所
トイレ
UP
収納
玄関
ポーチ
シューズクローク
L・D・K (15.5)
魚用シンク
パントリー
(2.5)
キッチン (3.7)
釣り道具もゴミ箱もしまえる2.5畳のパントリー
対面型のL字ダイニング。おしゃべりしながら料理ができる
カウンターの下は食器収納。盛り付けも目の前で

Data
夫婦＋子２人（３歳・７歳）
床面積……1F：57.6㎡｜2F：48.4㎡

料理中でも目が届く
キッチン脇の図書コーナー

妻の翠さんはオリジナルレシピを考案するほどの料理好き。「一度キッチンに立つと長いので、子どもたちがどこにいても様子がわかるといいなと思っていました」

設計士にその要望を伝えると、キッチンが中心にある間取りを提案されました。調理場からは正面にリビング、脇に図書コーナーが見え、子どもたちが遊んでいても勉強していても目が配れます。「まじめに宿題しているなとかケンカを始めたなとか、どこにいても様子がわかります」

図書コーナーは、大人も子どもも好きな場所。約4・5畳の壁一面に6段の本棚を備え付け、文庫やマンガ、大型の図鑑、地球儀やランドセルまで収めています。「夫の蔵書は今まで納屋にしまっていましたが、この家ができてからはすべてここに置けています。私も料理の傍ら、レシピ本やエッセイを取りやすいし、子どもは大人の本にも自然と興味をもつ。いい場所ができたなと感じています」

書棚はぬくもりあるパイン材で、コストが控えめなのもいいところ。「同じ材で子ども部屋の机も造ってもらいました。価格は既製品と大差ないのに造りはしっかりです」。数年経てば、自分の部屋で過ごす時間が増えるでしょう。「そうなっても愛着をもてる部屋になっていると思う」と将来を楽しみに語ってくれました。

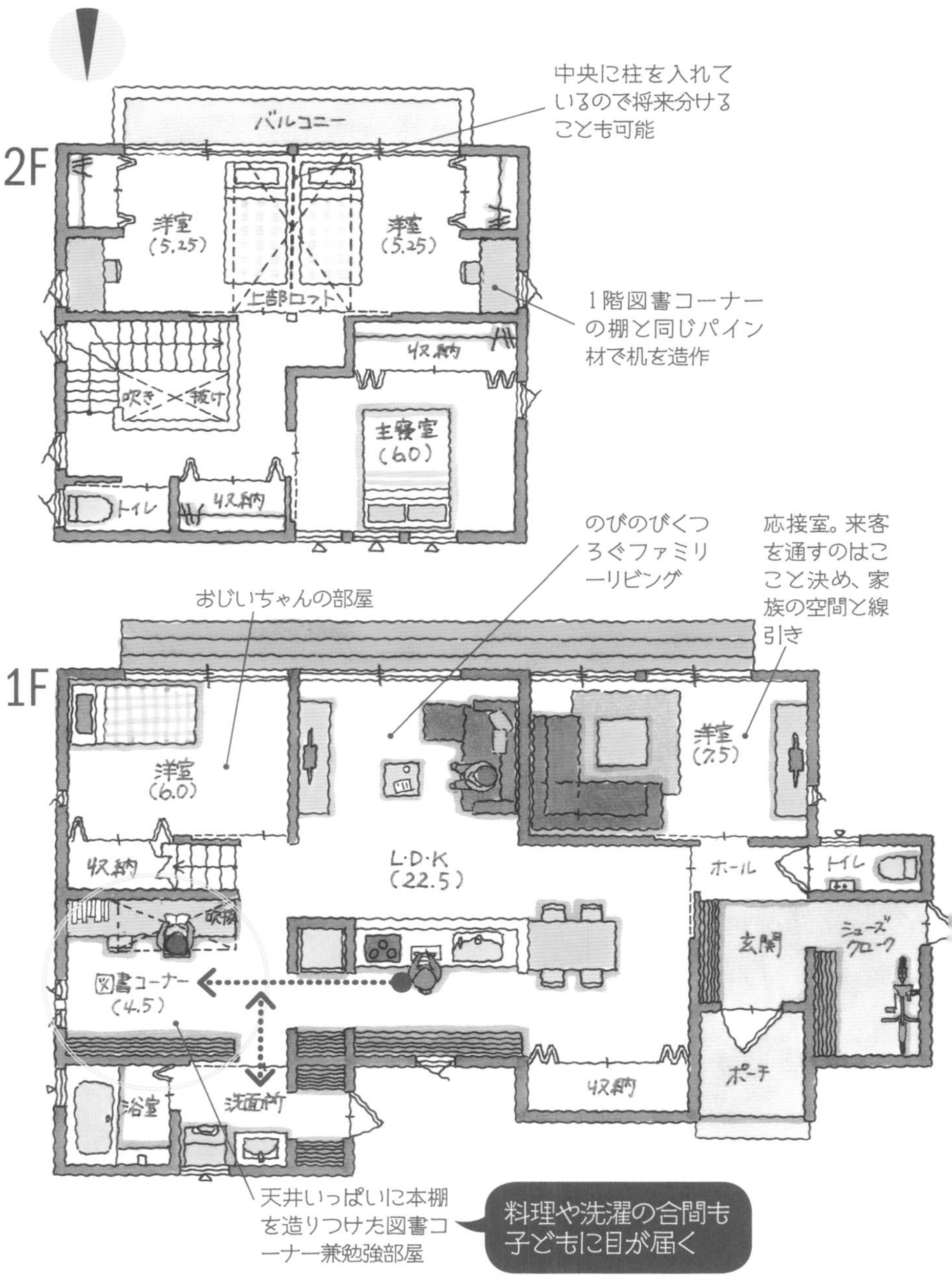
2F
バルコニー
洋室
(5.25)
洋室
(5.25)
上部ロフト
吹き抜け
収納
主寝室
(6.0)
トイレ
収納
中央に柱を入れているので将来分けることも可能
1階図書コーナーの棚と同じパイン材で机を造作
1F
おじいちゃんの部屋
のびのびくつろぐファミリーリビング
応接室。来客を通すのはここと決め、家族の空間と線引き
洋室
(6.0)
L·D·K
(22.5)
洋室
(7.5)
収納
吹抜
図書コーナー
(4.5)
ホール
トイレ
玄関
シューズクローク
ポーチ
収納
浴室
洗面所
天井いっぱいに本棚を造りつけた図書コーナー兼勉強部屋
料理や洗濯の合間も子どもに目が届く

Data

祖父＋夫婦＋子２人（6歳·9歳）

床面積……1F：91.1㎡｜2F：44.7㎡

アウトドア好き必見！
超実用的なデッキと勝手口の関係

アウトドアが大好きな村上さん。「でもしばらくは子どもが小さくて遠出できないので、代わりに気軽にＢＢＱできるような家にしたいとお願いしました」

会場になるのは南東のウッドデッキです。七輪や炭、食材をパントリーで用意して、勝手口から外を通って運びます。「生ごみなどの汚れものも室内を通らなくて済むので助かります。友人を招いてリビングが混んでいるときも、外動線があると準備や片付けがスムーズです」。

目隠し用の板塀は、デッキから余裕をもって設置。「おかげで勝手口と行き来しやすいし風通しもいい。四季を感じる庭木も植えられ、豊かなデッキになりました」

ＢＢＱの予定がない普段の日は、掃き出し窓を全開にしてリビングの延長として使っています。「子どもはお絵描きや積み木もデッキでしたがります。『外は気持ちいい』という感覚を肌で覚えてきたようです」

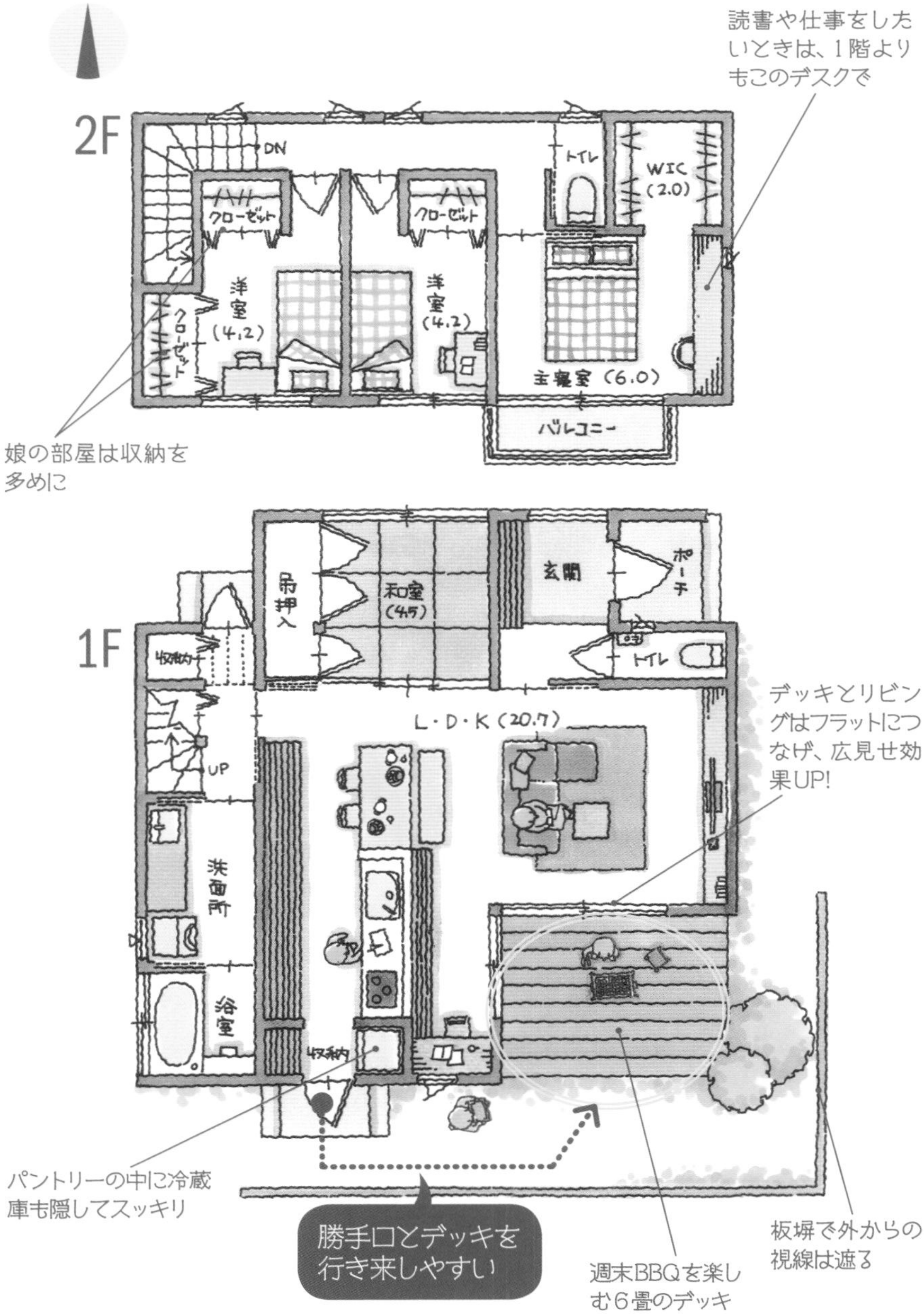
2F
DN
トイレ
WIC
(2.0)
クローゼット
洋室
(4.2)
クローゼット
洋室
(4.2)
クローゼット
主寝室(6.0)
バルコニー
読書や仕事をしたいときは、1階よりもこのデスクで
娘の部屋は収納を多めに
1F
吊押入
和室
(4.5)
玄関
ポーチ
収納
トイレ
L・D・K(20.7)
UP
洗面所
浴室
収納
デッキとリビングはフラットにつなげ、広見せ効果UP!
パントリーの中に冷蔵庫も隠してスッキリ
勝手口とデッキを行き来しやすい
週末BBQを楽しむ6畳のデッキ
板塀で外からの視線は遮る

Data

夫婦+子2人(0歳・3歳)

床面積……1F:66.2㎡|2F:41.4㎡

自慢したくなる

キッチンSNAP

グリーンの壁紙
がアクセント♪

ほどよくこもって料理に集中

ダイニングとほどよく仕切ったセミクローズドキッチン。料理や片付けに集中でき、多少散らかってもリビング・ダイニングから見えないのがいいところ。

TOMMY
85

娘と一緒にお菓子作り

便利に使えるゆったりサイズのカウンター。「パンやケーキを子どもと一緒に作りたかった！」という夢が叶いました。

振り向くだけのコの字キッチン

シンク、作業スペース、コンロの３点が、コの字のカウンターに集結。真ん中に立てば、体の向きを変えるだけで、どの作業もすぐできます。

みんな落ち着く〝お座敷ごはん〟

カウンター式のキッチンを、畳の食事スペースと向かい合わせに。できたての料理を家族みんなですぐ囲めます。

三角屋根のパントリーを併設

白タイルやカフェカーテン、パイン材のフローリングでほっこりナチュラルなキッチン。写真手前はパントリーで、入口を三角屋根の形にカットし遊び心をきかせました。

「見せる／見せない」のメリハリをつけてカッコよく

グースネックの水栓や、張り方に凝ったタイル、ダイナミックな梁は「見せたい」ポイント。逆に、作業中の手元はしっかり隠せるよう、立ち上がりは高めにつくりました。

洗濯機を2階に置けば「洗う→干す→しまう」がすぐ終わる

5人家族の栗田さん。洗濯は毎日2～3回行います。「以前の家では、濡れて重たい洗濯物を持って階段を上り、乾いたらリビングへ持って下り、たたみ、またそれぞれの部屋へしまいに行く……。家事の中でもいちばん重労働でした」と妻の愛花さん。「じゃあ、洗濯機ごと2階に置くのはどうですか?」と提案を受けたとき、目から鱗が落ちたそう。「しかも、取り込んだ衣類をガサーッとしまえるウォークインクローゼットも近くにあって。これなら洗う→干す→しまうが、とってもラクになりそう!と思えました」

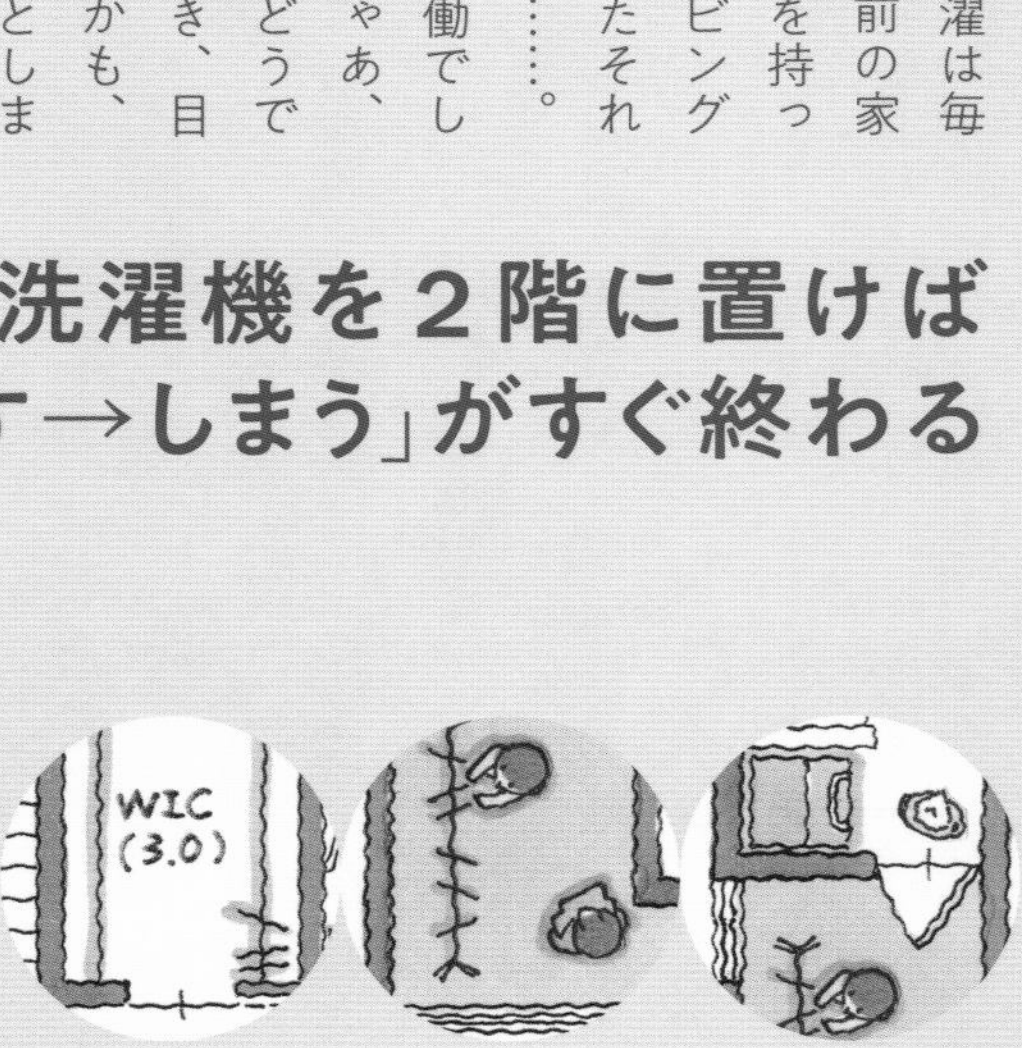

ウォークインクローゼットは約3畳。片面にはポールを上下2段付け、丈の短い服をたくさん掛けられるようにしています。「干した服はハンガーごと取り込み、そのまま掛けてしまえます。Tシャツも短パンも、たたみも仕分けも不要になりました!」

1階の洗面所は洗濯機がないぶん広々。身支度や床掃除もしやすくなったと感じています。「お風呂あがりなど子どもと一緒の時も快適。暮らしのなかいろんな場面でゆとりを感じられています」

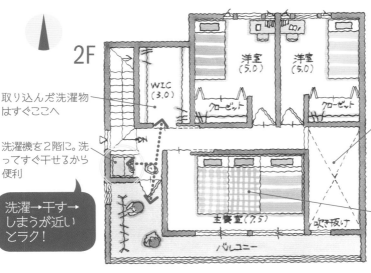

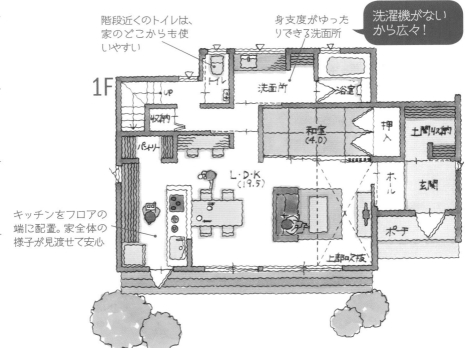

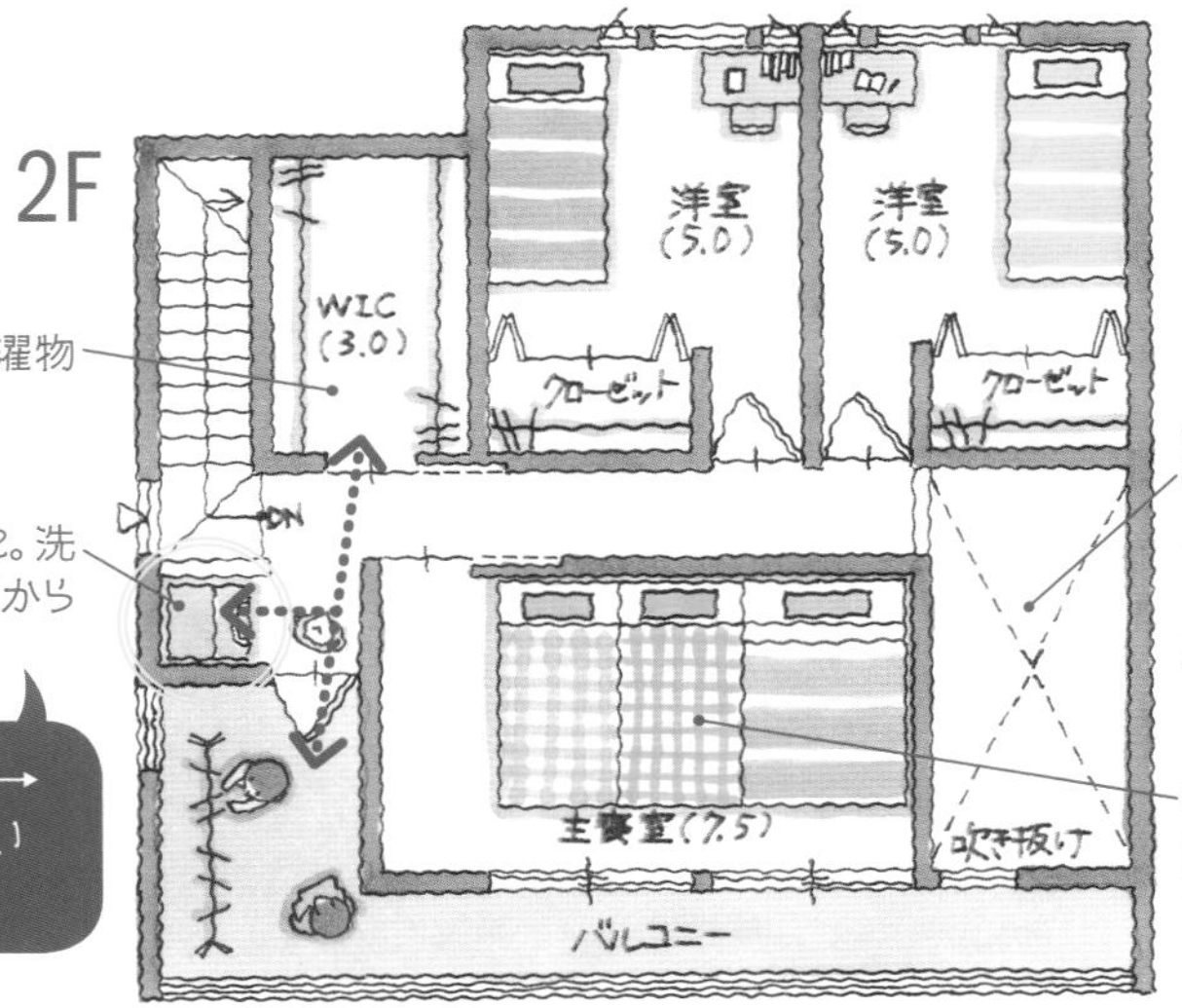
2F
WIC
(3.0)
DN
洋室
(5.0)
洋室
(5.0)
クローゼット
クローゼット
主寝室(7.5)
吹き抜け
バルコニー

取り込んだ洗濯物はすぐここへ

洗濯機を2階に。洗ってすぐ干せるから便利

洗濯→干す→しまうが近いとラク!

吹き抜けがあると、バルコニーからの光がリビングまで届く

子どもたちとはまだ川の字で寝ている

階段近くのトイレは、家のどこからも使いやすい

身支度がゆったりできる洗面所

洗濯機がないから広々!

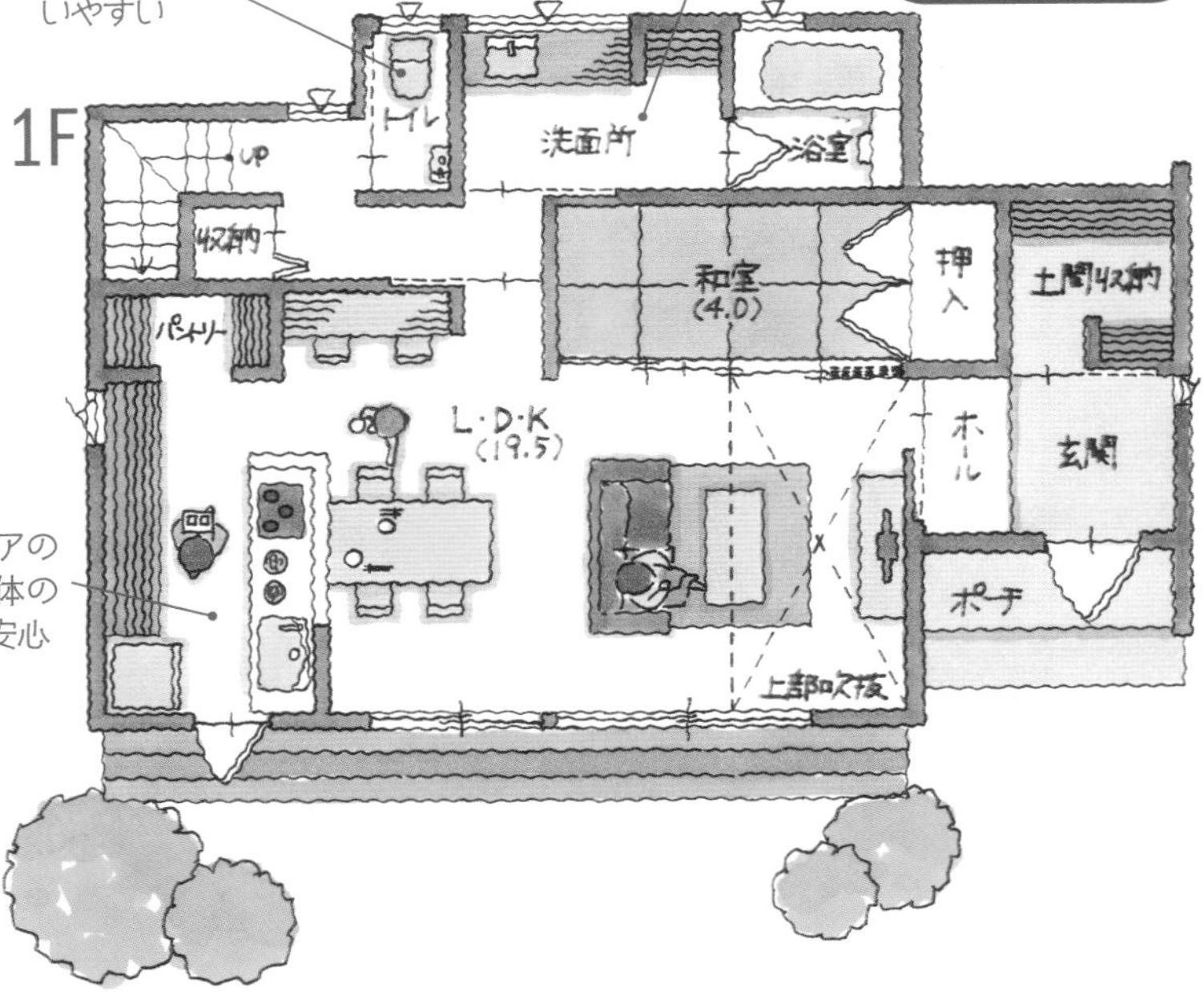
1F
UP
トイレ
洗面所
浴室
収納
パントリー
和室
(4.0)
押入
土間収納
L·D·K
(19.5)
ホール
玄関
ポーチ
上部吹抜

キッチンをフロアの端に配置。家全体の様子が見渡せて安心

Data

夫婦+子3人(0歳·3歳·6歳)

床面積……1F:67.1㎡ | 2F:47.2㎡

手洗い・うがい・片付けを無理なく促す魔法の間取り

北原一家には子どもが３人。「まずは全員、元気でいてくれれば十分。人に迷惑をかけない最低限の習慣さえ身につけてくれれば」とおおらかな教育方針です。

　しかし毎日大変なのが、注意しないと帰宅後の手洗い・うがいをしないこと。そこで新居に備え付けたのが、玄関すぐの洗面台です。土間収納に靴や遊び道具をしまったら、その流れで手洗い・うがいができる位置につけたのがミソ。「帰宅動線上にあるおかげで、私が注意しなくても自然とするように。前の家は、リビングを通ってから洗面所に行く間取りだったので、こうならなかったのか！」と

原因に納得しています。玄関からは、直接リビングにも向かえます。「お客様はこちらの動線。土間収納が散らかっていても、そこは家族用なので気がラクです」

　子どもたちの変化でもうひとつ驚いたことがあります。それは、「出したらしまう」習慣がついたこと。リビングの一角にある小上がりが普段の遊び場ですが、ここで使ったおもちゃ類は畳の下の引き出しにしまうクセがついたそう。「使う場所としまう場所が同じなのがいいみたい。今は引き出しに仕切りもつけず、〝しまう習慣づけ〟を優先させています」

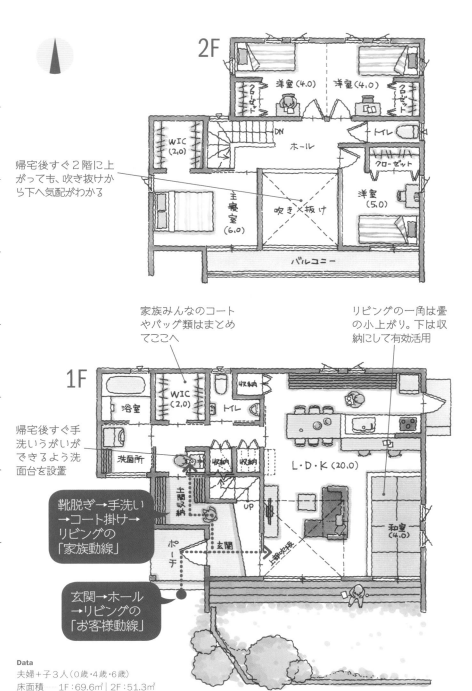

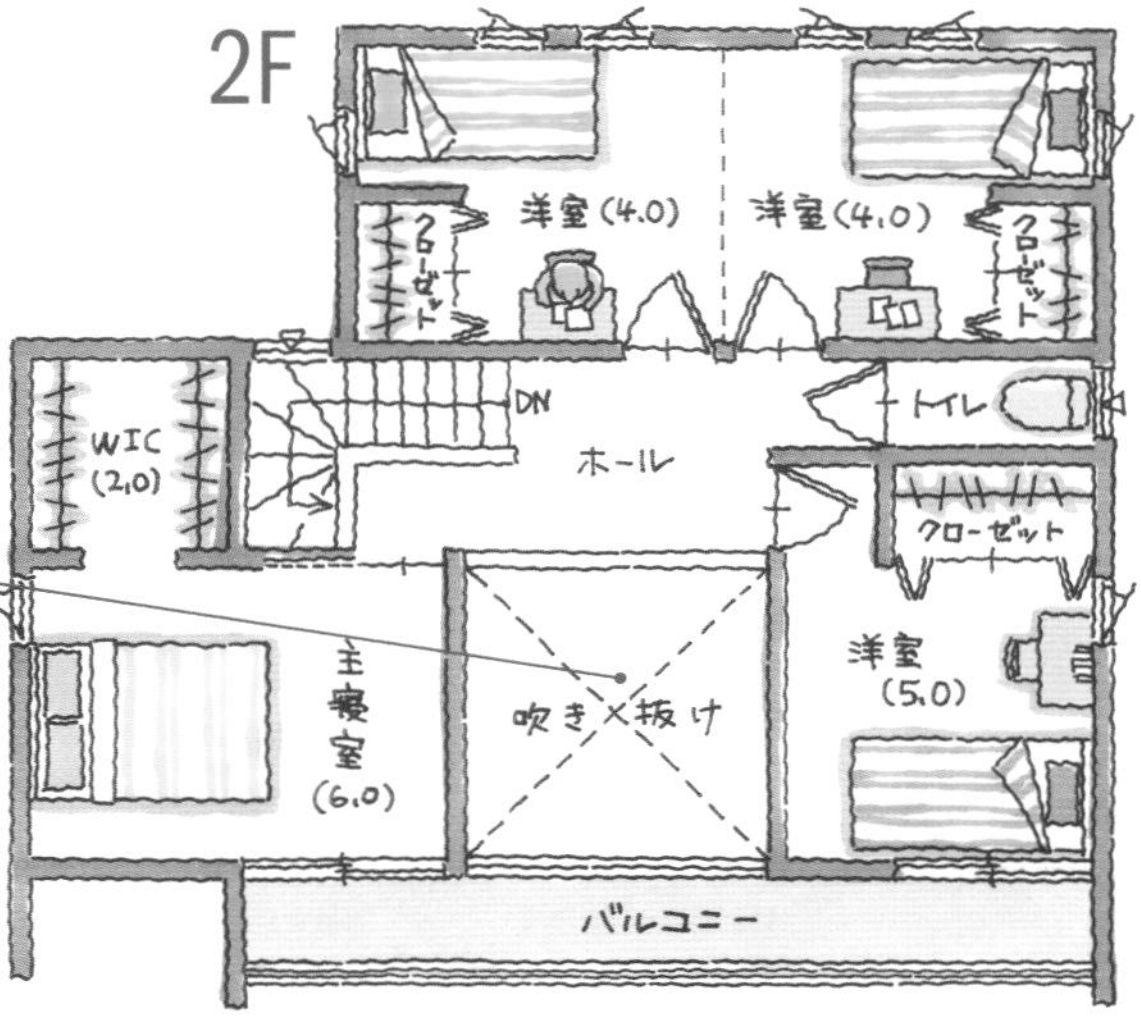
2F
洋室(4.0)
洋室(4.0)
クローゼット
クローゼット
WIC (2.0)
DN
ホール
トイレ
クローゼット
主寝室 (6.0)
吹き抜け
洋室 (5.0)
バルコニー

帰宅後すぐ2階に上がっても、吹き抜けから下へ気配がわかる

家族みんなのコートやバッグ類はまとめてここへ

リビングの一角は畳の小上がり。下は収納にして有効活用

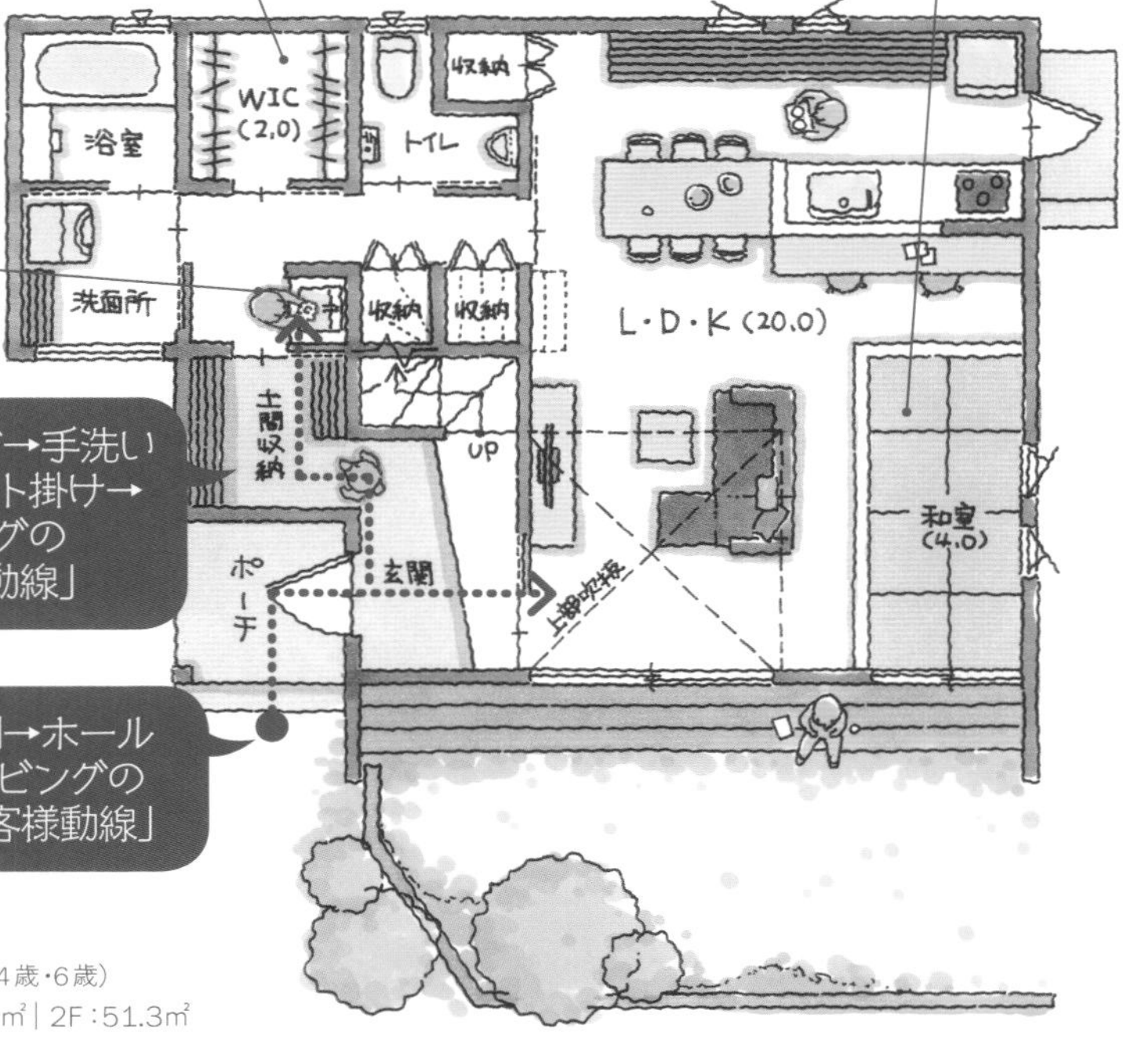
1F
浴室
WIC (2.0)
トイレ
収納
洗面所
収納
収納
L・D・K (20.0)
土間収納
UP
ポーチ
玄関
上部吹抜
和室 (4.0)

帰宅後すぐ手洗いうがいができるよう洗面台を設置

靴脱ぎ→手洗い→コート掛け→リビングの「家族動線」

玄関→ホール→リビングの「お客様動線」

Data
夫婦+子3人(0歳・4歳・6歳)
床面積……1F:69.6m²|2F:51.3m²

動線上に収納があれば自然と片付く家になる

片付けが苦手という佐々木さん。以前の家では服や雑貨がいつもあふれていたと言います。「建てるからには絶対収納を広く。すべてが入りきる家にしたい！　と思っていました」

　ところが、設計士からは「収納は大きくしなくても大丈夫」と言われてびっくり。「片付けが下手なわけではなく、片付けしにくい間取りになっていたのでは？　と言われ、ハッと思い出したんです」。確かにそれまでは、出しっぱなしになった物を持ってあっちこっちへしまいに行くのが億劫だったそう。「『子どもたちは帰ったらカバンを置いて手洗いうがい。そのあと部屋着に着替えて……』と行動

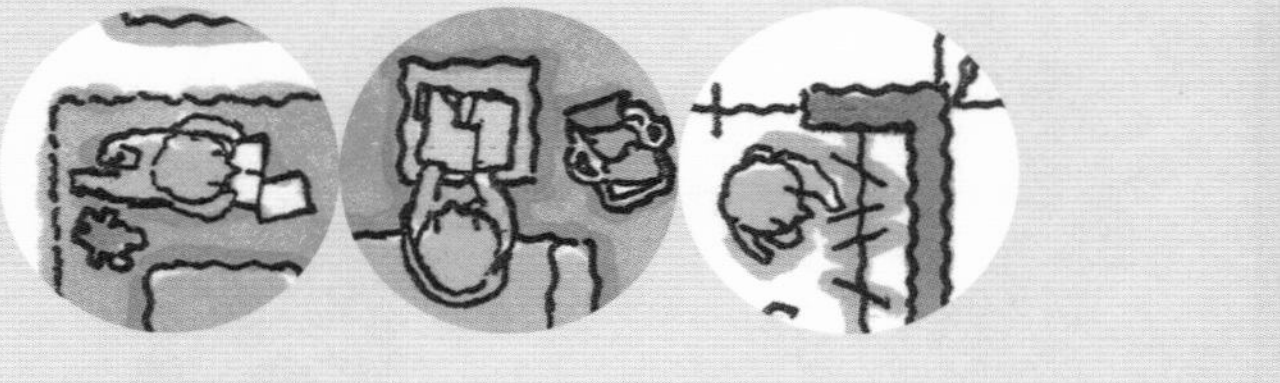

パターンを書き出していくと、その場その場にしまうスペースがなかったことに私も気づきました」

　新居では生活動線を追うように収納場所を設けています。とくに気に入っているのは、洗面所とリビングの間にあるウォークスルークローゼット。「ここに部屋着を置いておけば、帰宅後の着替えがスムーズ。洗濯機にすぐポイできるので、汚れた靴下がリビングから消えました」。

　他にも、玄関や階段下、和室など各所に収納をつくったおかげでリビングはいつもキレイをキープ。「物を入れる場所が決まっているだけで、家中がこんなに片付くんだ！　と感動しています」

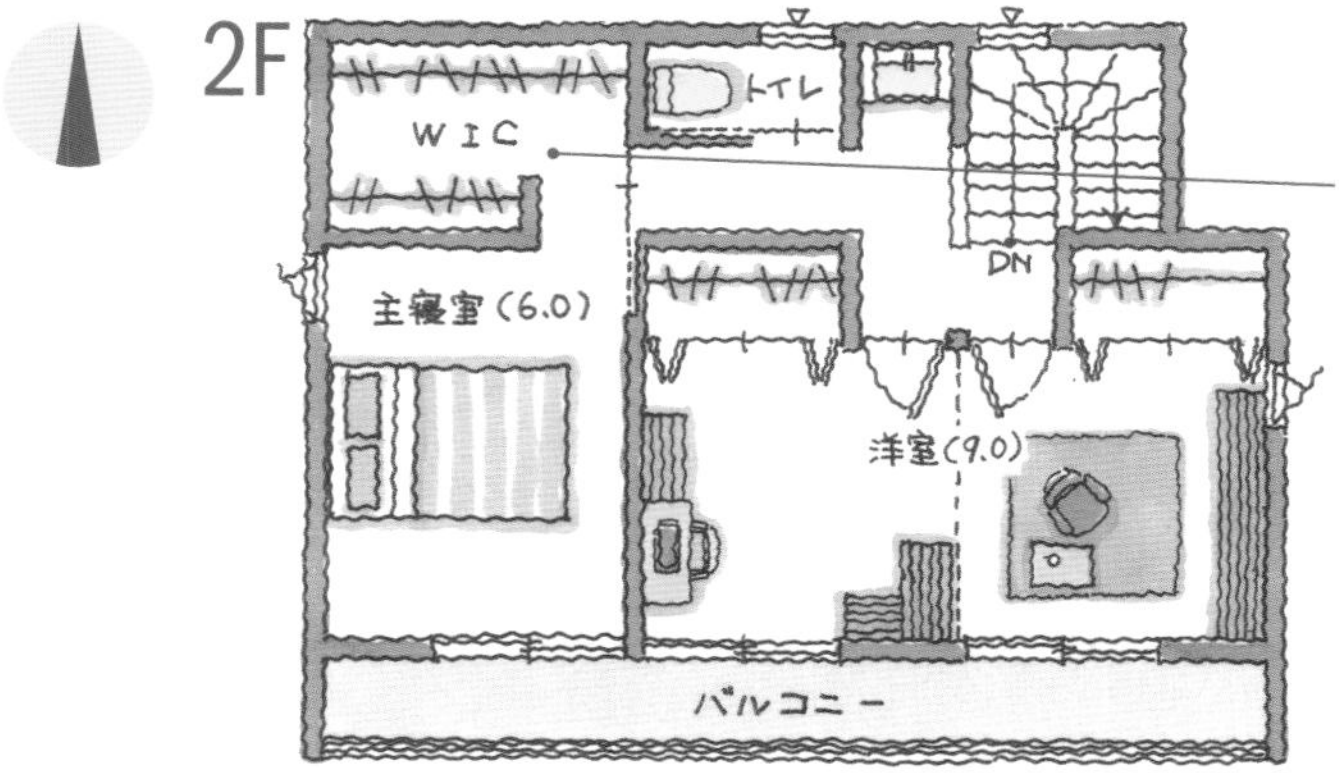
2F
WIC
トイレ
DN
主寝室(6.0)
洋室(9.0)
バルコニー

約3畳のウォークインクローゼット。主寝室内だが、廊下正面なので家族で共有

動線を兼ねているので小さな家にピッタリ!

可動域が広く出し入れしやすい正方形型・扉ナシのパントリー

水まわりとキッチンの間にあるウォークスルー型のクローゼット

夫婦合わせて50足以上の靴を収める。おかげで玄関が散らからない

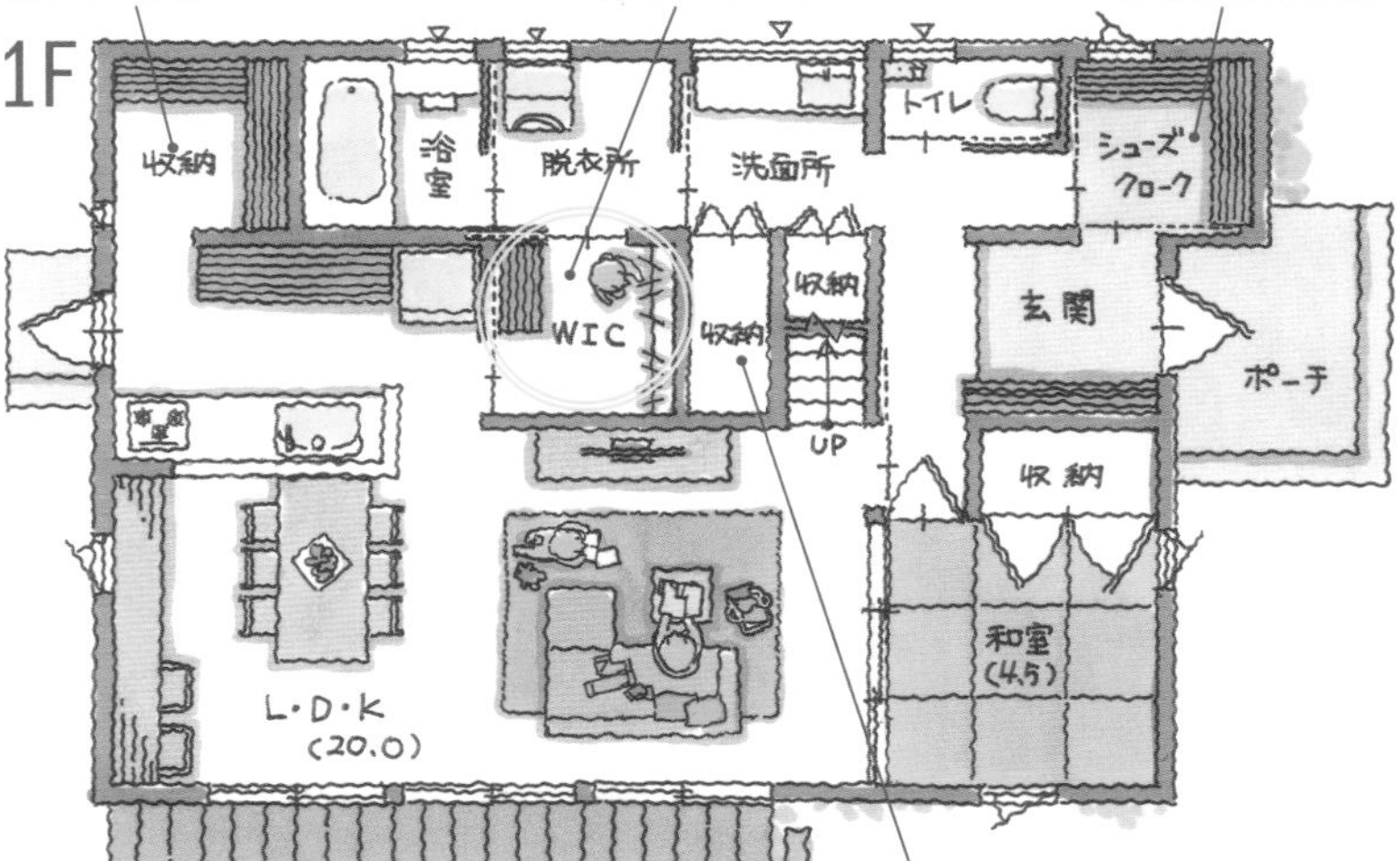
1F
収納
浴室
脱衣所
洗面所
トイレ
シューズクローク
玄関
WIC
収納
収納
UP
ポーチ
収納
和室(4.5)
L・D・K
(20.0)

奥に深い階段下収納。キャスター付きのワゴンを利用し、重い物も出し入れしやすく

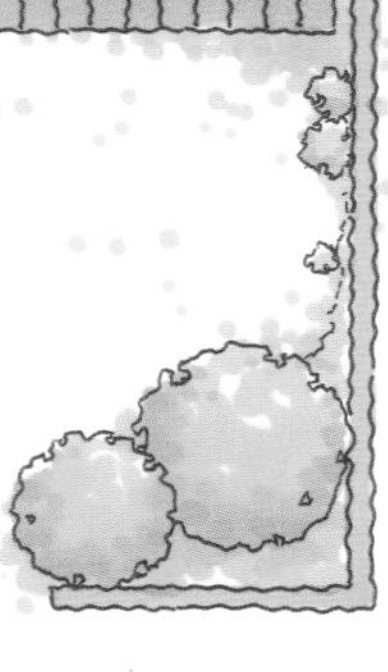

Data

夫婦+子2人(4歳・8歳)

床面積……1F:74.5㎡ | 2F:43.0㎡

南向きで開放的な お風呂のある家

河野さんは大のお風呂好き。温泉気分を味わえるような家に住むのが夢でした。「南側に広がる畑の向こうに、青々とした山。のどかな景色を眺めながら入浴できたら気持ちいいだろうと、この土地を買いました」

その希望を叶えるため、浴室は南側に計画。浴槽のサイズは一般的ですが、湯船につかったときにちょうど顔の位置にくるように窓を設置しています。「時間や季節で変化する景色を湯船につかりながら楽しめます。窓を開ければ、露天風呂のよう。つい長風呂してしまいます」

脱衣室は深い軒を掛けた物干し場につながっています。「洗濯は僕の担当です。朝起きたら脱いだパジャマを洗濯機に入れスイッチオン。お風呂から上がる頃にちょうど洗い終わるので、涼みがてら干すのも気持ちいいです」

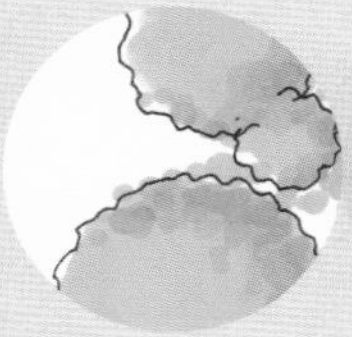

また、水まわりや寝室と、ＬＤＫがはっきり分かれているのもお気に入り。洗面所とリビングを行ったり来たりしなくて済むので、入浴後スムーズに就寝モードに入れるんだとか。「おかげで子どもも寝る時間を守れるようになりました。濡れたタオルをリビングにポイ置きする人もいなくなり、片付けや洗濯の手間もぐんと減りました」

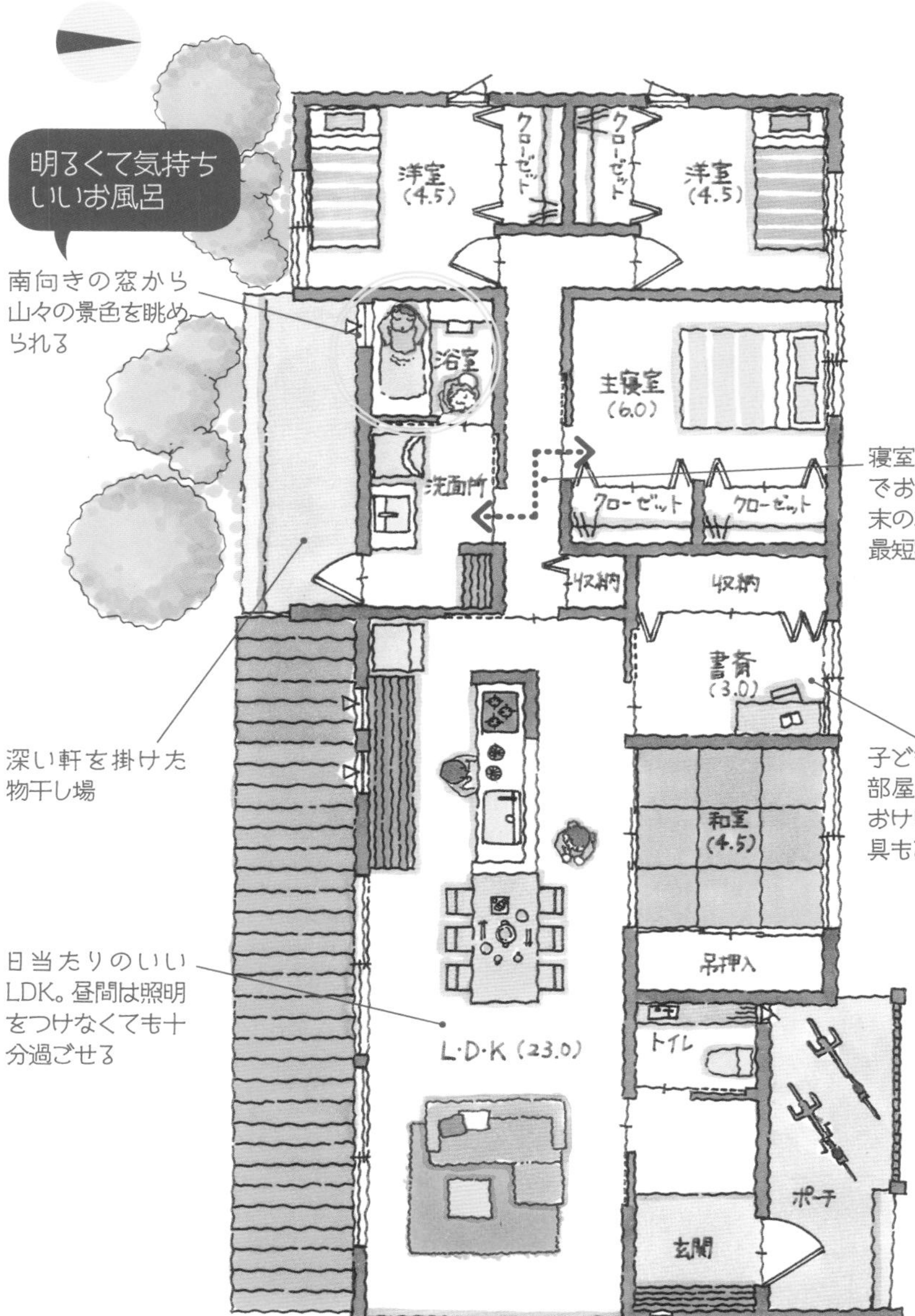
明るくて気持ちいいお風呂
南向きの窓から山々の景色を眺められる
日当たりのいいLDK。昼間は照明をつけなくても十分過ごせる
寝室から3歩でお風呂。週末の朝風呂も最短距離！
子どもの勉強部屋。学校やおけいこの道具もここに

Data

夫婦＋子２人（5歳·7歳）

床面積……110.13㎡

夫婦ともに医療系にお勤めの澤田さん。「平日は夜、室内で除湿機をつけて干します。週末の外干しも、プライバシーがちょっと気になっていたんです」。ＳＮＳでよく検索していたキーワードも〈室内干し／間取り〉。そこで見つけたのがサンルームで、「これなら時間も人目も気にならない。アイロンがけスペースもつくれたら理想的だなと夢が膨らみました」

　間取りはその意向を汲み、１階にサンルームを計画。浴室や洗面所も近く、洗濯が最短距離で済みます。デッキには目隠しの板塀を設置。「太陽の光は入りつつ、室内だからいつでも干せる。精神的にも家事がラクになりました」

雨の日も夜干しも大助かりのサンルーム

「住宅地なので室内に干せると安心です」

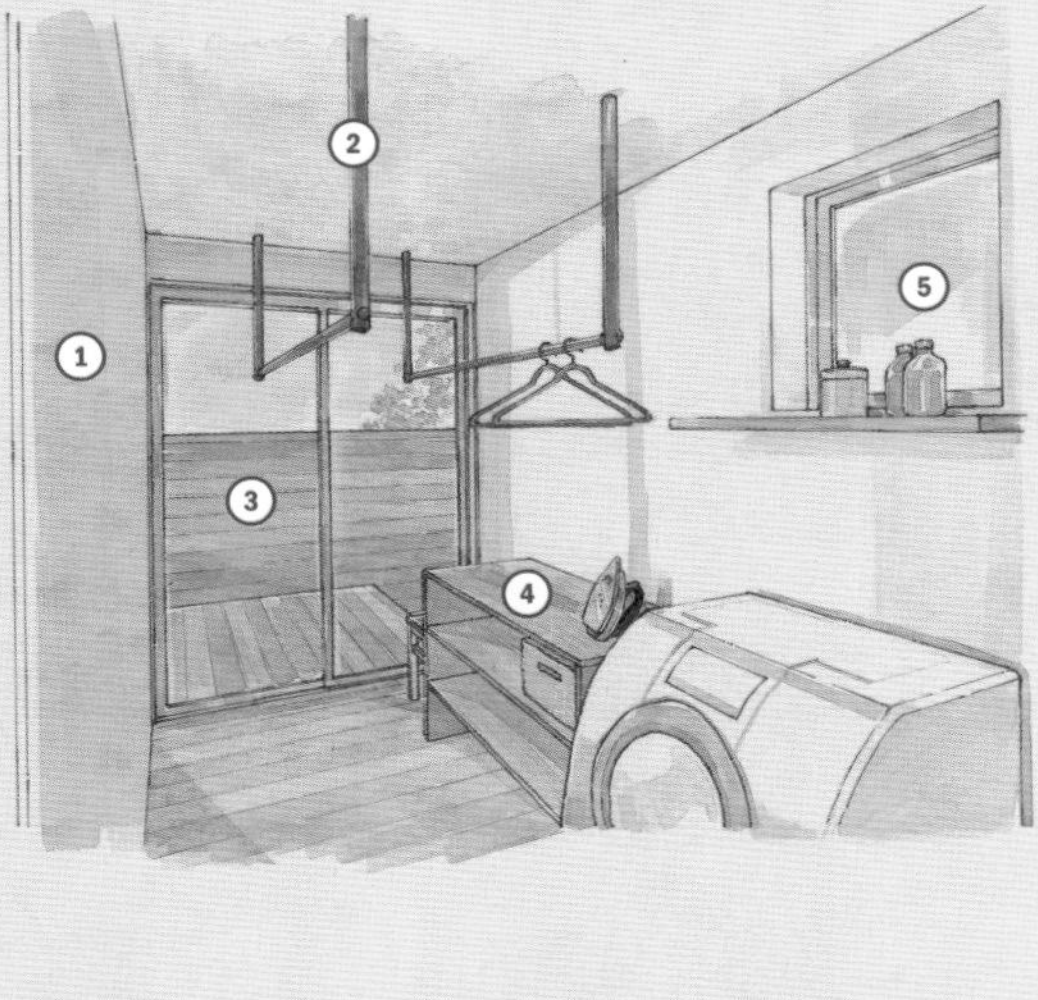

① 約３畳のサンルーム
② 物干しポールは取り外し可能。外せばスッキリ広くなる
③ デッキにはプライバシーを守る目隠し塀
④ 棚があるとアイロンがけやちょい置きに便利
⑤ 光採りの小窓。ちょっとした小物も飾れる

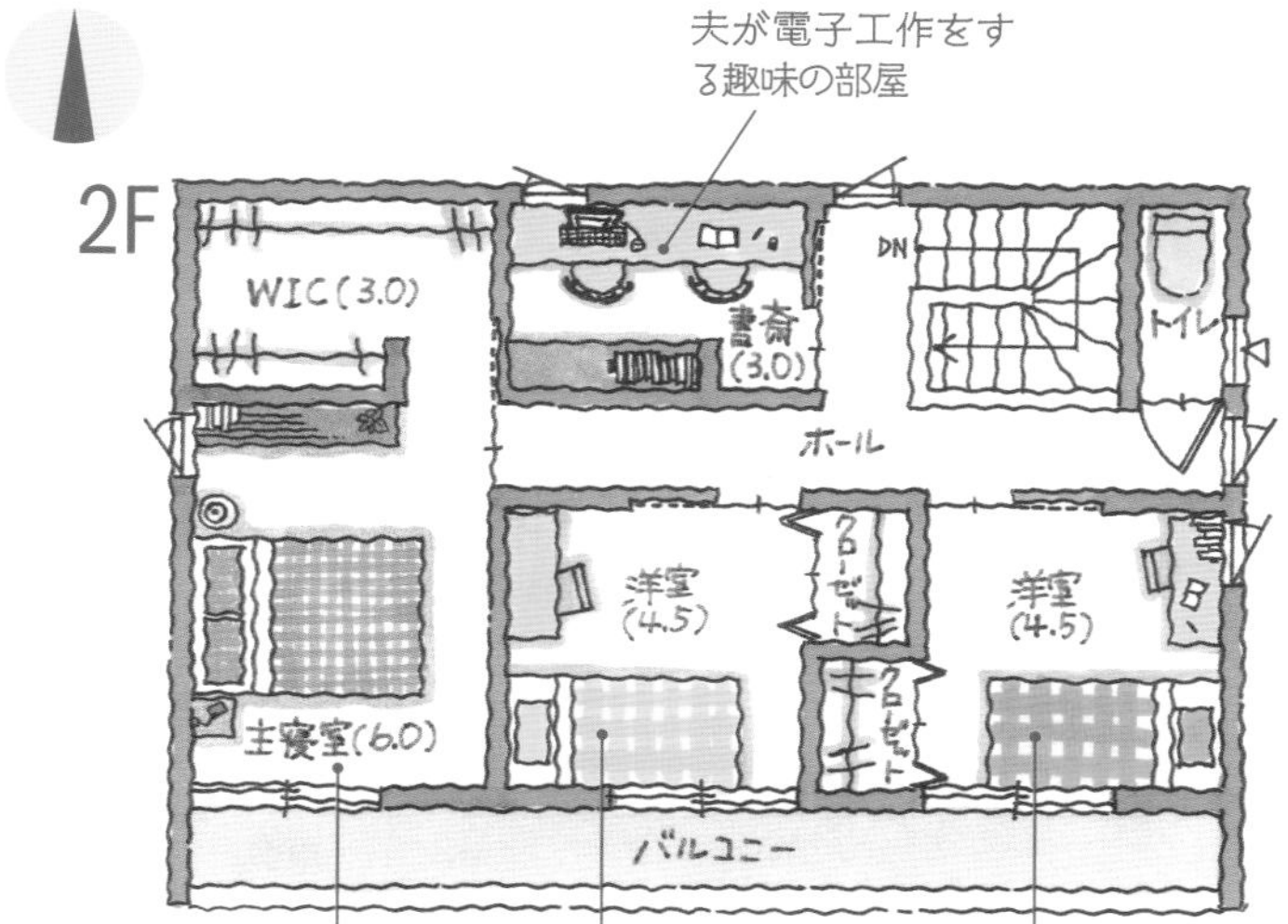
2F
WIC（3.0）
書斎（3.0）
DN
トイレ
ホール
洋室（4.5）
クローゼット
洋室（4.5）
クローゼット
主寝室（6.0）
バルコニー

夫が電子工作をする趣味の部屋

どの部屋もバルコニーに面し、各自布団が干しやすい

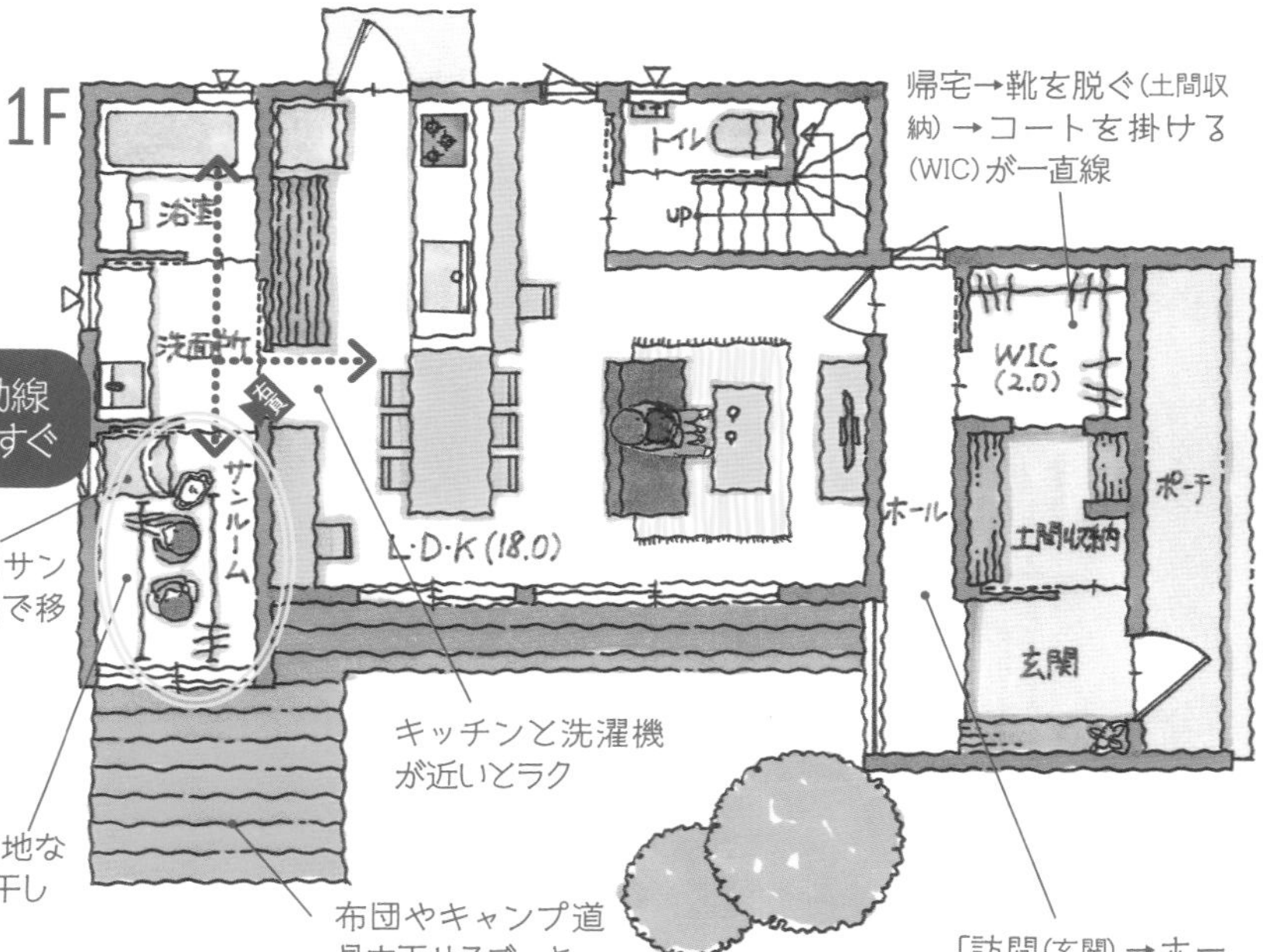
1F
浴室
洗面所
サンルーム
トイレ
UP
L・D・K（18.0）
WIC（2.0）
ホール
土間収納
ポーチ
玄関

帰宅→靴を脱ぐ（土間収納）→コートを掛ける（WIC）が一直線

洗濯動線がまっすぐ

洗濯機もサンルーム内で移動ゼロ！

キッチンと洗濯機が近いとラク

住宅密集地なので室内干し

布団やキャンプ道具も干せるデッキ

「訪問（玄関）→ホール→リビング」のお客様動線

Data

夫婦＋子２人（4歳・10歳）

床面積……1F：61.3㎡｜2F:49.7㎡

和泉さん一家は共働きで、お子さんは双子の小学生。平日は家族全員7時に出発するため、歯磨きや洗顔で渋滞するのがプチストレスでした。「だから新居ではずせなかったのは水まわり。コストはかかりますが『洗面ボウルを２台つけよう』というのは、夫とも一致していました」

　洗面ボウル１台の場合と比較すると、10万円程度アップしましたが、お子さんの成長も見越してここは英断。鏡も幅２ｍとゆったりサイズを選びました。「おかげで毎朝快適です。順番待ちがなくなったぶん10分は早く身支度できるし、鏡が大きくなったせいか洗面所全体がずいぶん明るく感じます」。

朝の身支度渋滞を解決！
洗面とトイレを２つずつ

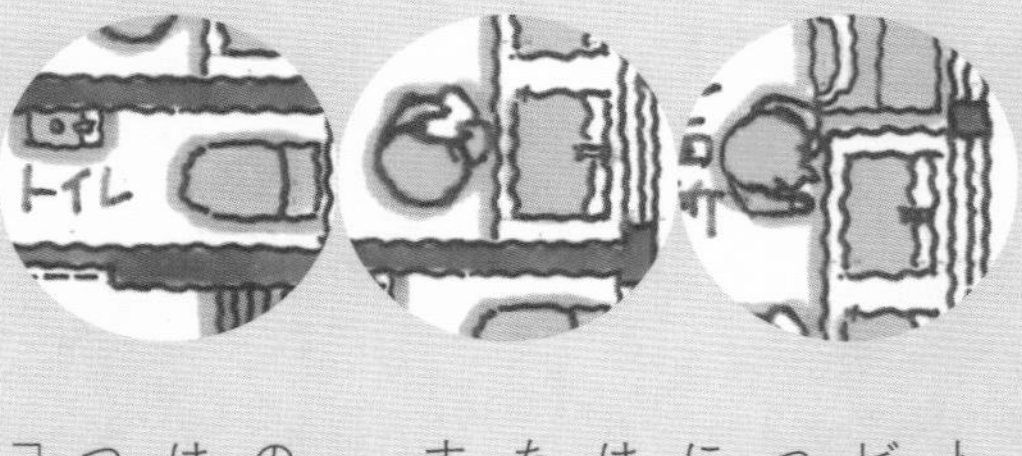

トイレも2か所つくりました。「リビングに近いほうは、来客にも使ってもらいます。日頃からキレイに保つ意識ができたのか、娘たちはちょっとしたお花を飾ってくれたりと嬉しい変化も起こっています」

　敷地の南半分は、日当たり抜群、のＬＤＫです。４・５畳の和室はフローリングとあえて段差なくつなげ、一体感を高めました。「家族全員がここにいても、それぞれ居場所が見つかります。夫はソファ、私はキッチン、長女は畳でごろごろしていて、次女は窓辺で絵を描いている……。みんながいる安心感がありつつも、自由に、のびのび過ごせる間取りがとても私たちには合っています」

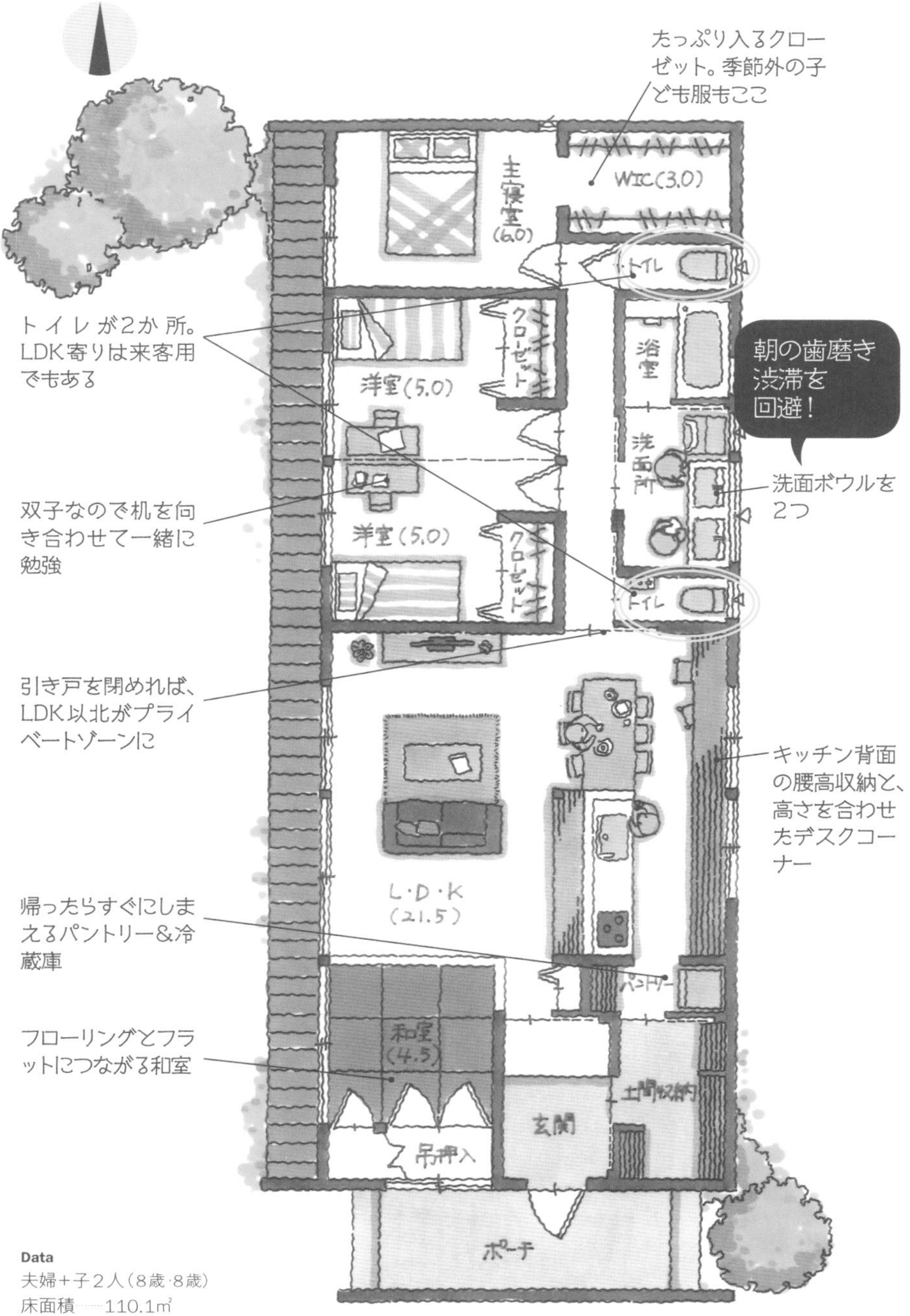

Data

夫婦+子2人(8歳·8歳)

床面積……110.1㎡

自慢したくなる
サニタリーSNAP

干すときだけ
ワイヤーを張ります

雨でも安心のサンルーム

天候や時間を気にせず干せる、念願のサンルームをつくりました。床はモノクロのモザイクタイルを花柄にアレンジ。いつまでも居たくなるようなスペースです。

水まわりが一直線だと超家事ラク！

水まわりを一直線につなげるのは、家事ラク間取りの鉄則。写真手前の洗面室から、洗濯機とたたみスペース、庭（干し場）がまっすぐつながり、最短距離で家事ができます。

鏡収納も３面
取れて広々♪

２ボウルで歯磨き渋滞を回避

出勤、通学の時間が重なる家族は、毎朝のプチストレスが歯磨き渋滞。シンクを２台つけることで、その悩みをスッキリ解決しました！

ママと娘のドレッサースペース

家族共有の洗面台とは別に、“女優ライト”付きのドレッサースペースを設置。引き戸を閉めているときは「今はメイクor着替え中!」の合図です。

メイクが楽しく
なりました

リラックス前に手洗いうがい

帰宅したらすぐ、着替えるために寝室へ。部屋を出てすぐプチ洗面があると、手洗いうがいが億劫にならず便利です。就寝前の歯磨きにも便利。

古材やツヤ消し
タイルを使いました

こだわりのヴィンテージルック

キッチンの横に配した洗面室。間の引き戸は開けていることが多いので、タイルや床材のテイストを揃えてリビングから見えてもおしゃれを徹底!

朝日で気持ちよく目覚める寝室

税理士をしている上西さんは、太陽の光で自然に目覚める生活に憧れていました。「起きてから3時間くらいの集中力がいちばん高い、とよく聞きますよね。そのためには日の光で無理なく起きるのがいいらしくって」

そこで、朝日がよく入る寝室を条件に間取りを考え始めました。浮かび上がったのはコの字プラン。コの字の凹んだ部分が中庭で、寝室は南面で接します。「太陽が上がるにつれて部屋に光が差してきます。30分くらいかけてまぶたが明るさに慣れていくと、全身がスッキリ目覚めます」。起きたらキッチンでコーヒーを淹れ、寝室内にある書斎へ。「明るくて静かな

至福の時間。仕事にも読書にも集中できます」

妻の美穂さんが気に入っているのは風通しのいいＬＤＫです。「リビングの窓だけでなく、中庭からも風がスーッと通り抜ける。朝いちばんに空気を入れ替えて、気持ちをシャキッとさせています」

キッチンからの眺めも目を潤してくれるそう。「朝食や弁当を作る合間にふと目を上げると中庭が。葉がそよいだり小鳥が遊びに来ていたりするのが見えると心がホッと和みます」。子どもたちは今年から幼稚園と小学校。家族みんなの新生活が気持ちよく始まる家になりました。

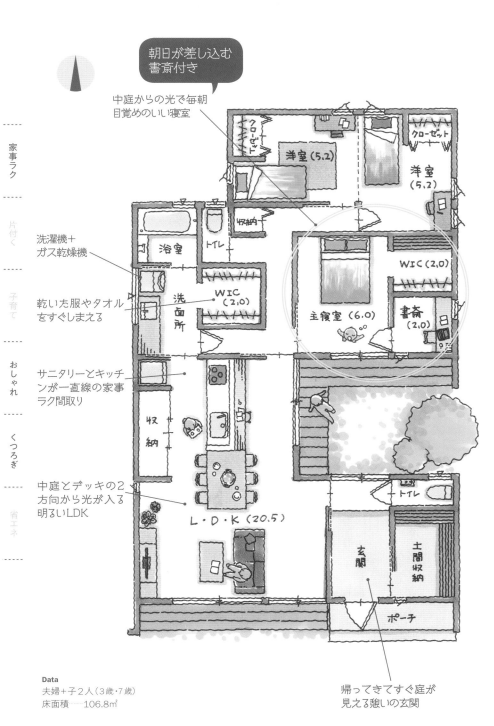

朝日が差し込む書斎付き

中庭からの光で毎朝目覚めのいい寝室

洗濯機＋ガス乾燥機

乾いた服やタオルをすぐしまえる

サニタリーとキッチンが一直線の家事ラク間取り

中庭とデッキの2方向から光が入る明るいLDK

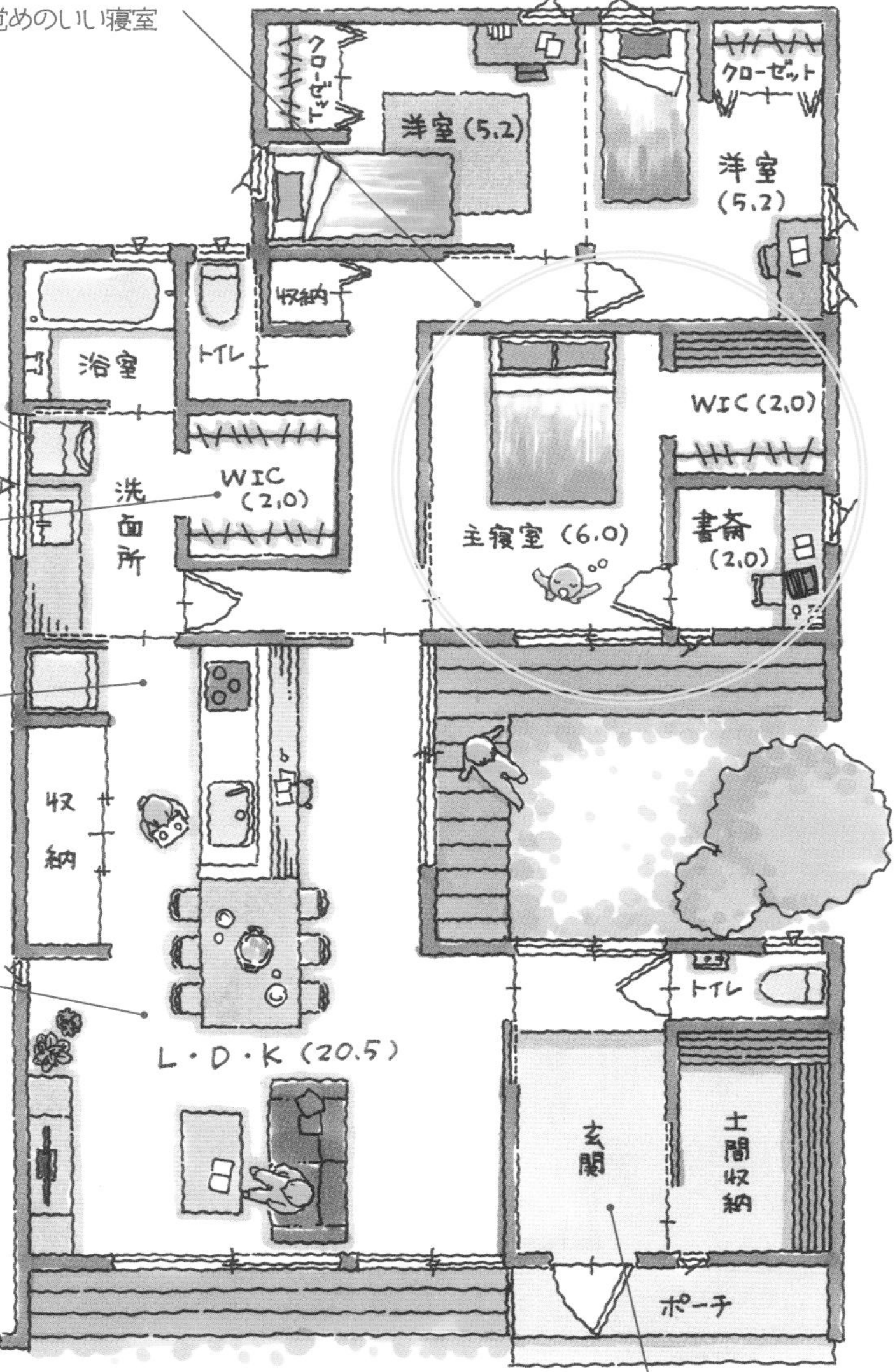
クローゼット
洋室（5.2）
洋室
（5.2）
クローゼット
収納
浴室
トイレ
WIC（2.0）
洗面所
WIC（2.0）
主寝室（6.0）
書斎
（2.0）
収納
L・D・K（20.5）
トイレ
玄関
土間収納
ポーチ

帰ってきてすぐ庭が見える憩いの玄関

Data

夫婦＋子2人（3歳・7歳）

床面積……106.8㎡

「晴れた日は必ず布団を干します」という川村さん。子どもも自分で干せるよう、2階の南側に寝室を並べ、約10mのベランダでつなぎました。「起きたら一歩でベランダに出られるんだから、親を頼らず、自分で干してねって（笑）。朝、自然と光が差すから寝起きも良くて、今のところ順調です」

子どもたちの帰宅後、ふかふかになった布団や洗濯ものを取り込むのはちょうどいいコミュニケーションの時間です。「面と向かうと改まってしまうことも、手を動かしながらだと自然に話せる。うちでは台所と同じくらい、ベランダが大事な場所になっています」

布団干しは各自で！
3室につながる長～いベランダ

どの寝室も南向きのベランダ付き

① 長女（10歳）の部屋
② 長男（8歳）の部屋。今は姉弟一緒の部屋だが、将来分けられるよう、窓やドアはそれぞれつけた
③ 子ども部屋がベランダに面していると、「自分の布団（服）は自分で干して」を習慣づけやすい
④ 両親の寝室

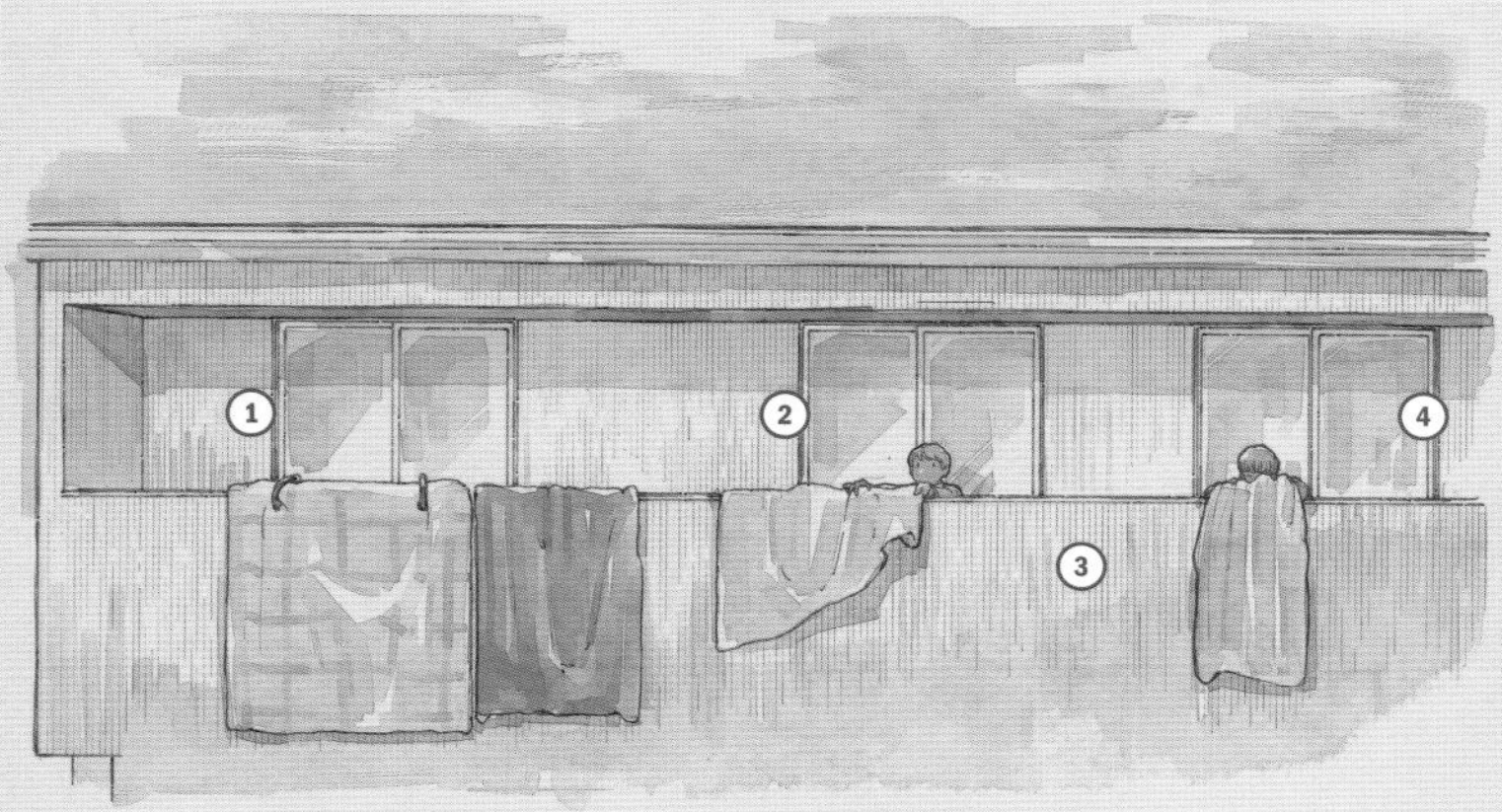

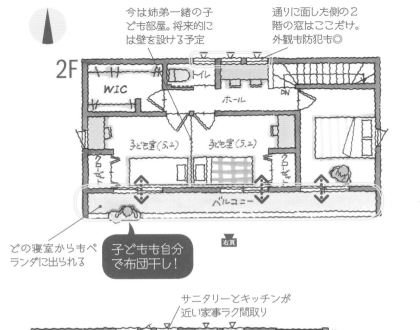

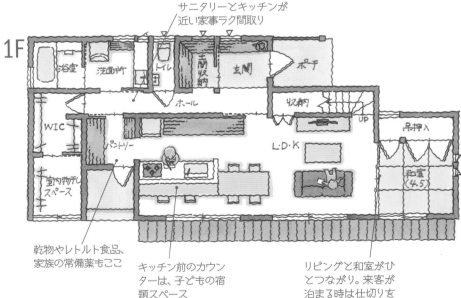

今は姉弟一緒の子ども部屋。将来的には壁を設ける予定

通りに面した側の２階の窓はここだけ。外観も防犯も◎

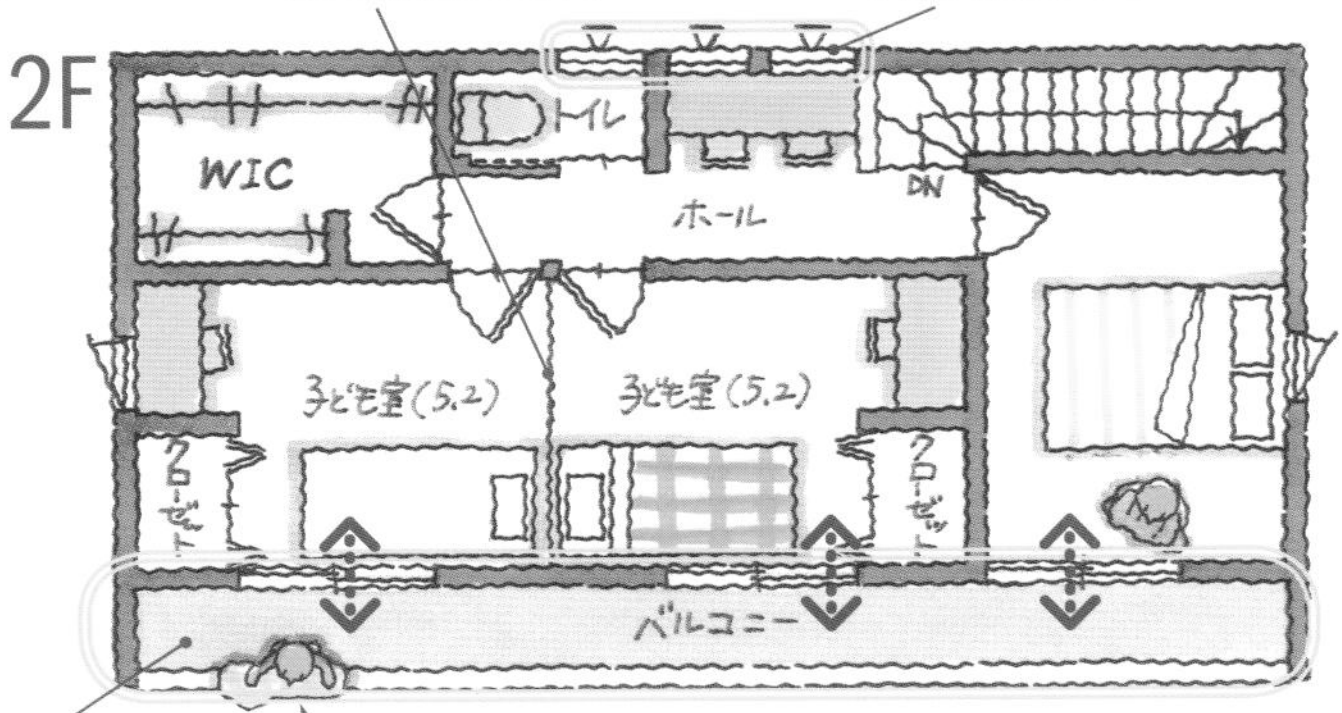
2F
WIC
トイレ
ホール
DN
子ども室(5.2)
子ども室(5.2)
クローゼット
クローゼット
バルコニー

どの寝室からもベランダに出られる

子どもも自分で布団干し！

右頁

サニタリーとキッチンが近い家事ラク間取り

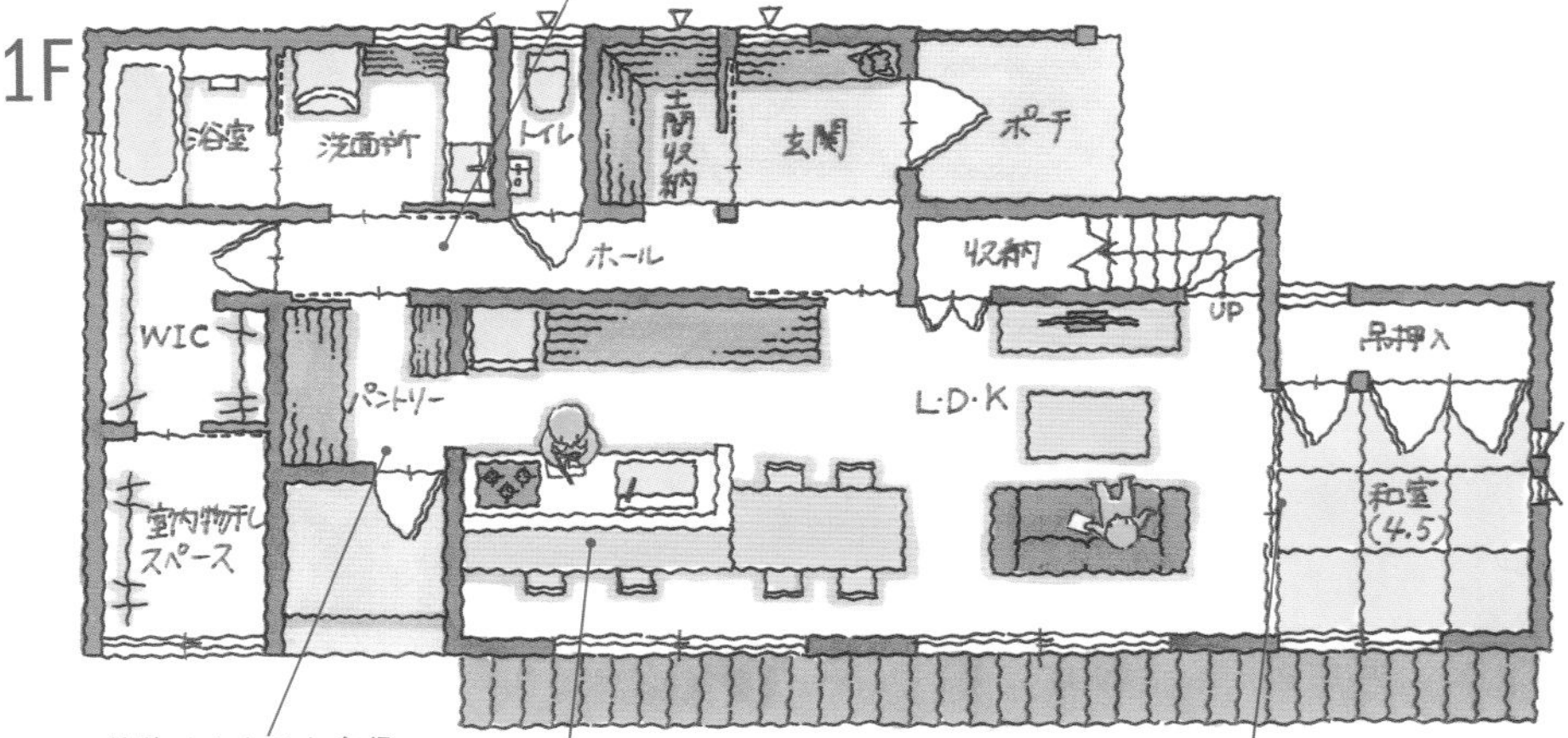
1F
浴室
洗面所
トイレ
玄関収納
玄関
ポーチ
ホール
収納
UP
WIC
パントリー
L·D·K
吊押入
和室(4.5)
室内物干しスペース

乾物やレトルト食品、家族の常備薬もここ

キッチン前のカウンターは、子どもの宿題スペース

リビングと和室がひとつながり。来客が泊まる時は仕切りを置いて個室にする

Data
夫婦＋子２人（8歳・10歳）
床面積……1F：75.4㎡｜2F：45.5㎡

夫は布団、妻はベッドでも会話が弾む寝室

今まではダブルベッドで寝ていた成田夫妻。「でも僕、実は布団派で。だからこの先30年住むなら、布団を敷ける部屋が希望でした」

そこで寝室は10畳をとり、琉球畳の小上がりを設えました。夫はそこに布団を敷き、寝転んだときの目線の高さが隣のベッドと同じになるように。「会話するにも自然でリラックスできます。今やリビング以上に居心地がよく、新聞を読んだりストレッチしたりと、もはやここが僕の棲み処です」

妻は収納も気に入っています。「クローゼットを分けたのは大正解。しまうのもクリーニングも各自になり、家事の負担が減りました」

睡眠重視のこだわりの寝室

① 縦スリット窓。光は絞るが、風をよく通す
② 収納力抜群の押し入れ
③ 布団派の夫が寝るのはこちら。週末も癒しのゴロゴロスペース
④ 妻はベッド派。畳の小上がりは、このベッドに高さを合わせた

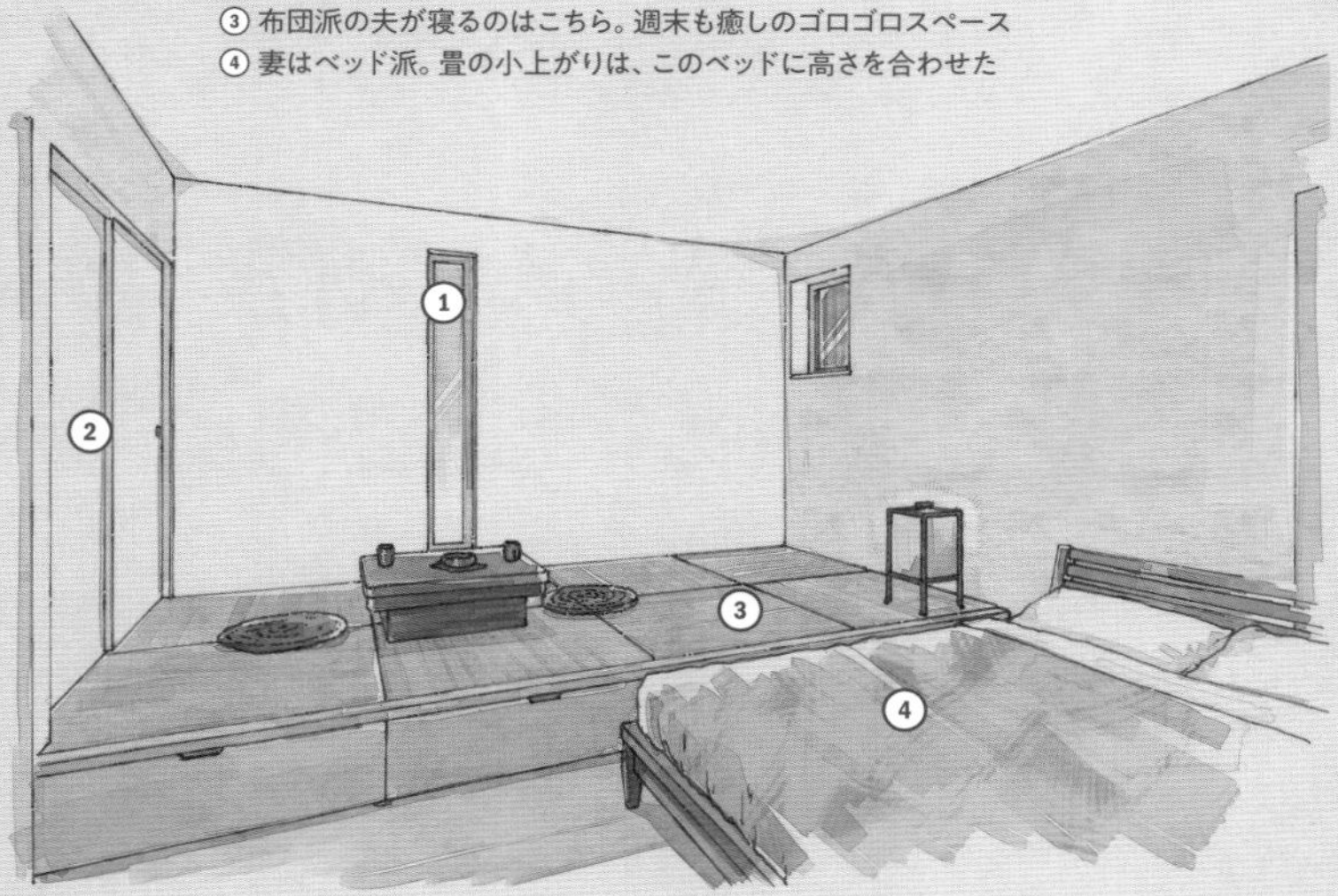

2F

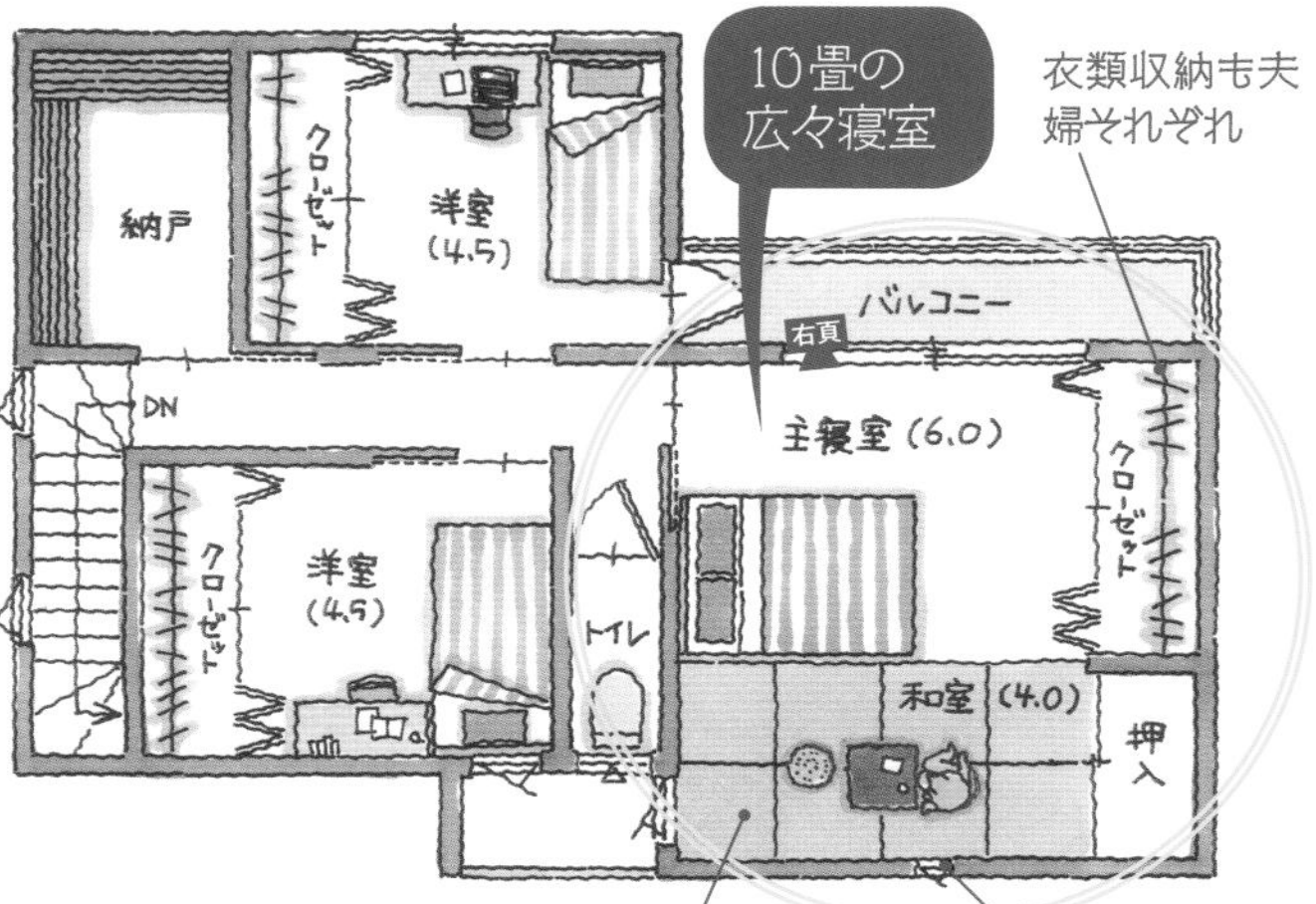

衣類収納も夫婦それぞれ

琉球畳でモダンな雰囲気

畳側の窓は小さく。光を絞って落ち着きを

1F

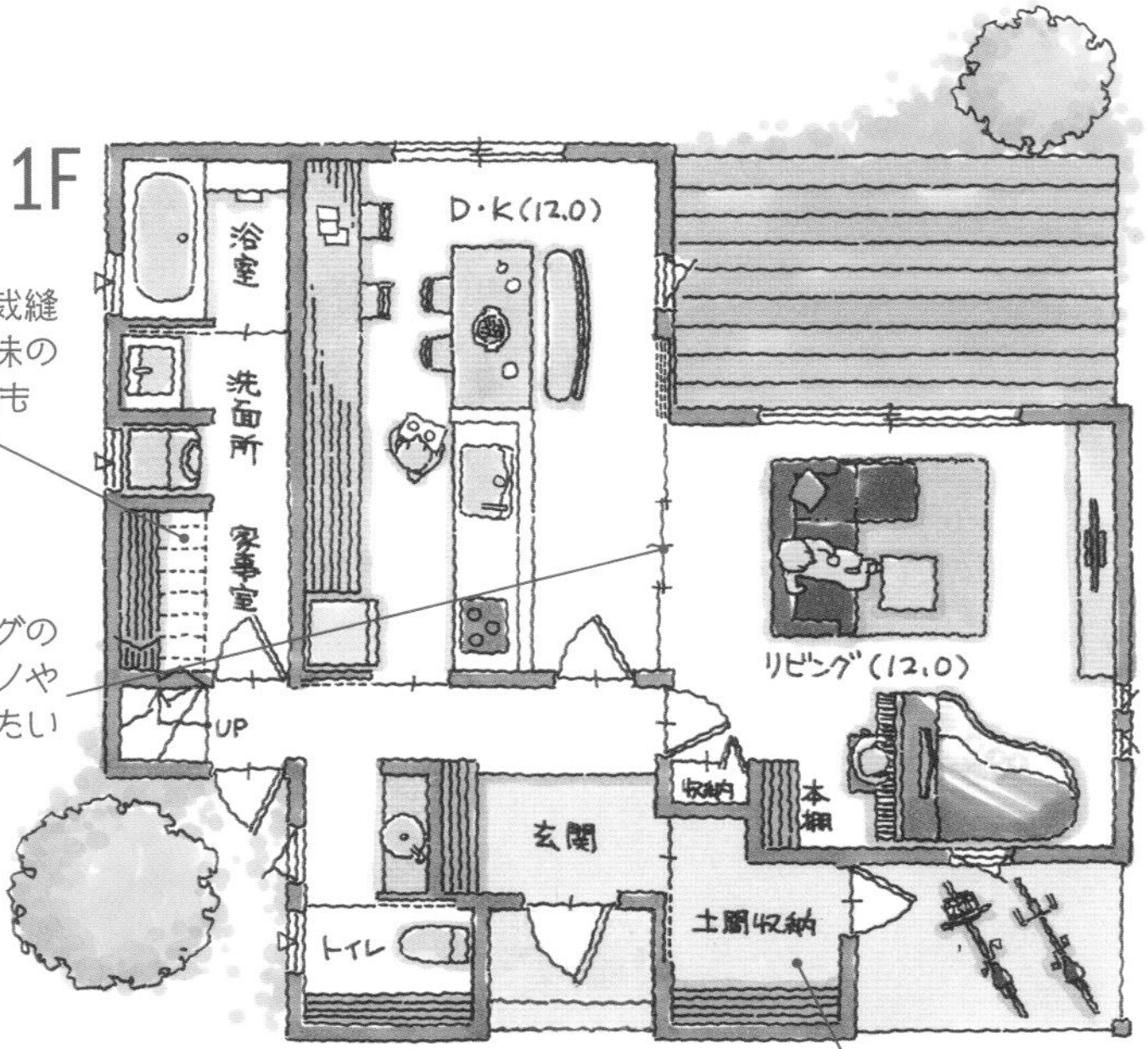

アイロンがけや裁縫のほか、妻が趣味の手芸でこもることも

キッチンとリビングの間は引き戸。ピアノやテレビに集中したいときは閉める

外遊びのおもちゃなどはここへ。自転車置き場からも入れて便利

Data
夫婦＋子２人（４歳·５歳）
床面積……1F：66.2㎡｜2F：55.5㎡

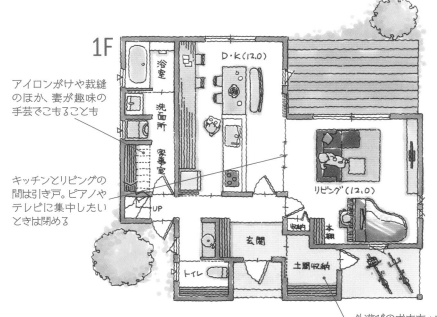

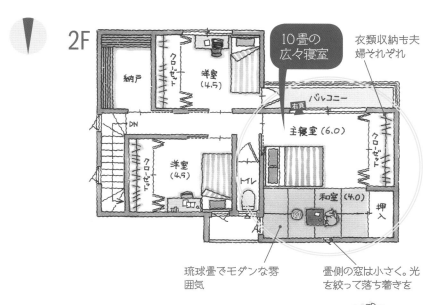

幹線道路からすぐの、至便な土地を見つけた小松さん。夫の亮さんは通勤と趣味用２台のバイクを置くガレージ、妻の愛さんは落ち着いた庭が希望でした。「しかも、できれば室内からもバイクを眺めたい。庭は、外からの視線が気にならない安心感がほしい、とわがままなお願いをしたんです」

　要望を受け、間取り案はいくつか出されました。その中で「いちばん面白そうだった」というのが〝ドーナツプラン〟。ロの字型の真ん中が庭になった大胆なプランですが、「見たこともない家ができそう！　とワクワクしました。私たちふたりの希望が両方とも叶えられていたことにも感動しました」と振り返ります。

どこにいても外を感じる ドーナツハウス

　住み始めて１年。家のどこにいても明るくて風通しがよく、いつでも緑を感じられる中庭の効果にとても満足しています。中庭には屋根がなく、空へ向かって伸びるアオダモが美しい木陰をつくります。「家の中に外がある、ちょっと不思議な感覚が気に入っています」

　バイクガレージは玄関脇につくりました。室内側は一部フィックス窓にして、ＬＤＫからもさりげなく姿を覗けるように。「日曜の昼はだいたい、私と子どもは畳でお昼寝、夫はソファでコーヒーを飲みながらバイクを眺めています。家族みんなに最高な時間が流れる、大好きな家になりました」

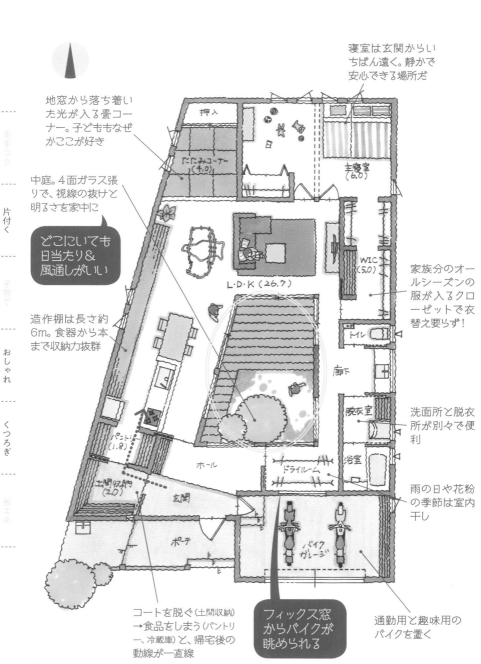

寝室は玄関からいちばん遠く。静かで安心できる場所だ

地窓から落ち着いた光が入る畳コーナー。子どももなぜかここが好き

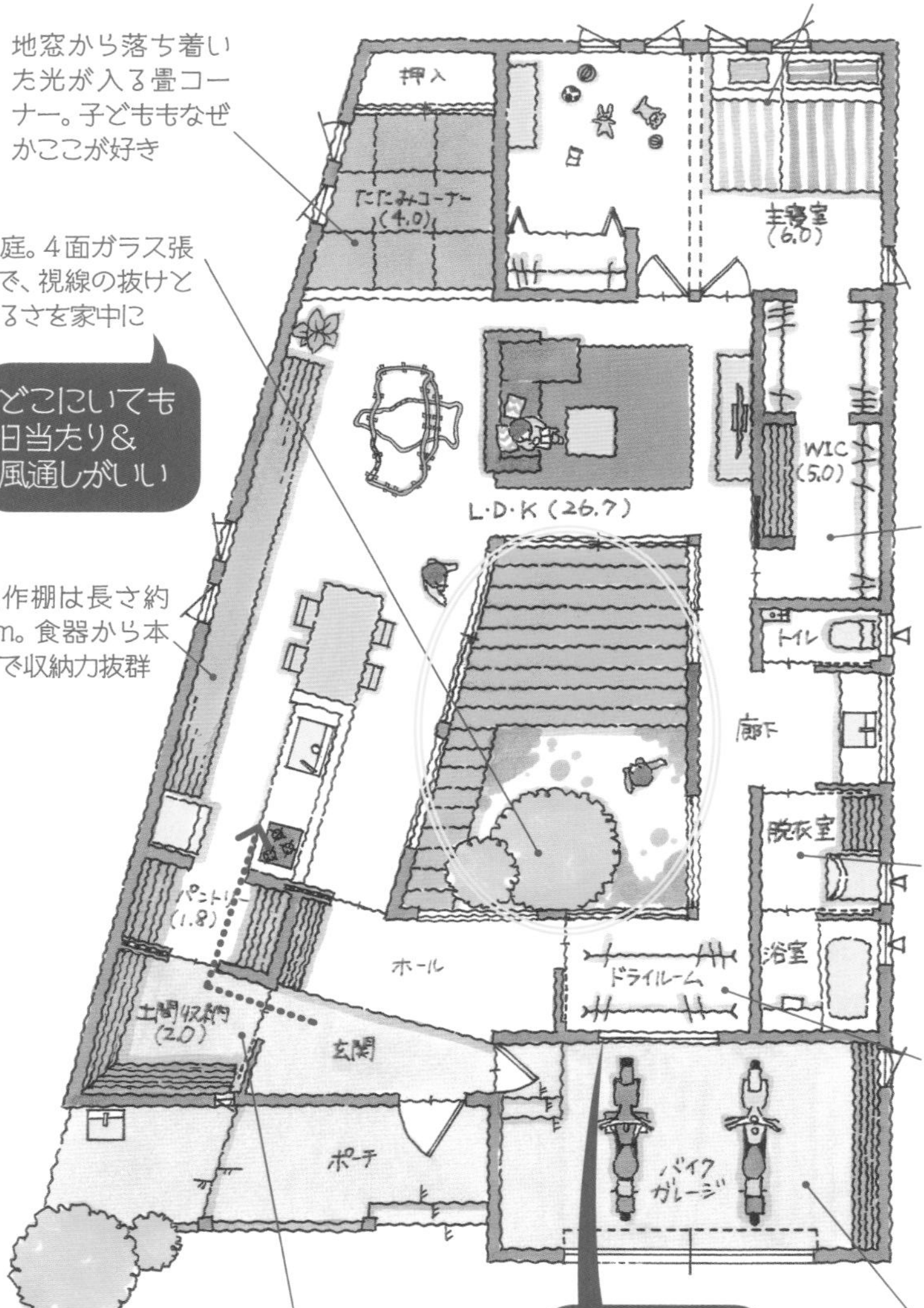
押入
たたみコーナー (4.0)
主寝室 (6.0)
L・D・K (26.7)
WIC (5.0)
トイレ
廊下
脱衣室
浴室
ドライルーム
ホール
パントリー (1.8)
土間収納 (2.0)
玄関
ポーチ
バイクガレージ

中庭。4面ガラス張りで、視線の抜けと明るさを家中に

どこにいても日当たり＆風通しがいい

造作棚は長さ約6m。食器から本まで収納力抜群

家族分のオールシーズンの服が入るクローゼットで衣替え要らず！

洗面所と脱衣所が別々で便利

雨の日や花粉の季節は室内干し

コートを脱ぐ（土間収納）→食品をしまう（パントリー、冷蔵庫）と、帰宅後の動線が一直線

フィックス窓からバイクが眺められる

通勤用と趣味用のバイクを置く

Data
夫婦＋子１人（２歳）
床面積……146.6㎡

ホームパーティ好きの安野さん。「また来たい」と言われるような素敵な家を建てるのが夢でした。「ローンの関係で土地は先に買っていました。細長い形の土地ですが、来た人に喜んでもらえるようなインパクトのある仕掛けが何かできないかと相談しました」

提案されたのは、玄関を入った正面に中庭をつくる間取り。訪れた人は、目の前に広がる庭の景色にわぁっと驚き、その先に見える部屋の様子に「どんなお宅なんだろう」と期待を高めます。廊下を進むと、光あふれるＬＤＫ。ダイニングにはできたての手料理が並び、「お店みたい！」と褒めてもらえる家になりました。

来た人みんなをワクワクさせる 大きな窓のある玄関

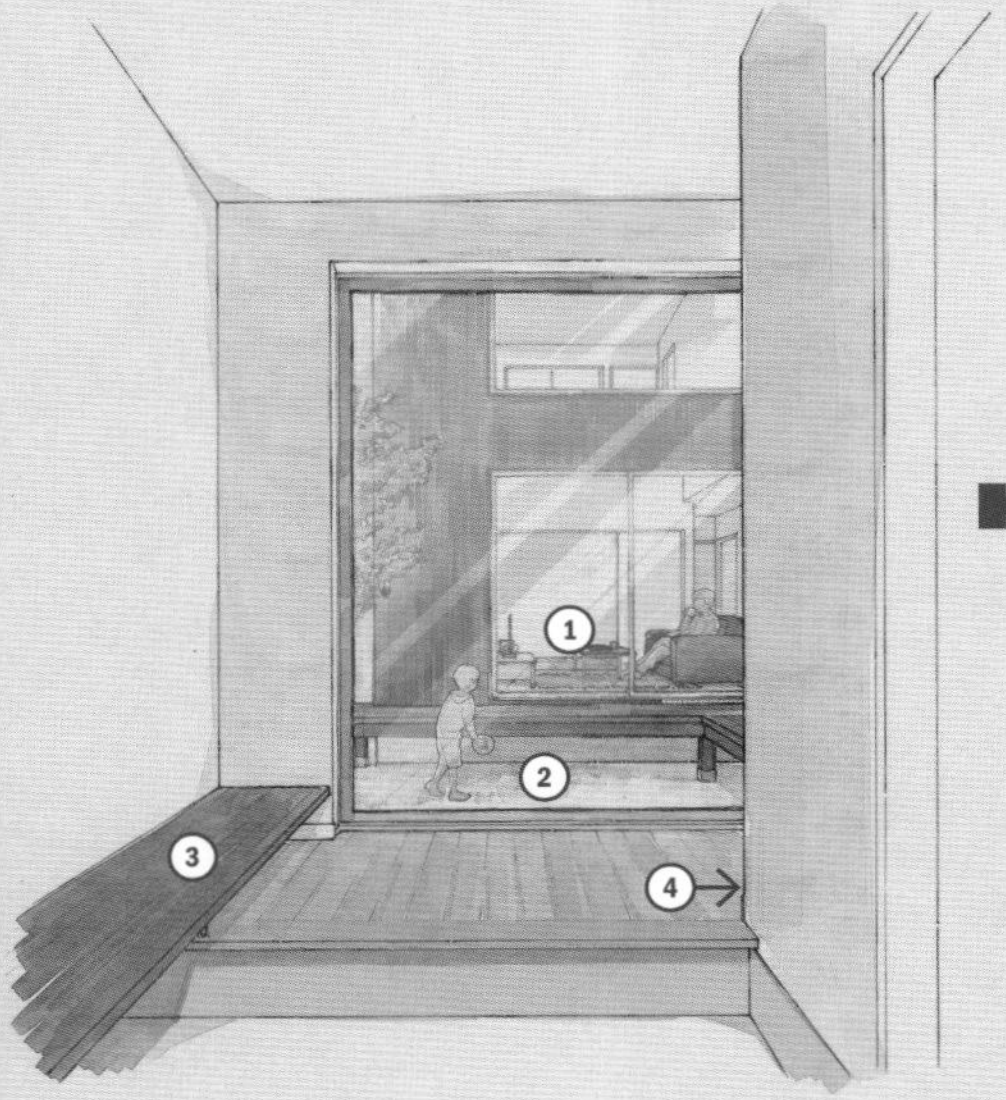

「この玄関のおかげで人を呼ぶのが楽しくなりました」

① 中庭の向こうにはリビング
② 掃き出し窓２枚分の大きなフィックス窓。緑がそよぐ景色が窓いっぱいに広がる
③ 靴を履いたり荷物を置いたりするのに便利なベンチ
④ 庭の周りをぐるっとまわる廊下。期待感を高める

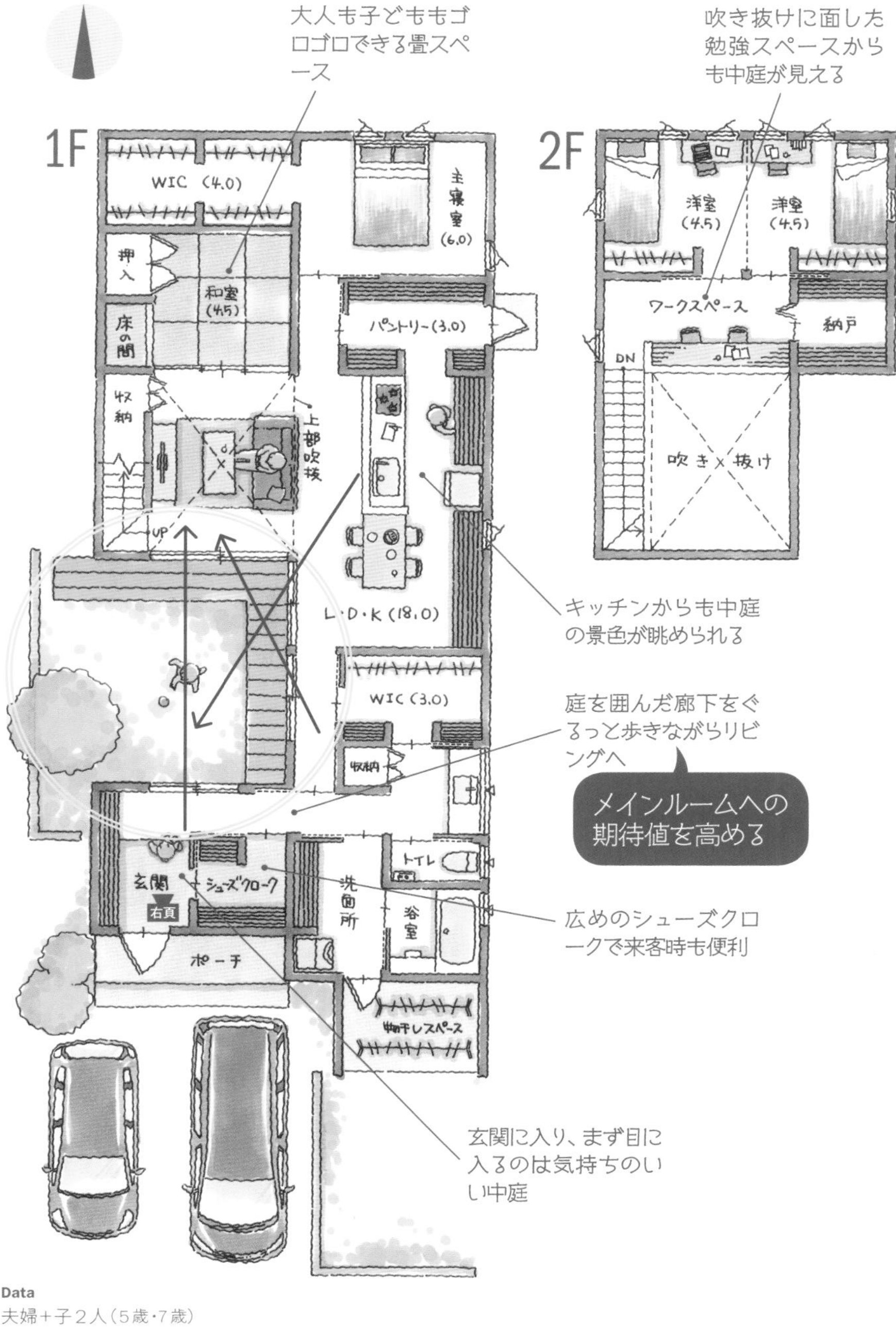
大人も子どももゴロゴロできる畳スペース
吹き抜けに面した勉強スペースからも中庭が見える
1F
2F
WIC（4.0）
主寝室（6.0）
押入
和室（4.5）
床の間
収納
上部吹抜
UP
パントリー（3.0）
L・D・K（18.0）
WIC（3.0）
収納
トイレ
洗面所
浴室
玄関
右頁
シューズクローク
ポーチ
物干しスペース
洋室（4.5）
洋室（4.5）
ワークスペース
納戸
DN
吹き抜け
キッチンからも中庭の景色が眺められる
庭を囲んだ廊下をぐるっと歩きながらリビングへ
メインルームへの期待値を高める
広めのシューズクロークで来客時も便利
玄関に入り、まず目に入るのは気持ちのいい中庭

Data
夫婦＋子２人（５歳・７歳）
床面積……1F：99.4㎡｜2F：28.2㎡

ロードバイクが趣味という佐伯さん。手入れも癒しの時間ですが、今まではリビングしか場所がなく、肩身の狭い思いをしていたそう。一方、妻の希望は、広くて日当たりのいいＬＤＫ。ふたつの夢を両立するため、考えたのが約4畳のゆったり玄関です。「今までの2倍近く広い。自転車部屋を別途つくることはできなかったけれど、これで十分満足です」。土間収納には靴や傘などをしまっています。「自転車いじり中に邪魔な物がなく気持ちがいいですね」

リビングは庭に面して明るく、「人を呼びたくなる家になりました」と妻。家全体に風が通り抜ける快適な住まいになりました。

ロードバイクの手入れが楽しい 約4畳のゆったり玄関

「ロードバイクの手入れがのびのびできます」

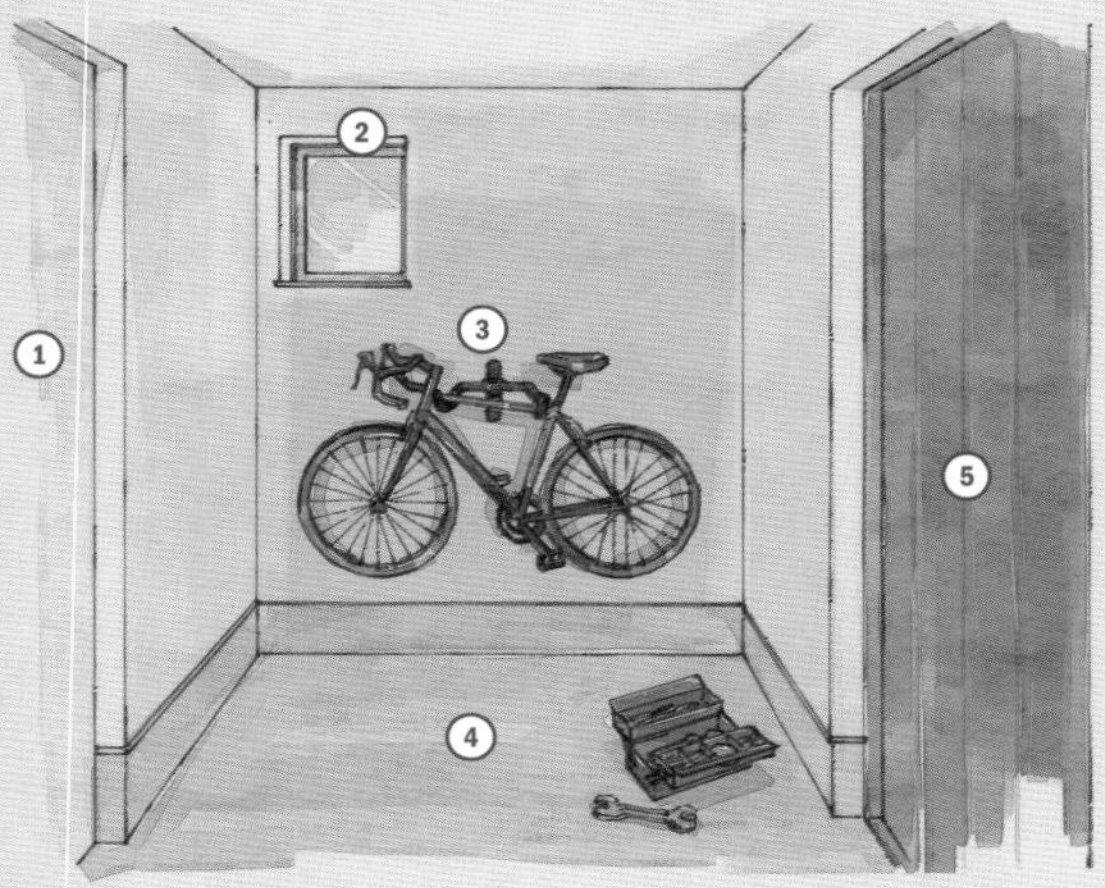

① 1.5畳の土間収納。靴はもちろん、充実の工具類もここへ
② 小さくても2方向に窓をつけることで風通しのいい空間に
③ 専用フックを壁につけ、ロードバイクを掛けて収納
④ キズがつきにくく掃除のラクな土間。工具も気兼ねなく扱える
⑤ 玄関ドアはウッディな素材でガレージっぽい雰囲気

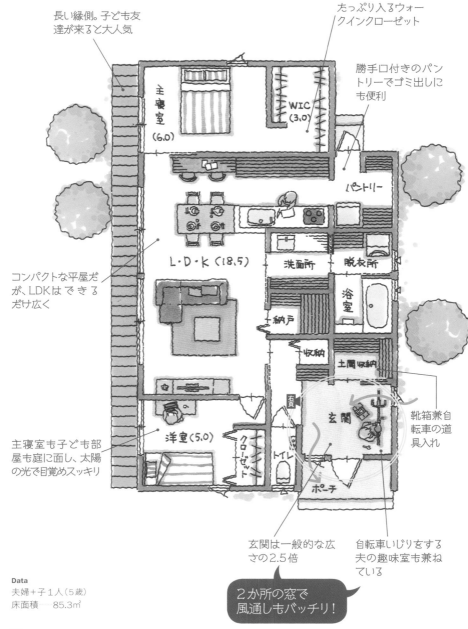

長い縁側。子ども友達が来ると大人気

たっぷり入るウォークインクローゼット

勝手口付きのパントリーでゴミ出しにも便利

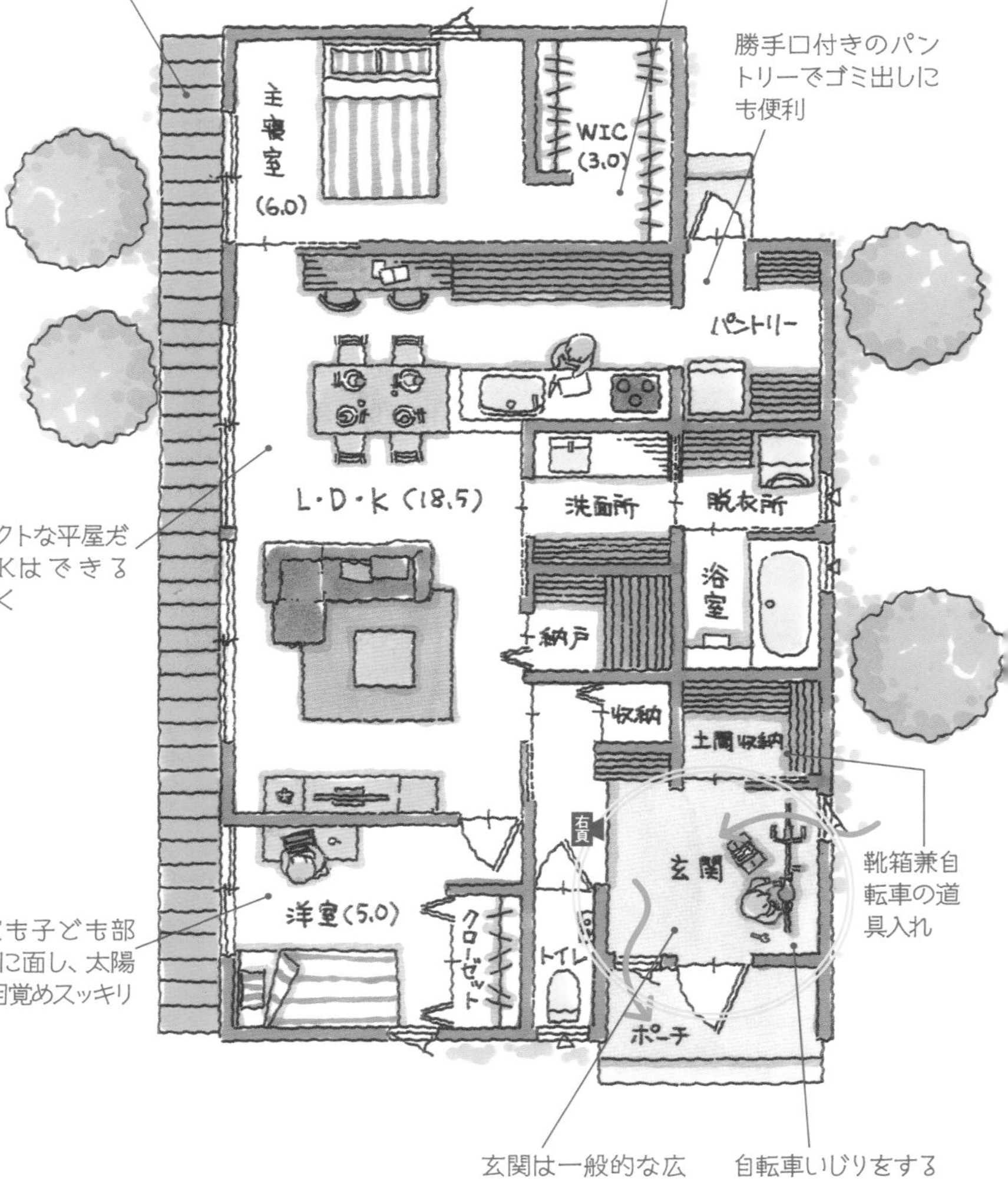
主寝室
(6.0)
WIC
(3.0)
パントリー
L・D・K (18.5)
洗面所
脱衣所
浴室
納戸
収納
土間収納
玄関
洋室(5.0)
クローゼット
トイレ
ポーチ

コンパクトな平屋だが、LDKはできるだけ広く

主寝室も子ども部屋も庭に面し、太陽の光で目覚めスッキリ

靴箱兼自転車の道具入れ

玄関は一般的な広さの2.5倍

自転車いじりをする夫の趣味室も兼ねている

2か所の窓で風通しもバッチリ!

Data
夫婦+子1人(5歳)
床面積……85.3㎡

お子さんがやんちゃ盛りの上村家。「家の中でも派手に遊びたがるので、どこかに〝汚れてもいい場所〟をつくれたら、と思っていました」

そこで計画したのが４畳強とゆったりとした土間玄関。ＬＤＫとの段差も低く、ほぼ一体につながります。「家事をしていても目が届くし、傷つかず、泥掃除も簡単。やわらかいボールで遊んだり小型テントを張ったりもしています」

玄関として仕切っていないぶん、ＬＤＫが広く感じられるのもいいところ。「家中の風通しがよく、夏は土間側からひんやりとした風が。暑い外から帰るのが楽しみになる家です」

汚してもいい遊び場兼
省エネにつながる玄関土間

LDKとひとつながりの玄関土間

① フルオープンで明るい玄関。LDKと仕切りなくつながっている
② クールでモダンなモルタル床。汚れても掃除しやすい
③ 多少段差があると腰掛けにもなり、人が集まりやすい場に

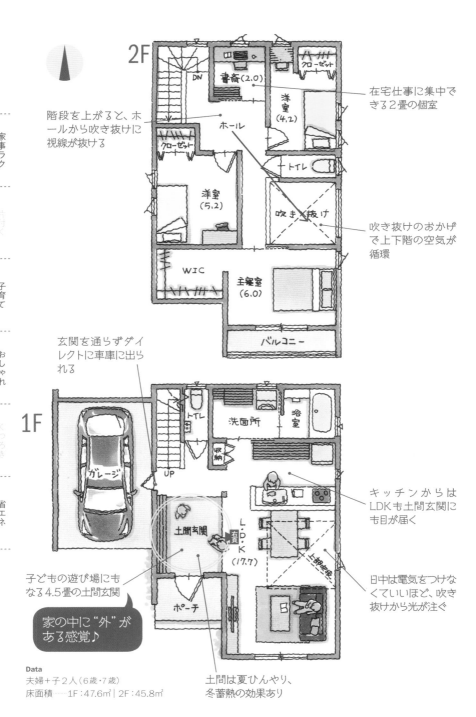

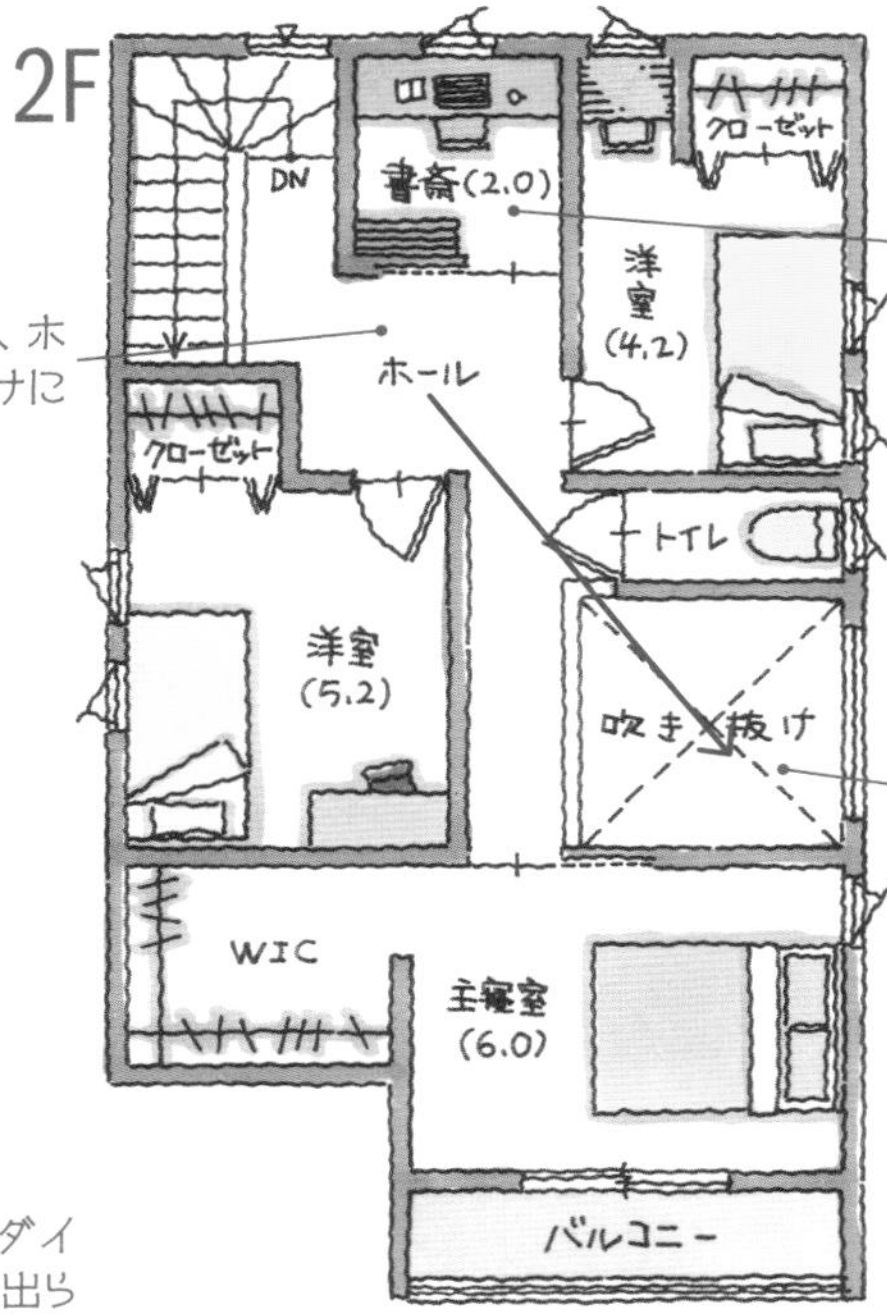
2F
DN
書斎(2.0)
クローゼット
洋室
(4.2)
ホール
クローゼット
トイレ
洋室
(5.2)
吹き抜け
WIC
主寝室
(6.0)
バルコニー

在宅仕事に集中できる2畳の個室

階段を上がると、ホールから吹き抜けに視線が抜ける

吹き抜けのおかげで上下階の空気が循環

玄関を通らずダイレクトに車庫に出られる

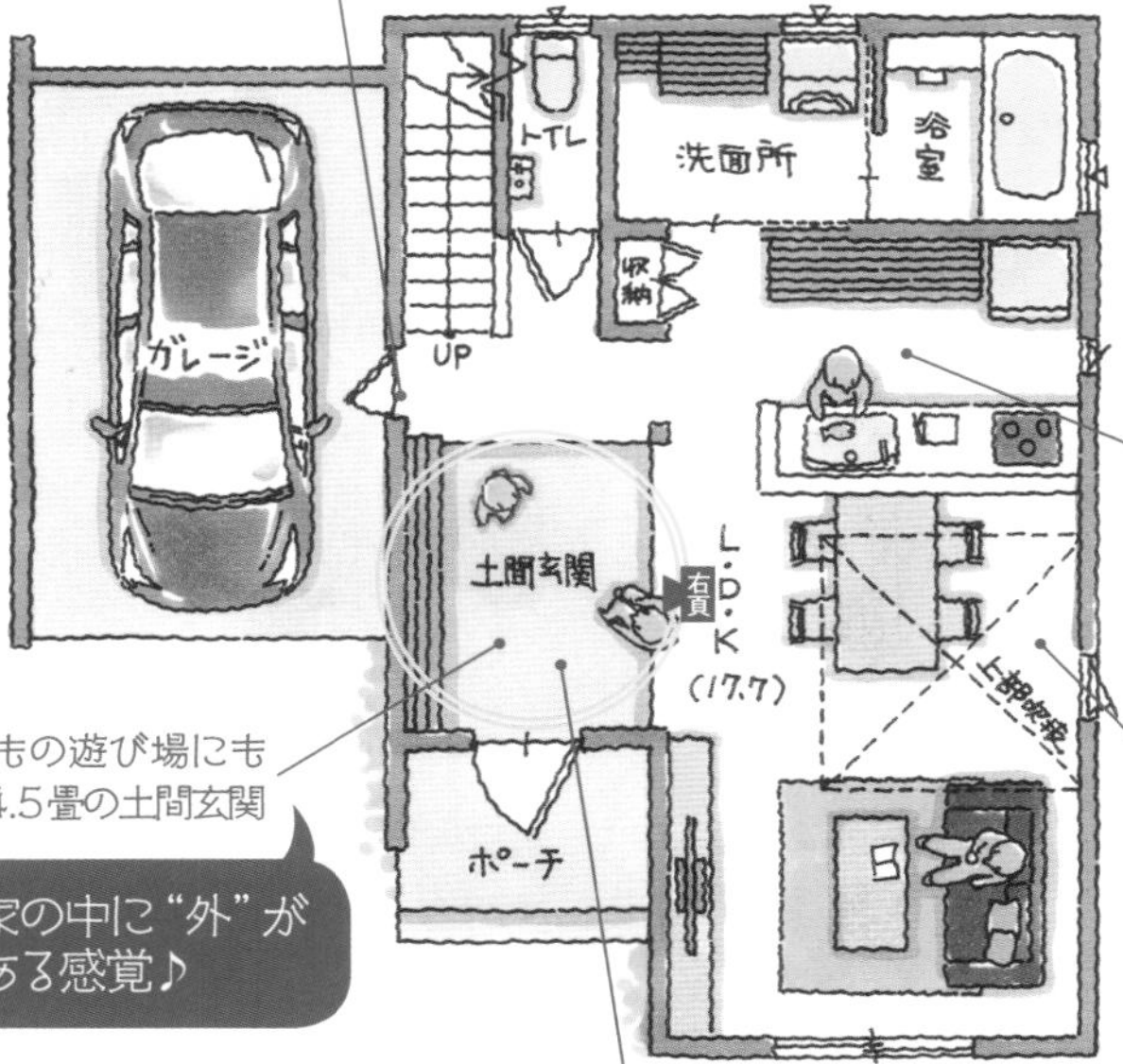
1F
トイレ
洗面所
浴室
収納
ガレージ
UP
土間玄関
右頁
L・D・K
(17.7)
上部吹抜
ポーチ

キッチンからはLDKも土間玄関にも目が届く

子どもの遊び場にもなる4.5畳の土間玄関

日中は電気をつけなくていいほど、吹き抜けから光が注ぐ

家の中に"外"がある感覚♪

土間は夏ひんやり、冬蓄熱の効果あり

Data
夫婦+子2人（6歳・7歳）
床面積……1F：47.6㎡｜2F：45.8㎡

プライバシーをしっかり守るこだわりのデッキと玄関

大企業に勤め、忙しい日々を送る坂本さん。通勤・通学の利便性から、選んだ土地は駅近で人通りの多い道路沿い。三方を住宅に囲まれていますが、「それでもプライバシーを守れる家を」と設計事務所を訪れました。

いちばんに考えたのはリビングをどうするかでした。「安心感があってくつろげる。外からは見えないけれど、中は解放感のある部屋にしたい」というのが理想のイメージだったそう。そこで提案されたのがプライベート感のあるデッキ付きのリビングです。デッキとＬＤＫには段差がなく、ひとつの部屋のようにフラットにつながります。デッキは板塀で囲み、

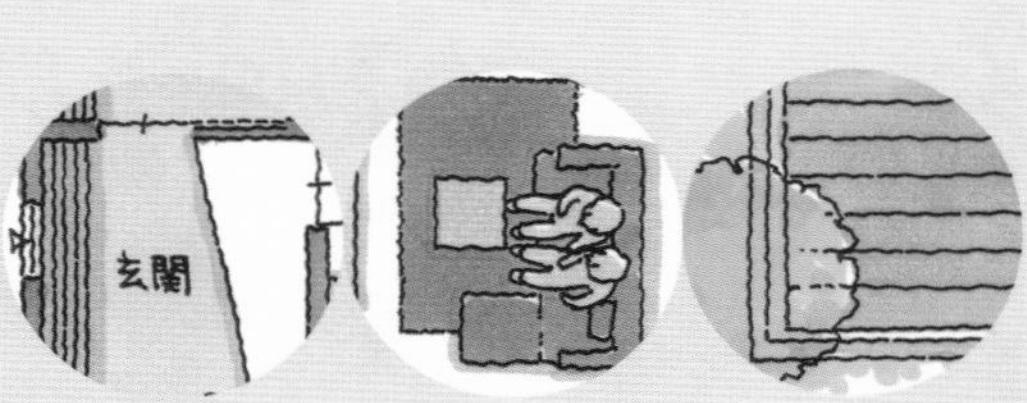

道路からの目線は完全にシャットアウト。「リビングの一角に守られた庭がある感覚。ソファに座りながら空が仰げるなんて、想像以上に贅沢な時間が過ごせています」

もうひとつこだわったのが玄関です。「子どもの習い事で一緒のママ友や、お裾分けをくれるご近所さんなどお客さんが多いのは嬉しい反面、毎回リビングに通すわけにもいかなくて」という本音から、玄関は以前より広くして、ベンチを備え付けました。「腰掛けられると〝ちょっとおしゃべり〟はここで済みます。リビングは完全に家族だけの場所になり、心から休める家になりました」

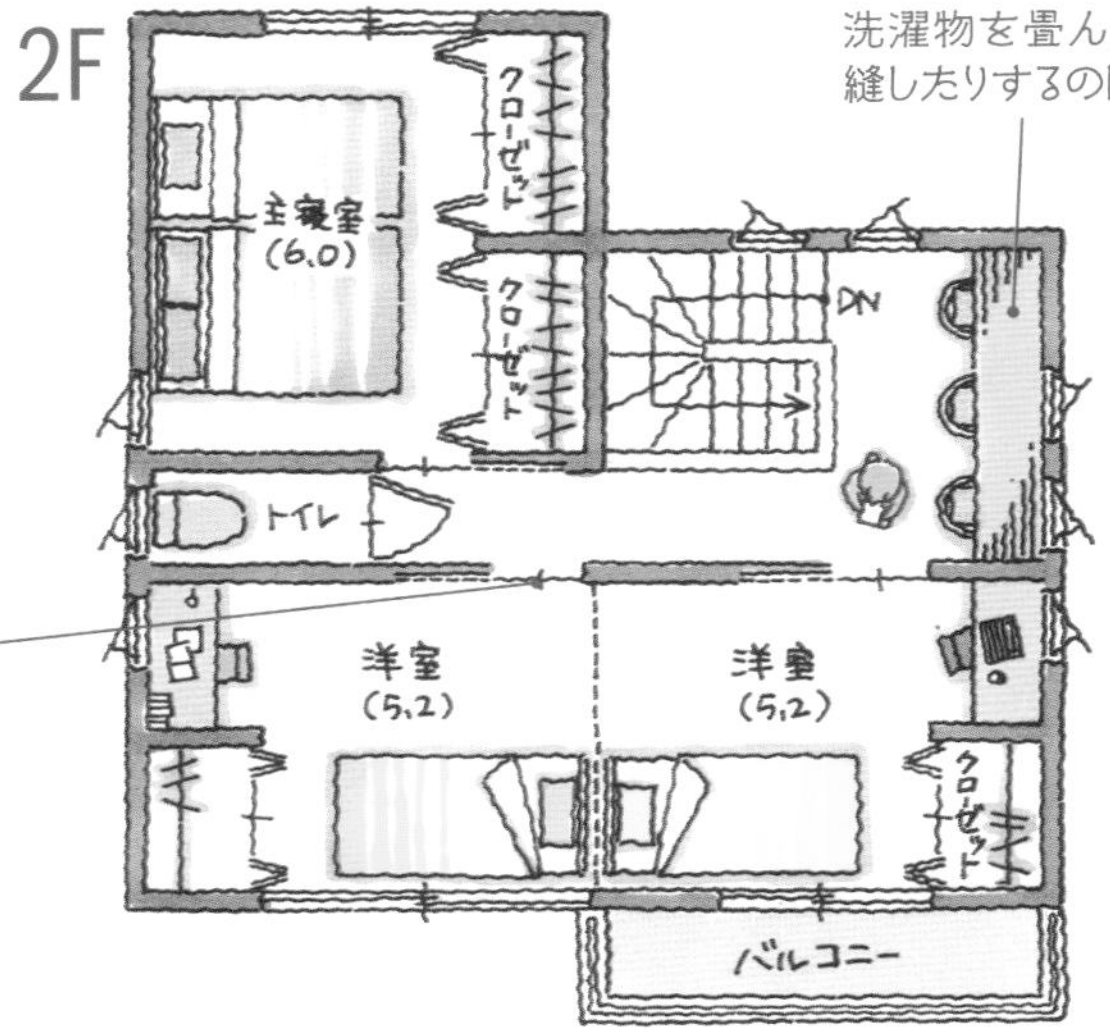
2F
クローゼット
主寝室
(6.0)
クローゼット
DN
トイレ
洋室
(5.2)
洋室
(5.2)
クローゼット
バルコニー

洗濯物を畳んだり裁縫したりするのに便利

廊下の往来を邪魔しないよう引き戸に

木製開き戸。LDKのプライバシーを守りました

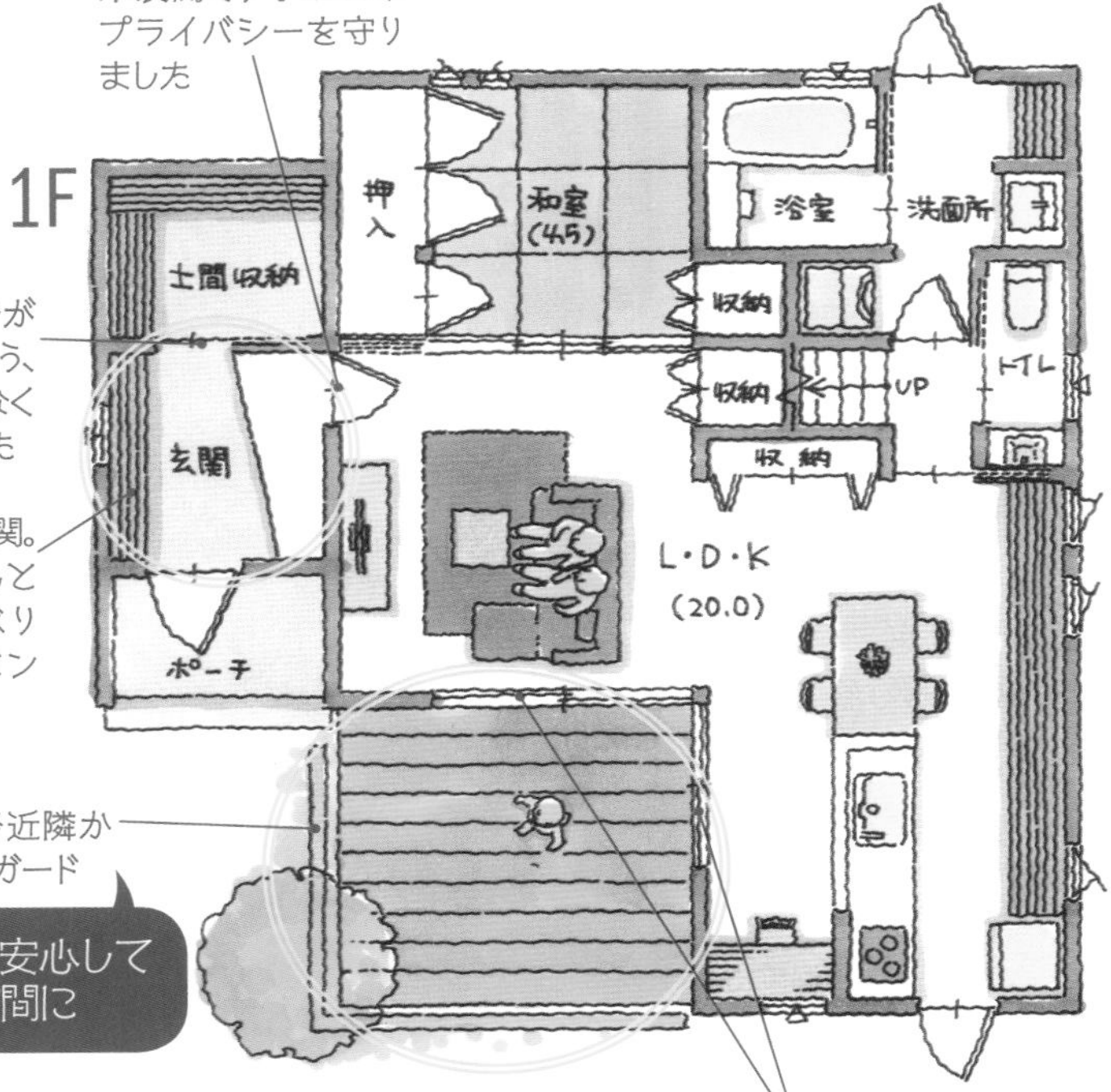
1F
押入
和室
(4.5)
浴室
洗面所
土間収納
収納
収納
UP
トイレ
玄関
収納
L・D・K
(20.0)
ポーチ

収納の様子が見えないよう、のれんではなく引き戸にした

広めの玄関。ご近所さんとのおしゃべりもできるベンチ付き

杉の板塀で近隣からの視線をガード

デッキも安心して使える空間に

デッキからの風と光がたっぷり入る

Data
夫婦+子2人(3歳・6歳)
床面積……1F:67.3㎡ | 2F:46.4㎡

自慢したくなる
玄関SNAP

お出かけ準備しやすいベンチ付き

玄関にちょっとしたベンチがあるだけで、靴の脱ぎ履きや持ちものチェックなどお出かけ準備がぐんとラクに。子どもやお年寄りがいる家ではとくに便利です。

自然光がフロア全体に広がる

開放的な広い土間玄関

LDKと階段の間につくった、広くて開放的な土間玄関。1階を大きなワンルームのようにすることで、どこにいても明るく、風通しもばっちり。

「ただいま・おかえり」がすぐそこ

玄関を入ってすぐ目の前に、LDKが見える窓。「ただいま」「おかえり」の距離が近く、安らぎと安心感のあるわが家になりました。

靴好き家族のシューズクローク

家族４人とも靴好きで、新居の第一条件が「飾ってしまえるシューズクローク」だったというお宅。棚板も壁も黒でそろえ、スタイリッシュで自慢の玄関です。

150足以上入る！

カーテンで
ふんわり目隠し

アーチの小部屋

コートやかばん、キャンプ道具などをしまえる約２畳の小部屋を併設。アーチの入口は空間のアクセントにもなっています。

グレーの塗り壁
もおしゃれ

ロードバイクを壁掛け収納

パーツまでこだわりの自転車を、玄関の壁に掛けて見せる収納。広めのたたきにベンチも付けて、ここでメンテナンスもできるようにしました。

時間を気にせず楽器を弾ける
夢のこもり場「防音室」

夫の裕さんは楽器が趣味。長年続けているギターだけでなく最近はトランペットも始め、朝夜も気兼ねなく練習できる部屋がほしいと思っていたそうです。妻の弘子さんもこれに賛成。「学生時代にやっていたフルートをまたできたらいいなと、私も夢が広がって」。せっかく建てるマイホーム。扉や壁など設備に予算はかかりますが、防音室のある家を計画することになりました。

　何度も話し合ったのは、家のどこに防音室を置くかということです。離れのように独立させる案、見晴らしのいい2階にする案……。いくつも案が出たなかで、最終的にはリビングの隣にする間取りに決めました。「いつか子どもとセッションするのが夢なんです。リビングの近くに音楽部屋があれば、音楽を身近に感じながら暮らしてくれるかなと考えました」。様々な楽器に対応できるようコンセントは2カ所に設置、床は楽器にやさしく汚れも拭きやすいクッションフロアにするなど防音以外の工夫もしっかり施しています。

　もうひとつのこだわりはキッチン。床を一段低くしたことで、LDにいる家族と目線が合いやすくしています。「顔が見えると会話がしやすい。コミュニケーションが自然と弾む間取りに感謝しています」

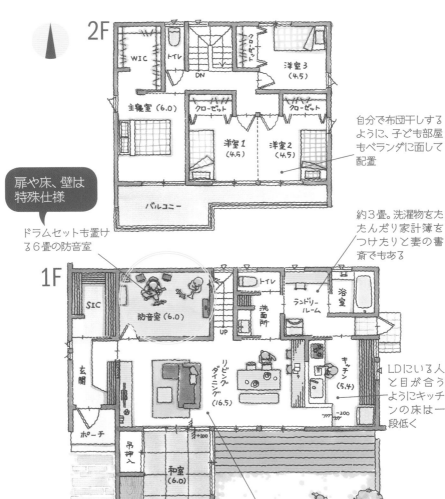

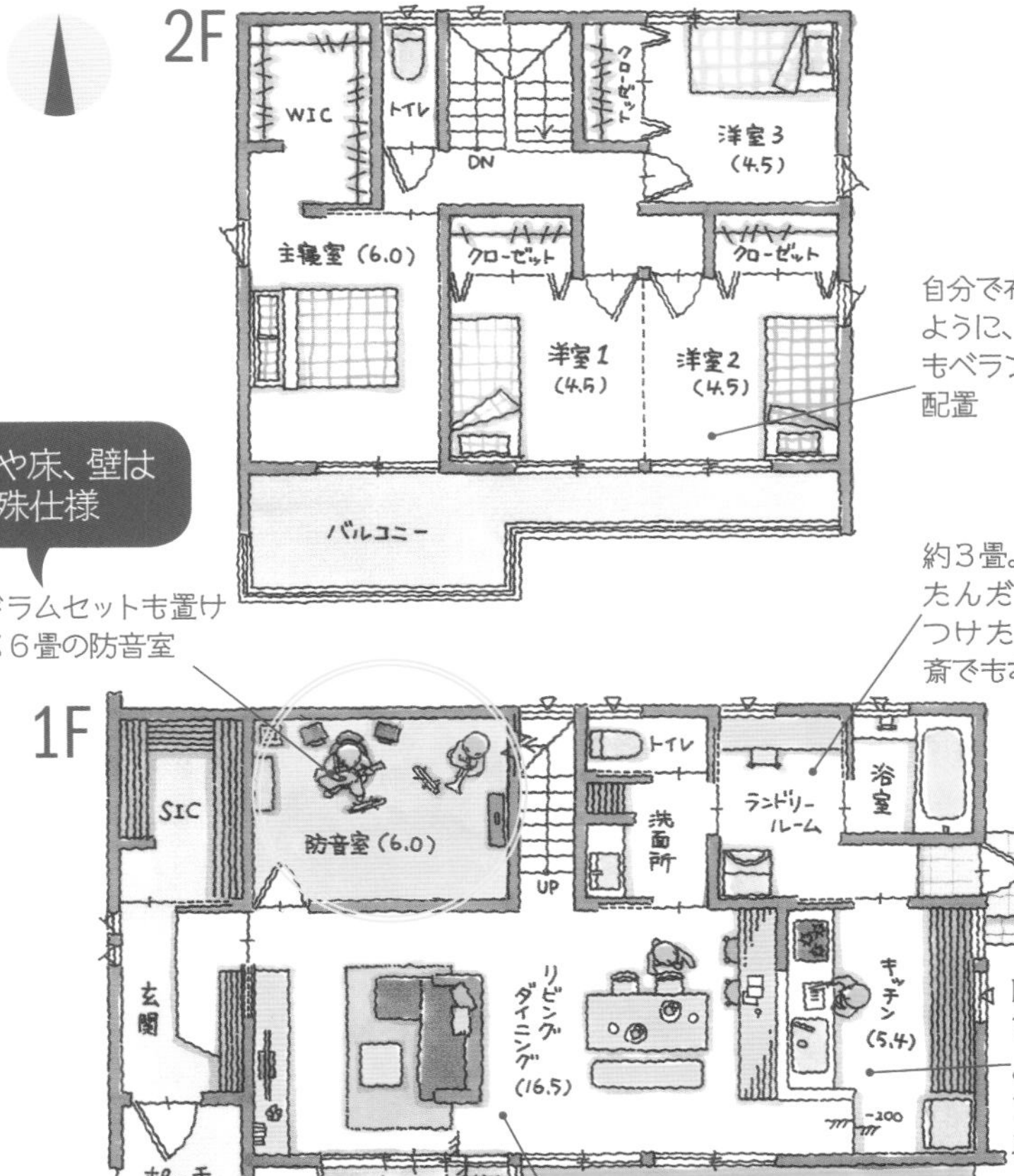
2F
WIC
トイレ
DN
クローゼット
洋室3
(4.5)
主寝室 (6.0)
クローゼット
クローゼット
洋室1
(4.5)
洋室2
(4.5)
バルコニー
1F
SIC
防音室 (6.0)
UP
トイレ
洗面所
ランドリールーム
浴室
玄関
リビングダイニング
(16.5)
キッチン
(5.4)
-200
ポーチ
+300
吊押入
和室
(6.0)

自分で布団干しするように、子ども部屋もベランダに面して配置

扉や床、壁は特殊仕様

ドラムセットも置ける6畳の防音室

約3畳。洗濯物をたたんだり家計簿をつけたりと妻の書斎でもある

LDにいる人と目が合うようにキッチンの床は一段低く

防音室はリビングの脇。楽器を楽しむ家族の様子もちょこっと覗きやすい

Data

夫婦＋子3人（0歳・4歳・6歳）

床面積……1F：86.8㎡｜2F：52.2㎡

趣味が高じて、コーヒー豆の販売を始めた谷川さん。「いつかはカフェも開きたい」と家を建てることにしました。

1階は土間のあるLDKです。「将来はお客さんが土足で入れるようにしたくって」。奥のキッチンカウンターには緑のタイルを張り、落ち着きのなかにも個性が光ります。

2階は完全にプライベート。階段すぐがリビングで、南北に子ども部屋と寝室を振り分けました。子ども部屋は北側斜線の関係で勾配天井。三角屋根は遠目にも目立つ、谷川邸のチャームポイントです。『三角屋根のカフェ行こう!』とご近所さんから親しまれる存在になれたらと夢見ています」

大好きなコーヒーを いつか仕事に

「コーヒーのある暮らしを満喫しています」

① 隣地は緑道。大きな窓で眺めのいいリビングだ
② 標準より幅広のカウンター。様々な種類のコーヒー豆やミルを置いている
③ タイルは、ツヤ消し加工されたグリーンをチョイス。ちょっとした色ムラもいい味に
④ 背面は引き戸でしまいきれる収納に。生活感をしっかり隠せる
⑤ 壁紙はグレー。フロア全体が大人っぽい雰囲気に

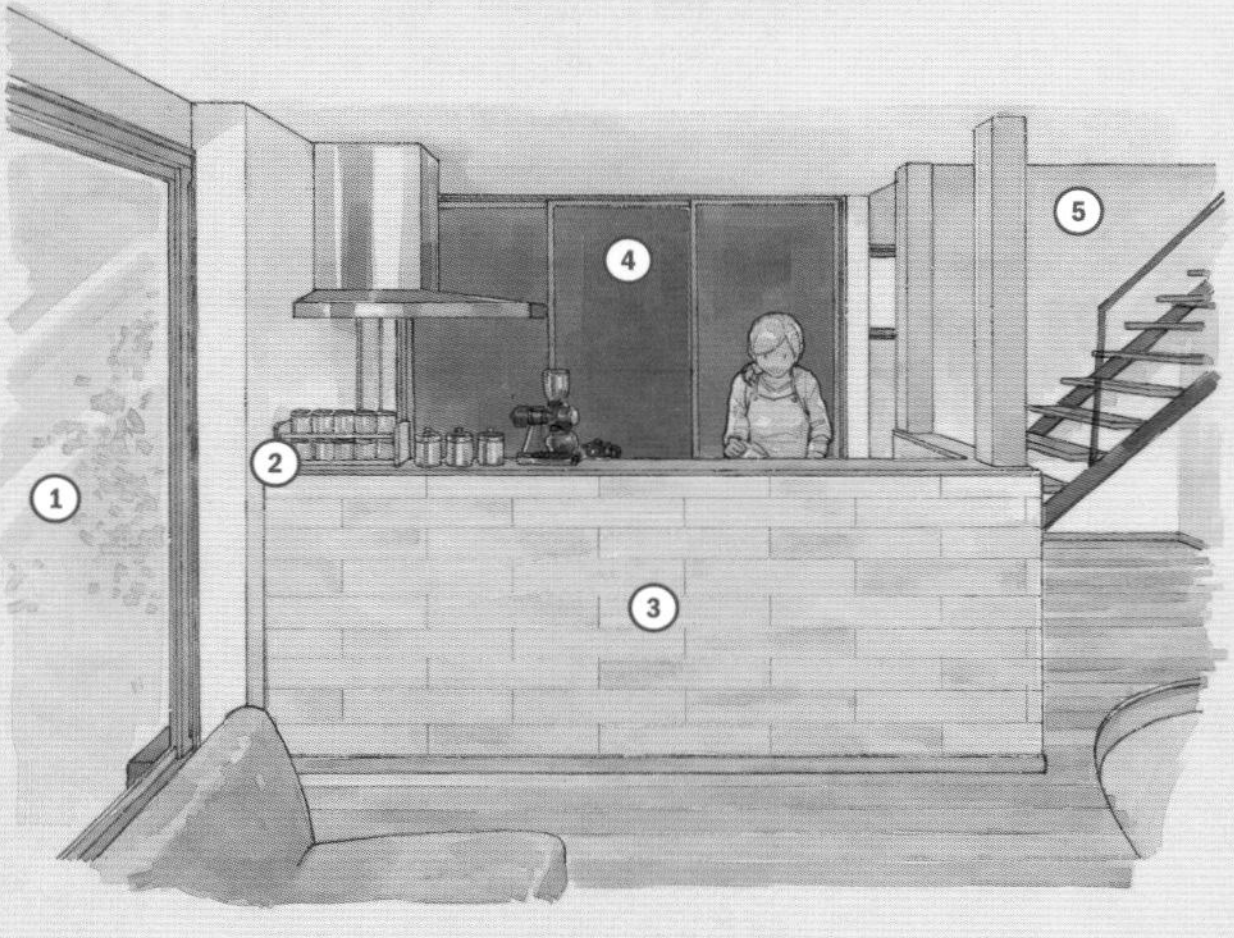

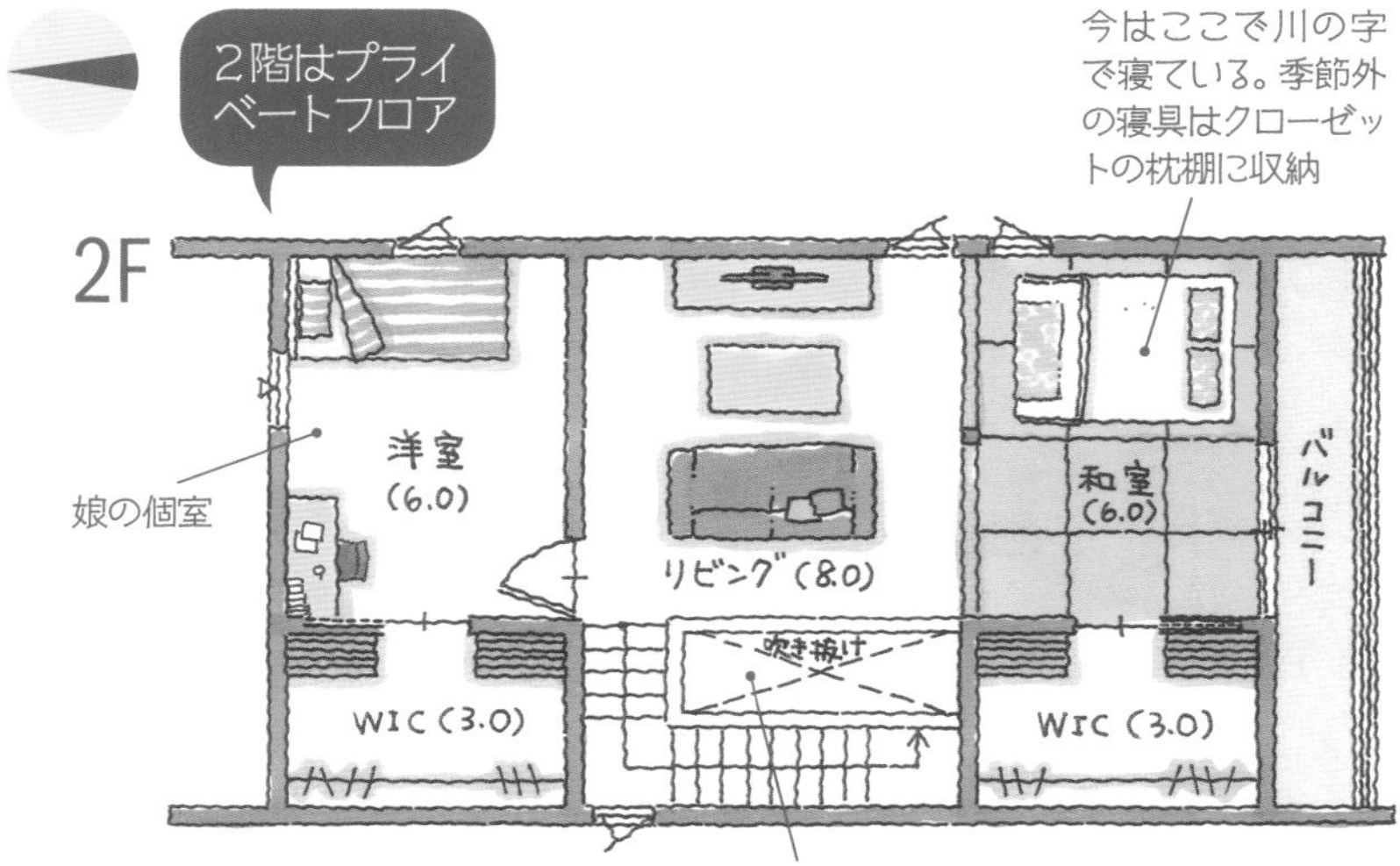
今はここで川の字で寝ている。季節外の寝具はクローゼットの枕棚に収納
小さくても吹き抜けがあると、1階の様子がなんとなくわかる

1階は将来、店舗にできる

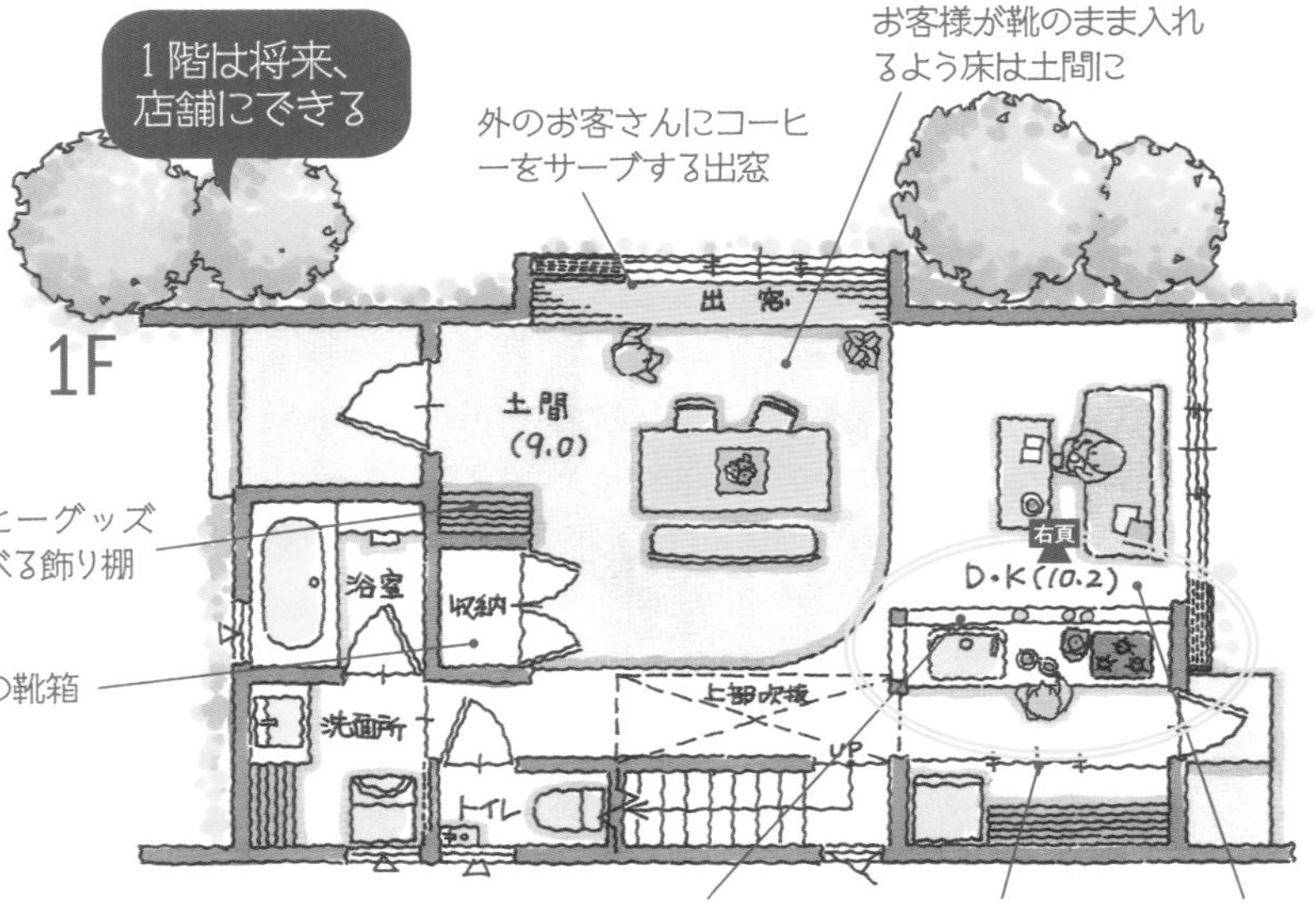
外のお客さんにコーヒーをサーブする出窓
お客様が靴のまま入れるよう床は土間に
コーヒーグッズを並べる飾り棚
家族の靴箱
個性的なタイルを張った
普段は引き戸を閉め、食器や冷蔵庫を隠している
フローリングの一部は特別に補強。将来、コーヒーの焙煎機を置く計画

Data
夫婦＋子１人（４歳）
床面積……1F：48.0㎡｜2F：47.2㎡

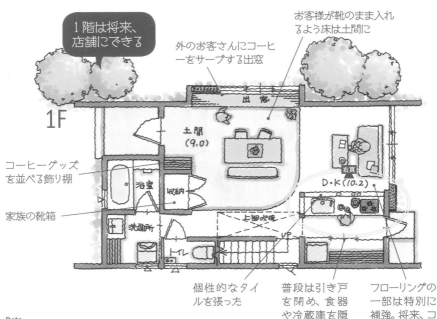

リビング(8.0)

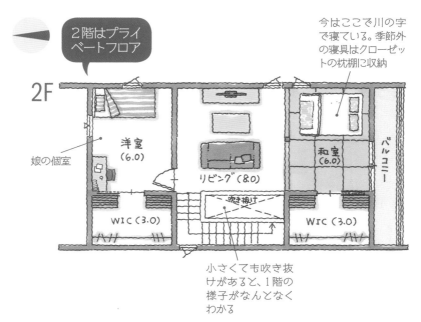

現代アートの蒐集が趣味の筒井夫妻。「専用スペースをつくるだけでなく、生活空間のあちこちにも飾りたい」というのが夢でした。

第一の希望であるギャラリーには、1階ＬＤＫ脇をあてました。床を一段下げ、可動式の柱でほどよく仕切った半独立的な空間で、玄関からも直接入れます。「友人を招き、まずはこの部屋に通すのが楽しい時間です」

階段下やキッチン背面はオープン棚。オブジェやヴィンテージの食器を並べ、暮らしに溶け込ませています。「設計士さんにも事前に作品を見てもらいました。サイズや雰囲気をつかんでもらえ、内装もイメージ通りにできました」

コツコツ集めた アートや陶器と暮らす

蒐集したアートを愉しむ こだわりのギャラリー

① 可動式の柱。掛ける作品に合わせて間隔を調整できる
② 位置や向きを変えられるスポットライト
③ 窓は腰高に抑え、鑑賞する際、眩しくないよう配慮
④ 玄関から土足でも上がれるよう、強度の高いフローリング材をチョイス
⑤ 一段上がったフロアが家族のLDK。引き戸で仕切ることもできる

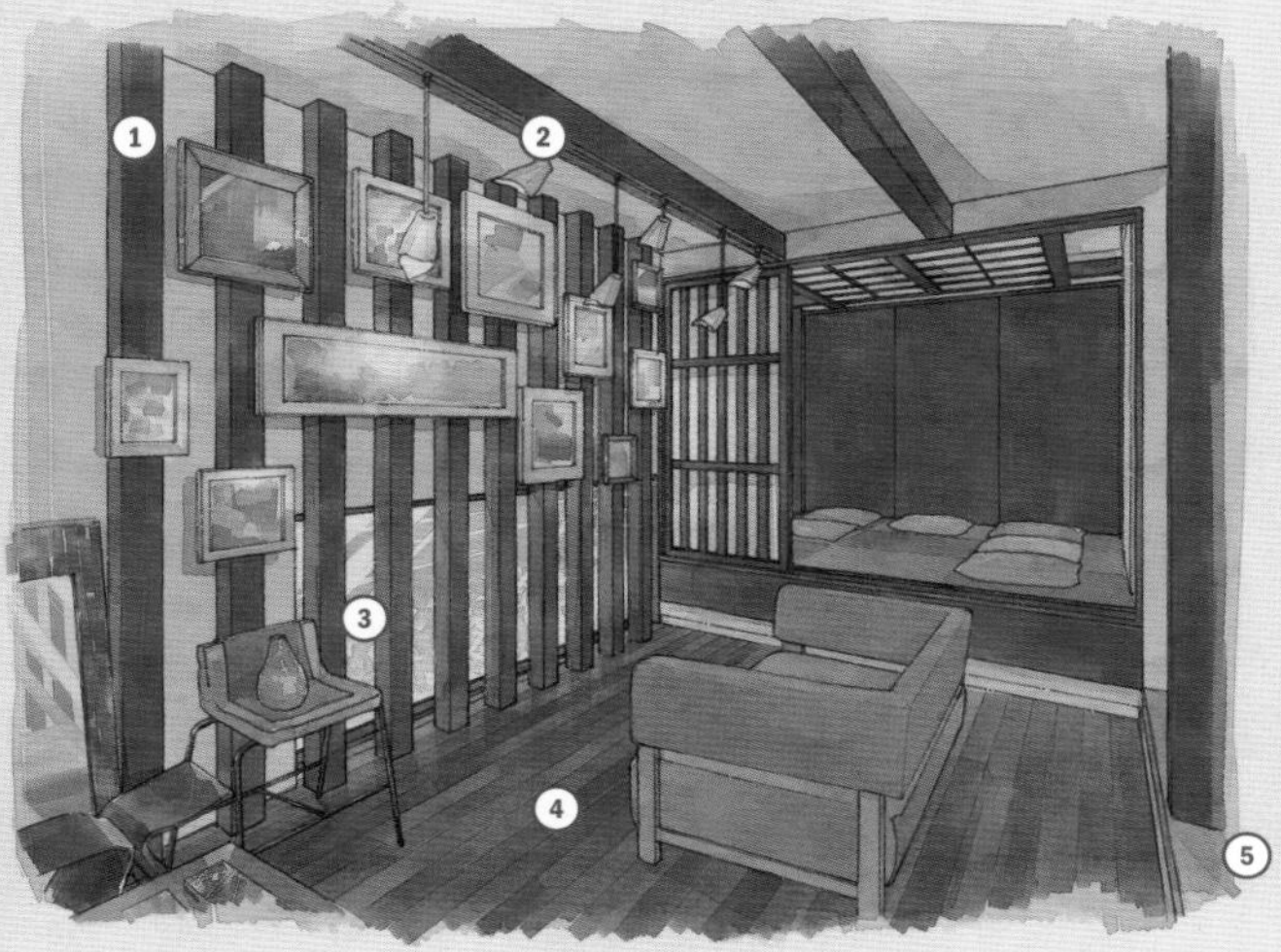

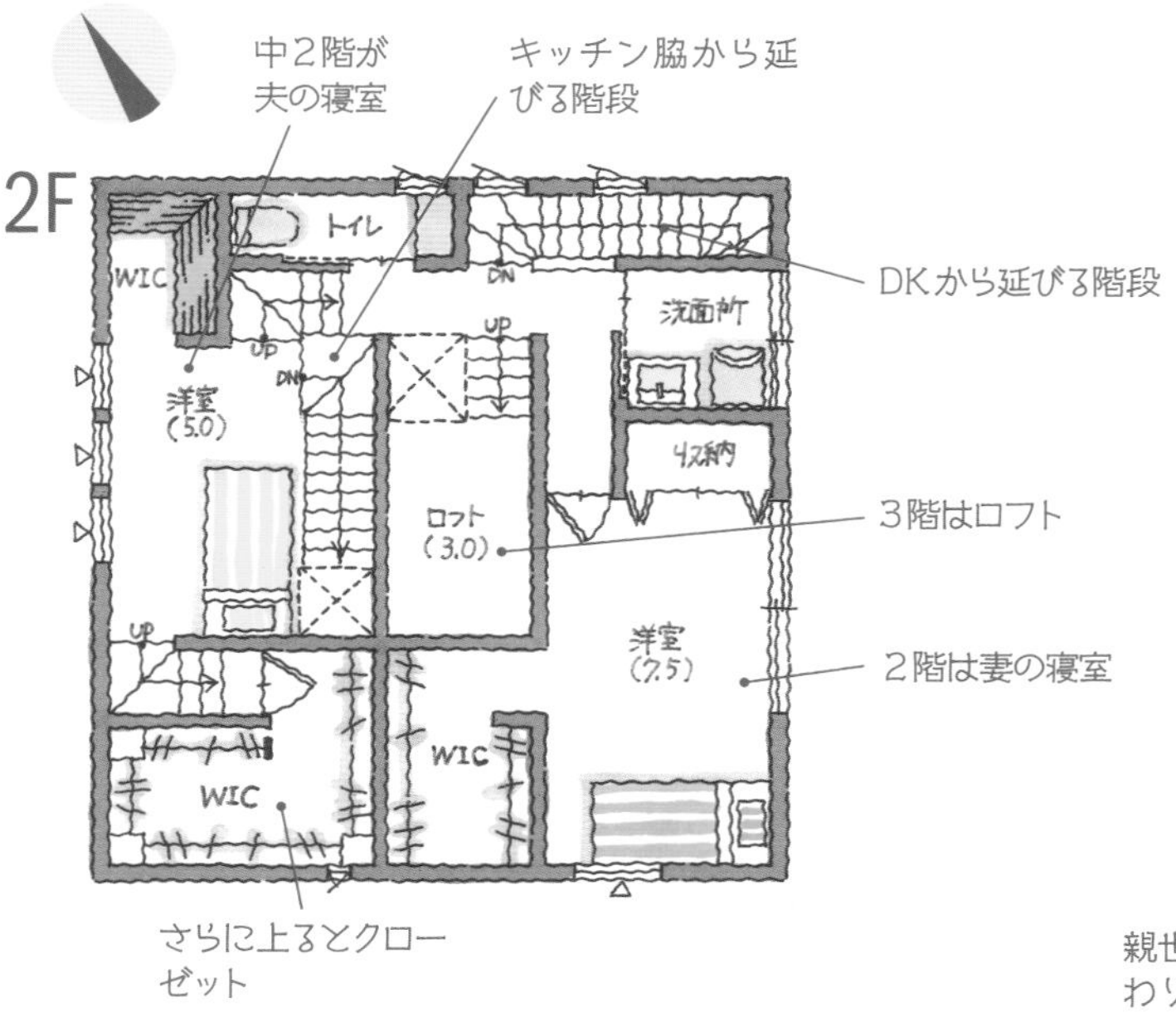
中2階が
夫の寝室
キッチン脇から延
びる階段
2F
トイレ
WIC
UP
DN
洋室
(5.0)
洗面所
収納
ロフト
(3.0)
洋室
(7.5)
WIC
WIC
DKから延びる階段
3階はロフト
2階は妻の寝室
さらに上るとクロー
ゼット

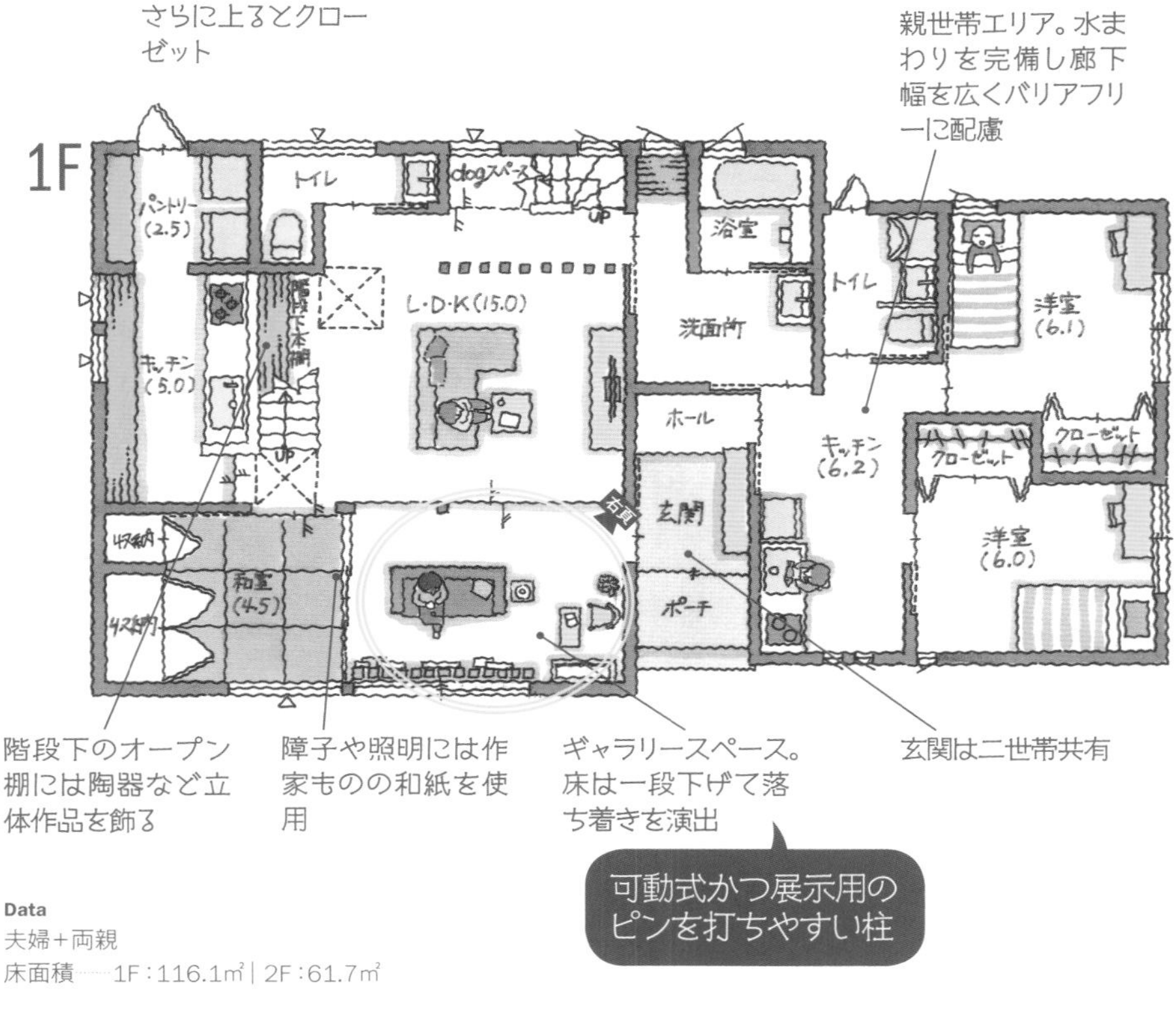
親世帯エリア。水ま
わりを完備し廊下
幅を広くバリアフリ
ーに配慮
1F
パントリー
(2.5)
トイレ
dogスペース
UP
L・D・K(15.0)
階段下本棚
キッチン
(5.0)
浴室
洗面所
トイレ
洋室
(6.1)
ホール
キッチン
(6.2)
クローゼット
クローゼット
玄関
洋室
(6.0)
ポーチ
和室
(4.5)
収納
収納
階段下のオープン
棚には陶器など立
体作品を飾る
障子や照明には作
家ものの和紙を使
用
ギャラリースペース。
床は一段下げて落
ち着きを演出
玄関は二世帯共有
可動式かつ展示用の
ピンを打ちやすい柱

Data
夫婦+両親
床面積……1F：116.1㎡｜2F：61.7㎡

妻の夢！　ダンススタジオ＆広々リビングを実現

ベリーダンスの講師をしている和田さんは自分の教室を開くのが夢でした。「教室のために必要なスタジオスペースと駐輪場を確保しつつも家族のエリアはしっかり区切りたい。くつろげるリビングは絶対ほしいと思っていました」

スタジオには、1階の三分の一ほどを割くことに。そのため普通は1階に配する水まわりを2階に設計し、リビング＋和室で広々したワンルームのように仕立てました。「庭にも視線が抜けるので、実際より広く、開放的に感じます」

浴室や洗面所が2階にあるのも、いいことづくめと大満足。「お風呂と寝室が近かったり、洗濯後すぐ干せたりと家事がラク。夫は『入浴中に星空を眺めるのが最高』と、毎日感動しています」

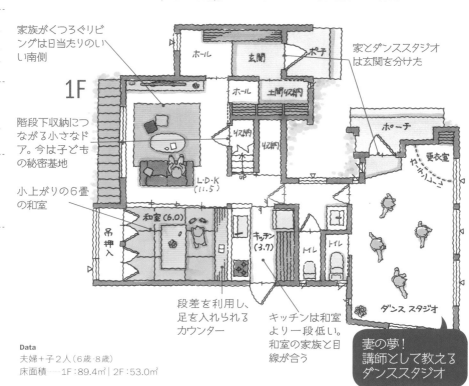

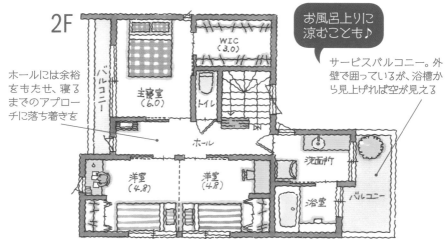

2F

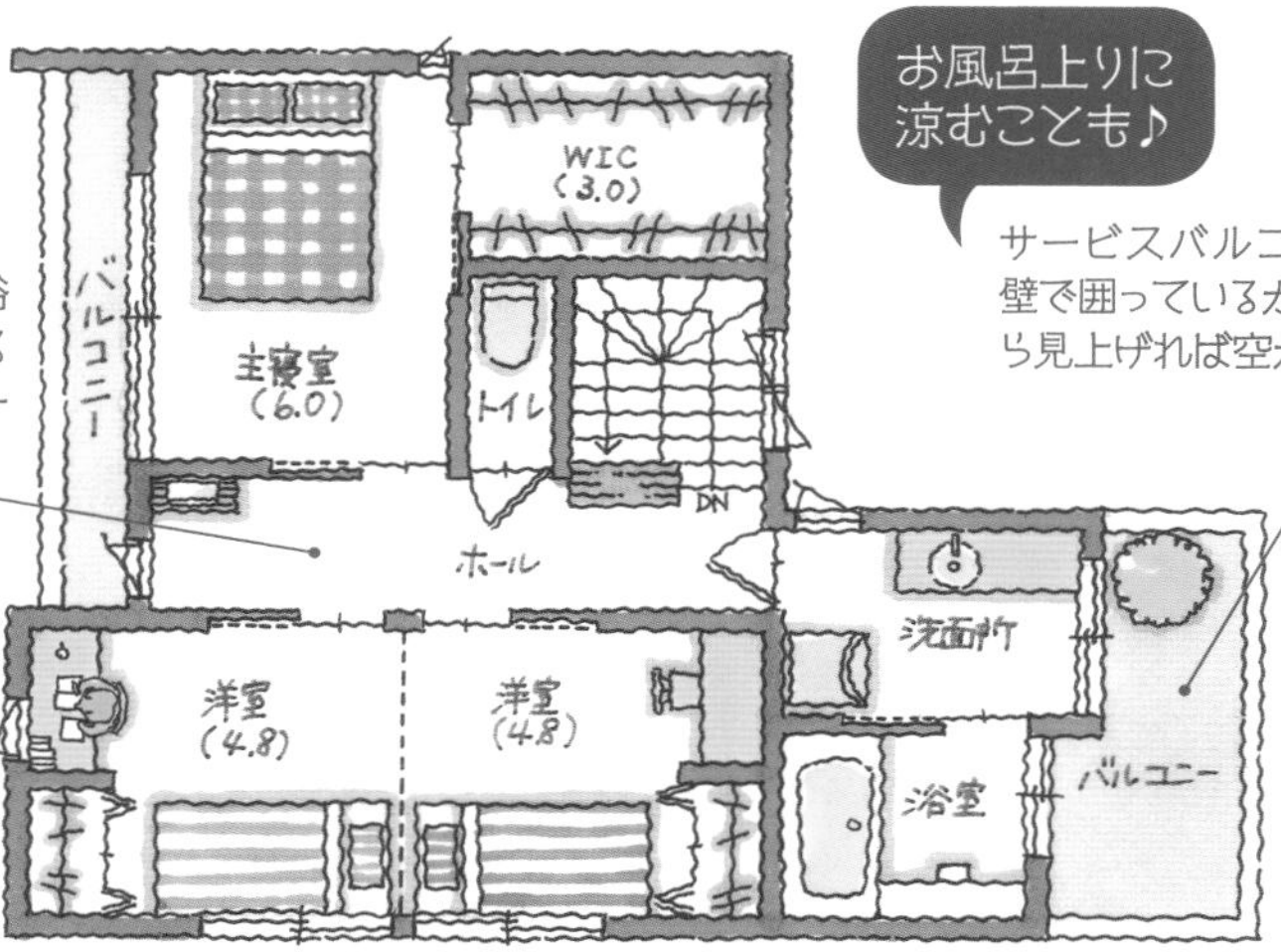
WIC
(3.0)
主寝室
(6.0)
トイレ
バルコニー
DN
ホール
洗面所
洋室
(4.8)
洋室
(4.8)
浴室
バルコニー

お風呂上りに涼むことも♪

サービスバルコニー。外壁で囲っているが、浴槽から見上げれば空が見える

ホールには余裕をもたせ、寝るまでのアプローチに落ち着きを

1F

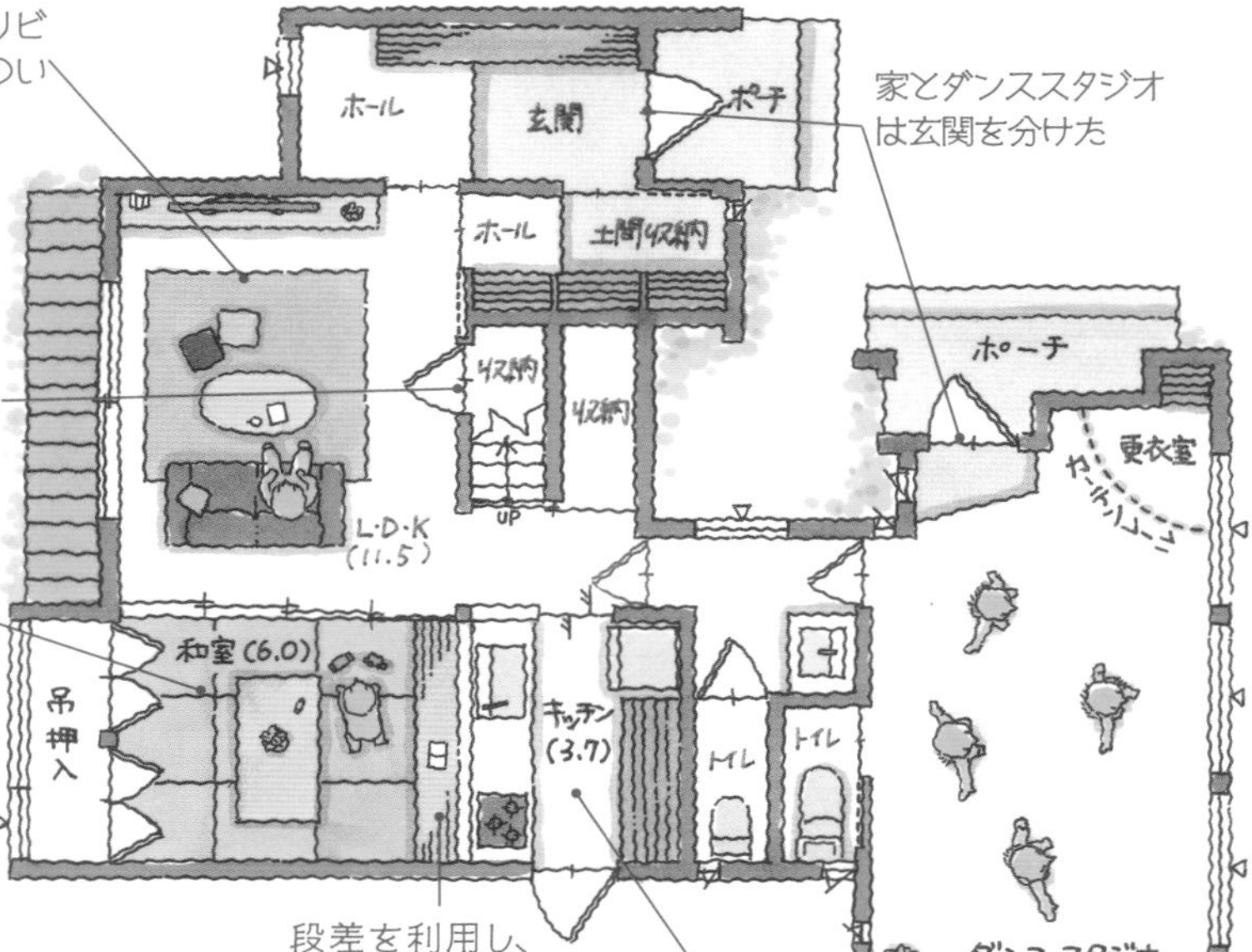
ホール
玄関
ポーチ
ホール
土間収納
収納
収納
UP
L·D·K
(11.5)
ポーチ
更衣室
カーテン
和室(6.0)
吊押入
キッチン
(3.7)
トイレ
トイレ
ダンス スタジオ

家族がくつろぐリビングは日当たりのいい南側

家とダンススタジオは玄関を分けた

階段下収納につながる小さなドア。今は子どもの秘密基地

小上がりの6畳の和室

段差を利用し、足を入れられるカウンター

キッチンは和室より一段低い。和室の家族と目線が合う

妻の夢！
講師として教える
ダンススタジオ

Data
夫婦＋子２人（6歳·8歳）
床面積……1F：89.4㎡｜2F：53.0㎡

将来は田園風景が美しい郊外でのんびり暮らしたいと夢見ていた野上さん。「マイホームを建てるなら田舎に、と決めていました。実は間取りに細かいこだわりはなくて。土地に合った設計をプロにお任せできればと思っていました」。そう話す夫の俊介さん。仕事は二輪教習の指導員で、趣味の競技用を含め、バイク7台を保有します。「確かにその置き場と作業場は必須でしたね（笑）」

そこで1階の西側に10畳強のガレージを設計。天井には3本の梁をあらわしにして、チェーンを掛け、パーツ類を吊るせるようにしています。精密部品も扱うため、隣には小さな作業室。「完璧なる

薪ストーブとバイク7台
のどかな田園暮らしを満喫

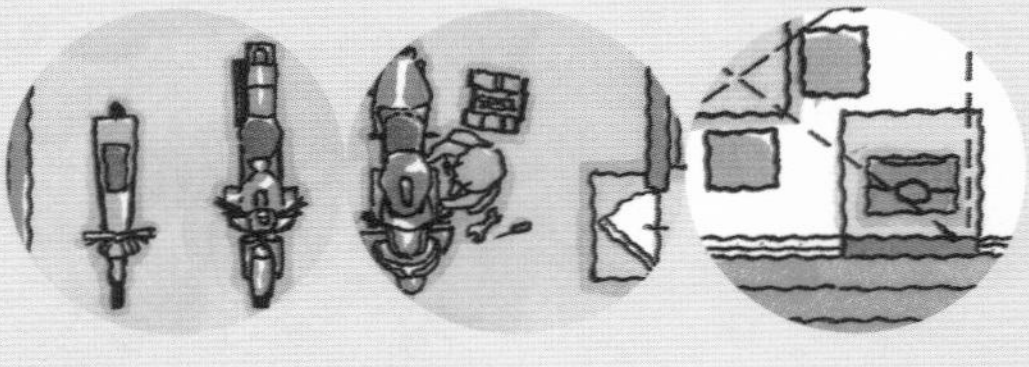

夢のスペース。何時間でもこもっていられます」

ガレージの他、1階は掘りごたつを設えたリビングと、ダイニング、キッチン、水まわり。リビングには薪ストーブを置き、吹き抜けで2階まで暖気を巡らせています。「のどかな景色と薪ストーブの炎を眺めていると本当に心が安らぎます。暖房効果も抜群で、外で雪が積もるほど降っていても気づかないくらいなんですよ」

薪割りをしたりピザを焼いたりと、薪ストーブを通して家族の楽しみも増えたそう。「家にいる時間がいちばん贅沢。そう思える家ができました」

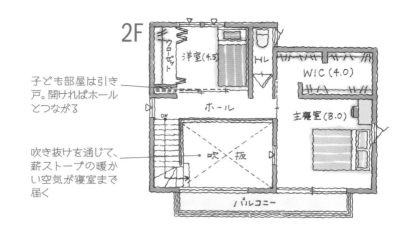

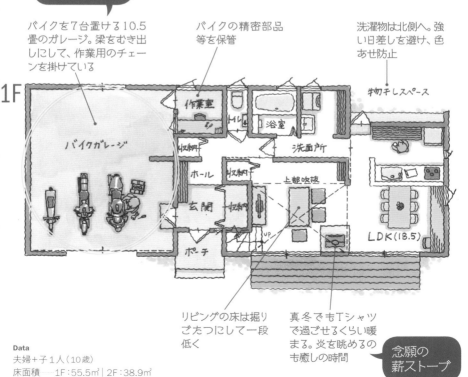

2F

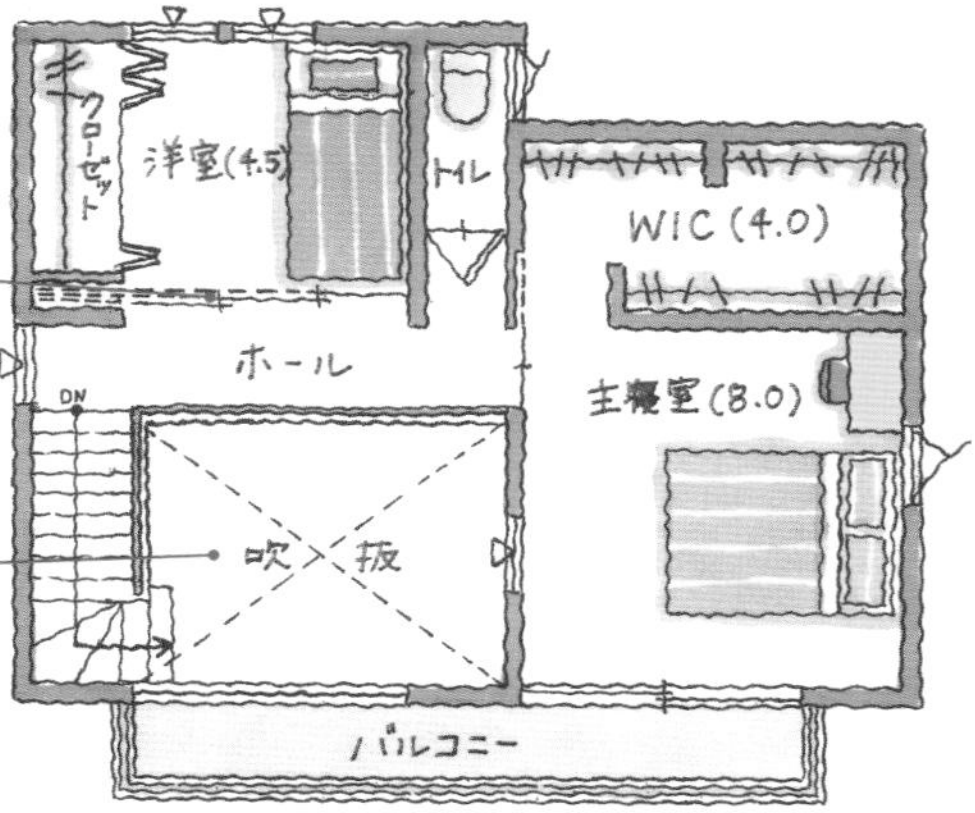
クローゼット
洋室(4.5)
トイレ
WIC(4.0)
ホール
主寝室(8.0)
DN
吹抜
バルコニー

子ども部屋は引き戸。開ければホールとつながる

吹き抜けを通じて、薪ストーブの暖かい空気が寝室まで届く

仕事と趣味の贅沢スペース

バイクを7台置ける10.5畳のガレージ。梁をむき出しにして、作業用のチェーンを掛けている

バイクの精密部品等を保管

洗濯物は北側へ。強い日差しを避け、色あせ防止

1F

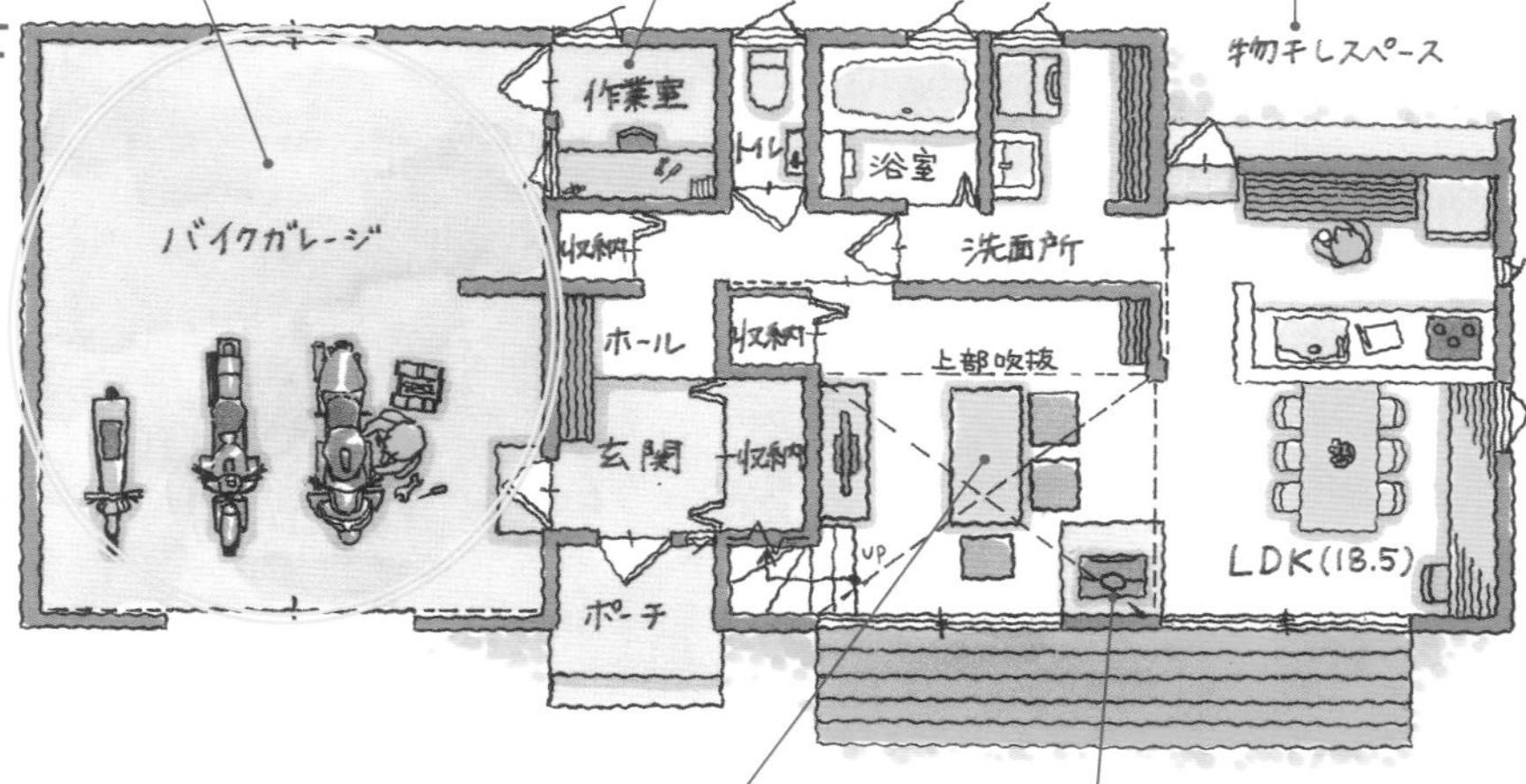
物干しスペース
作業室
トイレ
浴室
収納
洗面所
バイクガレージ
ホール
収納
上部吹抜
玄関
収納
UP
ポーチ
LDK(18.5)

リビングの床は掘りごたつにして一段低く

真冬でもTシャツで過ごせるくらい暖まる。炎を眺めるのも癒しの時間

念願の薪ストーブ

Data
夫婦＋子１人（10歳）
床面積……1F：55.5㎡｜2F：38.9㎡

愛車を楽しむ ガレージが主役！

古いミニクーパーを持つ林さん。「父から譲り受けた車。手がかかるぶん、わが子のようにかわいくて」と愛車を楽しむ家を建てました。主役はもちろんガレージ。玄関を入ると、目の前にガラス張りの車庫が広がります。「さっきまで乗っていたはずなのに、視界に入ればやっぱり釘づけ。2階のリビングに上がりつつ、眺められるのも興奮します」

1階の残りスペースは寝室で、その他の生活空間は2階に集約しています。「ガレージを大きくしたぶん狭く感じないか心配でしたが、2階は全体が明るく快適。長年の夢を優先し、思い切った間取りにして良かったです」

車にあわせて外観もおしゃれに

① 玄関ドアはオーク材、アプローチは枕木を使用し、経年変化を楽しめる
② 外壁は黒いガルバリウムを段葺きに
③ 木製シャッター。雨風のダメージは受けるが、「それも味わい」と選択した
④ 約30年ものの愛車がこの家の主役！
⑤ ガレージ内部の壁は車に合わせてモスグリーンの塗装

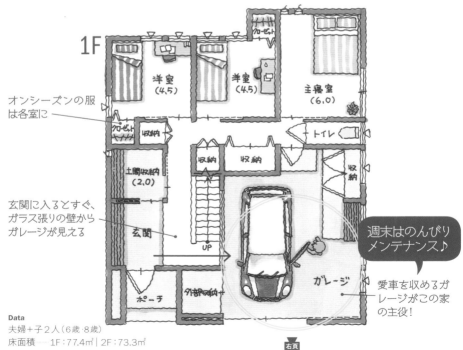

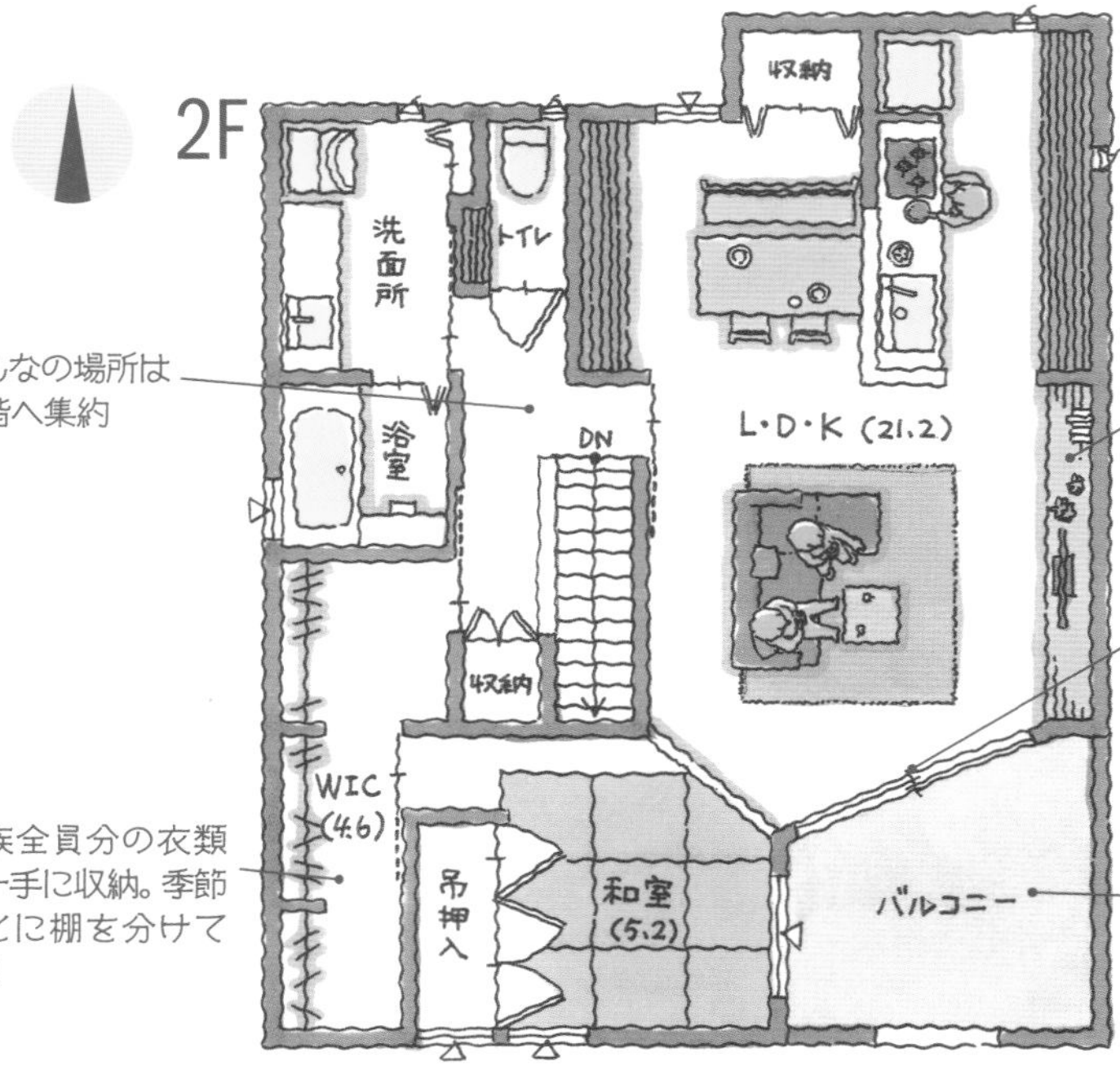
2F
収納
洗面所
トイレ
浴室
DN
L・D・K (21.2)
収納
WIC (4.6)
吊押入
和室 (5.2)
バルコニー

みんなの場所は2階へ集約

タモ材のTV台はキッチン収納と面を合わせて造作

フロアを斜めにカットし、視線の伸びを演出

家族全員分の衣類を一手に収納。季節ごとに棚を分けている

光をたっぷり取り込む南東のバルコニー

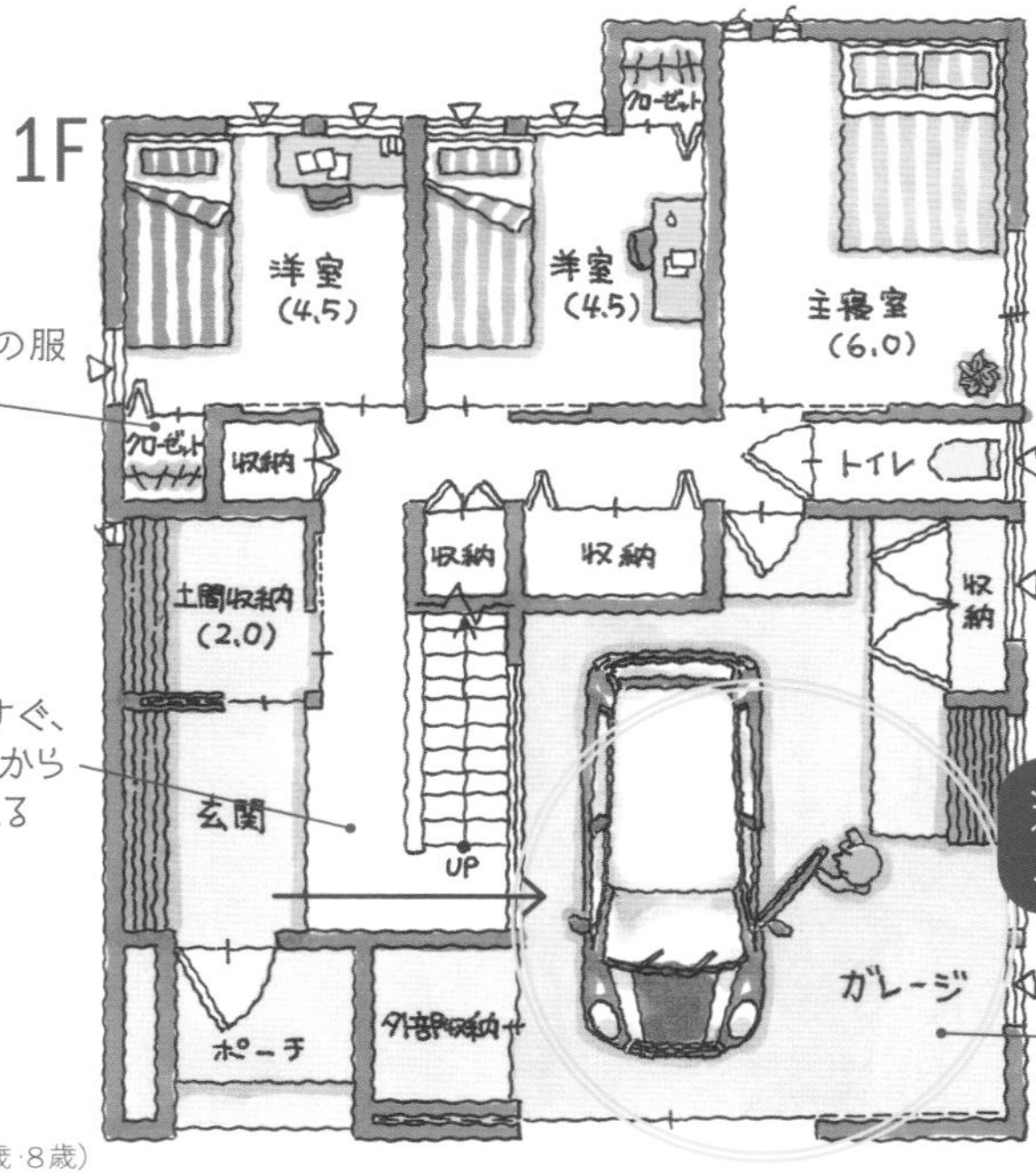
1F
クローゼット
洋室 (4.5)
洋室 (4.5)
主寝室 (6.0)
クローゼット
収納
トイレ
収納
収納
収納
土間収納 (2.0)
玄関
UP
ポーチ
外部収納
ガレージ

オンシーズンの服は各室に

玄関に入るとすぐ、ガラス張りの壁からガレージが見える

週末はのんびりメンテナンス♪

愛車を収めるガレージがこの家の主役！

Data
夫婦＋子２人（6歳･8歳）
床面積……1F：77.4㎡｜2F：73.3㎡

右頁

自慢したくなる

子ども部屋SNAP

廊下＆リビングも遊び場に

玄関の廊下をクライミングウォールにし、見た目もにぎやかなわが家に。リビングの天井一部にはうんていを。部屋干しにも使えます。

パーツは自由に増やせます

仕切りナシで遊び場を最大限に

男の子ふたりの子ども部屋は、2階の仕切りのない約6畳。寝るのは造り付けのロフトで、遊び場を最大限確保しました。

窓もふたつ

将来、二分しやすい間取り

今は共用の姉妹の部屋ですが、将来分けることを考え、クローゼット・机・飾り棚を左右それぞれに。真ん中の柱部分で壁を立てれば、最小限のリフォームでOK。

カラフルな壁とはしごが自慢

壁と、ベッドのはしごの色は子どもたちが自分でチョイス。お絵描きした絵や写真も貼れて、愛着ある部屋になりました。

アンニュイな色壁もお気に入り♪

ちょっと大人っぽい秘密基地

斜線制限の影響で、屋根裏のような雰囲気がする2階の子ども部屋。“秘密の場所”という感じが好きで、夜も一人で眠るようになりました。

図鑑もおもちゃも入る奥行き30cm

既製家具にはできない収納力！

約4.5畳と限られた個室だから、壁も収納として上手に利用。天井まである造作棚で、空間を隅々まで無駄にしません。

動線と水まわりを分けて
おばあちゃんもマイペースに

母親の年齢を考え、二世帯住宅を考え始めたという田代さん。「喜んでくれましたが、自分のことはまだ自分でできる。生活リズムの違いもあるし、『迷惑をかけないためにも、水まわりを別にしてもらえないか』というのが、母からの希望でした」

　確かに、子育て真っただ中の田代さん一家とは、起床から睡眠まで様々なタイミングが違います。「費用はかかるけれど、お互い気をつかわないのがいちばん」と、洗面、トイレ、洗濯機置き場、そして3畳弱のキッチンを備えたおばあちゃんの部屋をつくりました。

　実際に暮らし始めると、「やっぱりこうして良かった」と思うことばかりと話します。「朝起きて鏡を使うのも、お茶を淹れるのもそれぞれの場所があるから気楽です」

　ほどよい距離感で暮らせる理由は動線にも。おばあちゃんのエリアと子世帯のエリアは、1階中央の廊下で分かれています。玄関からそれぞれへ直行できるため、干渉や遠慮がいりません。

　夕飯は子世帯のリビングで一緒にとることが多いそう。「ママが仕事で遅い日は、おばあちゃんがつくってくれる!」と5歳の息子さん。「幼稚園のお弁当用に煮物を分けてもらったりと、仲のいいお隣さんみたい。それぞれに暮らしやすさを守りながら、ひとつ屋根の下で安心して生活できています」

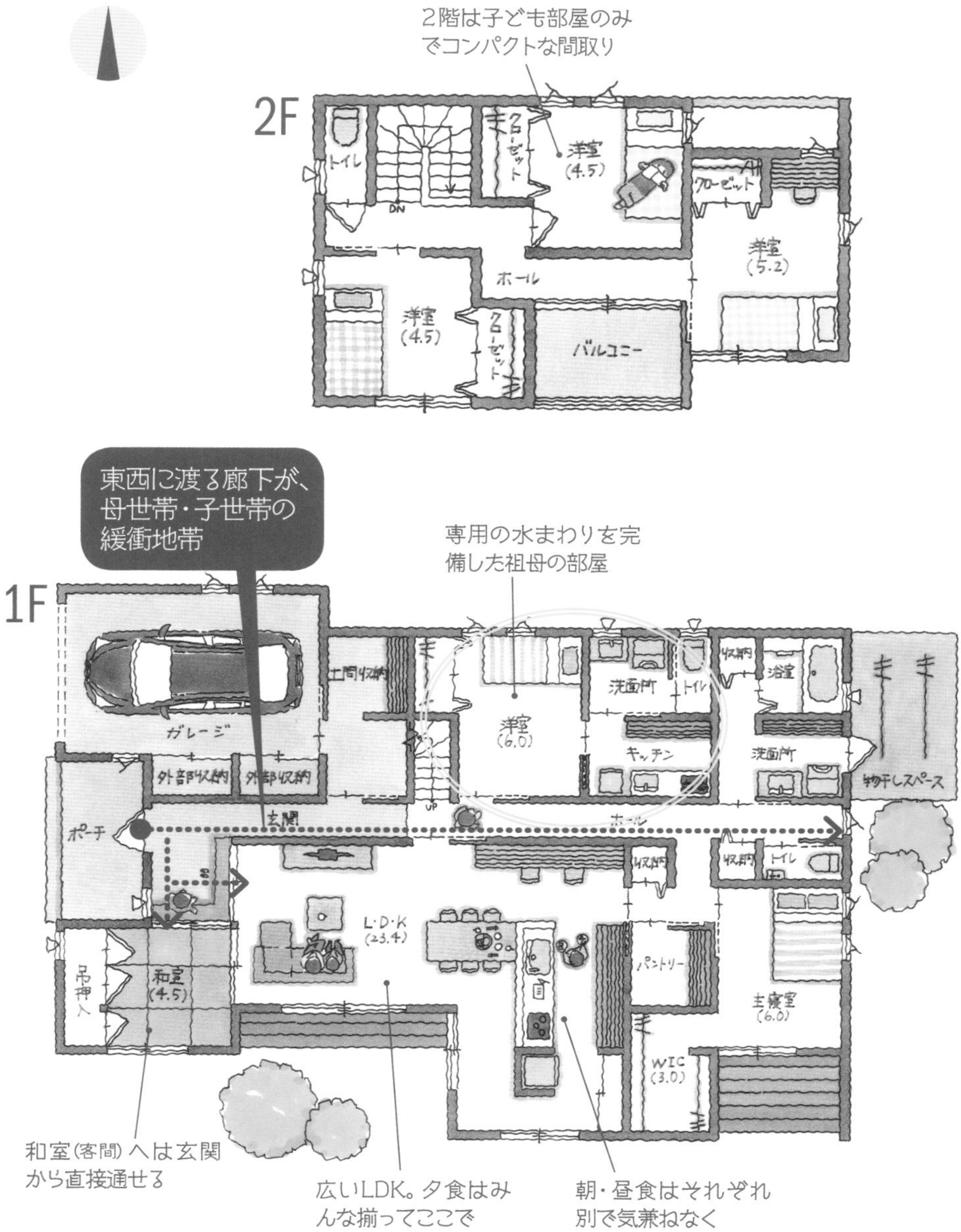
2階は子ども部屋のみでコンパクトな間取り
2F
トイレ
DN
クローゼット
洋室(4.5)
クローゼット
洋室(5.2)
ホール
洋室(4.5)
クローゼット
バルコニー
東西に渡る廊下が、母世帯・子世帯の緩衝地帯
専用の水まわりを完備した祖母の部屋
1F
ガレージ
土間収納
外部収納
外部収納
ポーチ
玄関
UP
洋室(6.0)
洗面所
トイレ
収納
浴室
キッチン
洗面所
物干しスペース
ホール
収納
収納
トイレ
L・D・K(23.4)
パントリー
主寝室(6.0)
WIC(3.0)
吊押入
和室(4.5)
和室(客間)へは玄関から直接通せる
広いLDK。夕食はみんな揃ってここで
朝・昼食はそれぞれ別で気兼ねなく

Data

祖母＋夫婦＋子３人（５歳・９歳・11歳）

床面積……1F：130.0㎡｜2F：39.7㎡

実家の隣町のマンションに住んでいた井村さん。「妻もフルタイムで働いているので、仕事が長引いたり子どもが熱を出したりすると私の母が頼みの綱。下の子が産まれてからはそれも増え、二世帯を考えるようになりました」。夫の両親に話をすると、二つ返事だったそう。庭を含めて約50坪あった実家の土地を建て替える計画が始まりました。

共通の望みは、庭を残すことでした。「住居部分が広くなるとは言え、子どもが駆け回って遊べる庭は残してあげたいなと。また僕自身が育った場所であるせいか、庭があると昔の面影を感じられる気がしたんです」

庭を挟んで向かい合う
スープの冷めない二世帯住宅

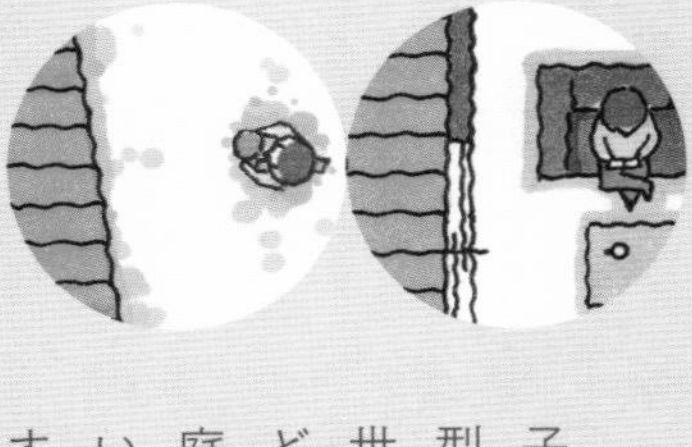

そこで出たアイデアが、親世帯・子世帯で共有の庭を挟んだコの字型の間取りです。西側は平屋の親世帯、東側は2階建ての子世帯で、どちらもゆったりした縁側付き。庭には隣家の視線が届かないので、いつものどかな時間が流れています。「子どもが一人で遊んでいても誰かしら大人が見ていられるし、いつでもお互いの声が届くから安心です」

外玄関は別々に設けています。でも日常のちょっとした届けものなら、玄関でも室内でもなく、庭から。「まさに〝スープの冷めない距離〟。遠慮も干渉もしすぎない、ちょうどよい距離感で暮らしています」

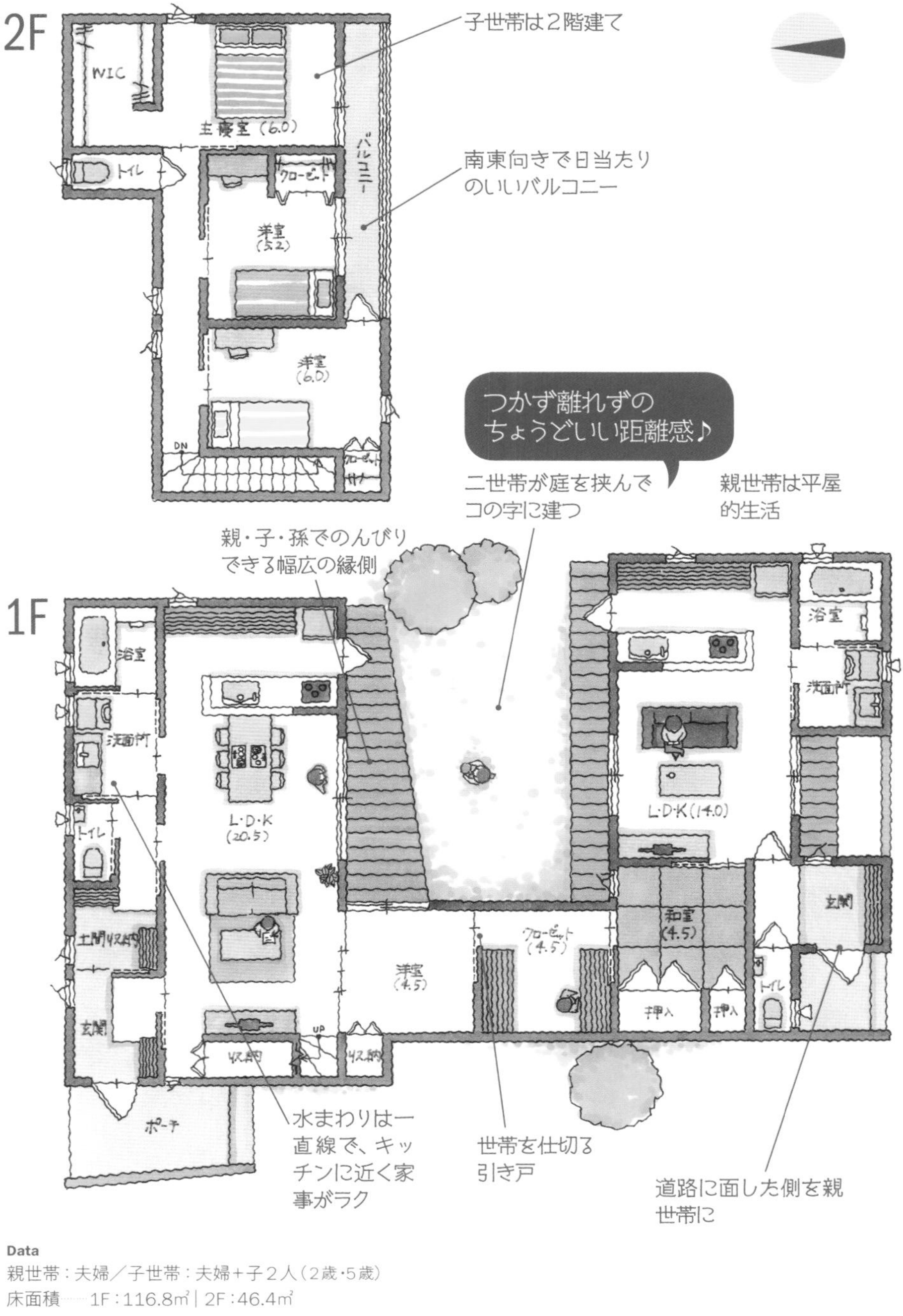
2F
WIC
主寝室(6.0)
トイレ
クローゼット
バルコニー
洋室(5.2)
洋室(6.0)
DN
クローゼット
子世帯は2階建て
南東向きで日当たりのいいバルコニー
つかず離れずのちょうどいい距離感♪
二世帯が庭を挟んでコの字に建つ
親世帯は平屋的生活
親・子・孫でのんびりできる幅広の縁側
1F
浴室
洗面所
トイレ
土間収納
玄関
L·D·K(20.5)
収納
UP
収納
ポーチ
洋室(4.5)
クローゼット(4.5)
和室(4.5)
押入
押入
トイレ
玄関
浴室
洗面所
L·D·K(14.0)
水まわりは一直線で、キッチンに近く家事がラク
世帯を仕切る引き戸
道路に面した側を親世帯に

Data

親世帯：夫婦／子世帯：夫婦＋子２人（2歳・5歳）

床面積……1F：116.8㎡｜2F：46.4㎡

駅近、車庫付き、父との同居が家づくりの条件だった井口さん。「土地は希望のエリアで見つかりました。ただ予算との兼ね合いで、狭小で変形。必要な部屋数と日当たりは確保したいとお願いしました」

採用したのは３階建てで、クールな外観のプランです。１階に父の部屋、３階に子世帯の個室を設け、２階のＬＤＫと水まわりは共有。「お互いに使いやすく、ほどよい距離感も保てます」。キッチンからバルコニーへは視線がまっすぐ抜け、家事の最中ふと顔を上げると外の景色に癒されます。「奥行きのあるＬＤＫは、狭く感じなくていいですね。厳しい条件でも間取りのおかげで満足の家になりました」

開放的なリビングでつながる 狭小3階建て二世帯

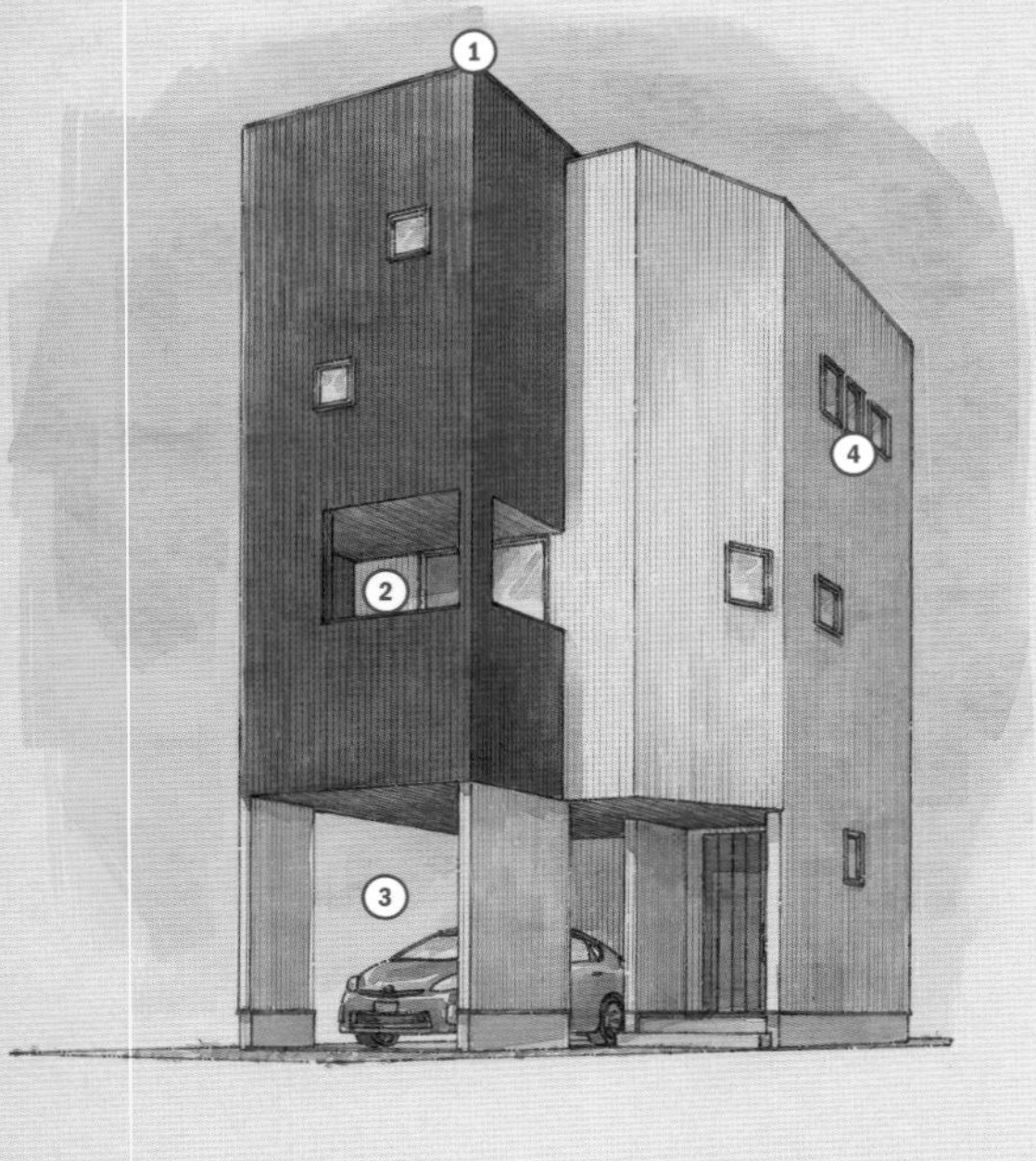

クールな外観と暮らしやすい間取りを実現！

① 建築面積13坪の狭小地。3階建てにし、二世帯分の居住スペースを確保

② 2階はワンフロアすべてがLDK。東向きのバルコニーで日当たり良好

③ 玄関前は車庫。天井はレッドシダー張りにし、外観にアクセントをプラス

④ おしゃれなポツ窓。隣家からの視線を絞る効果もある

3階は子世帯の個室

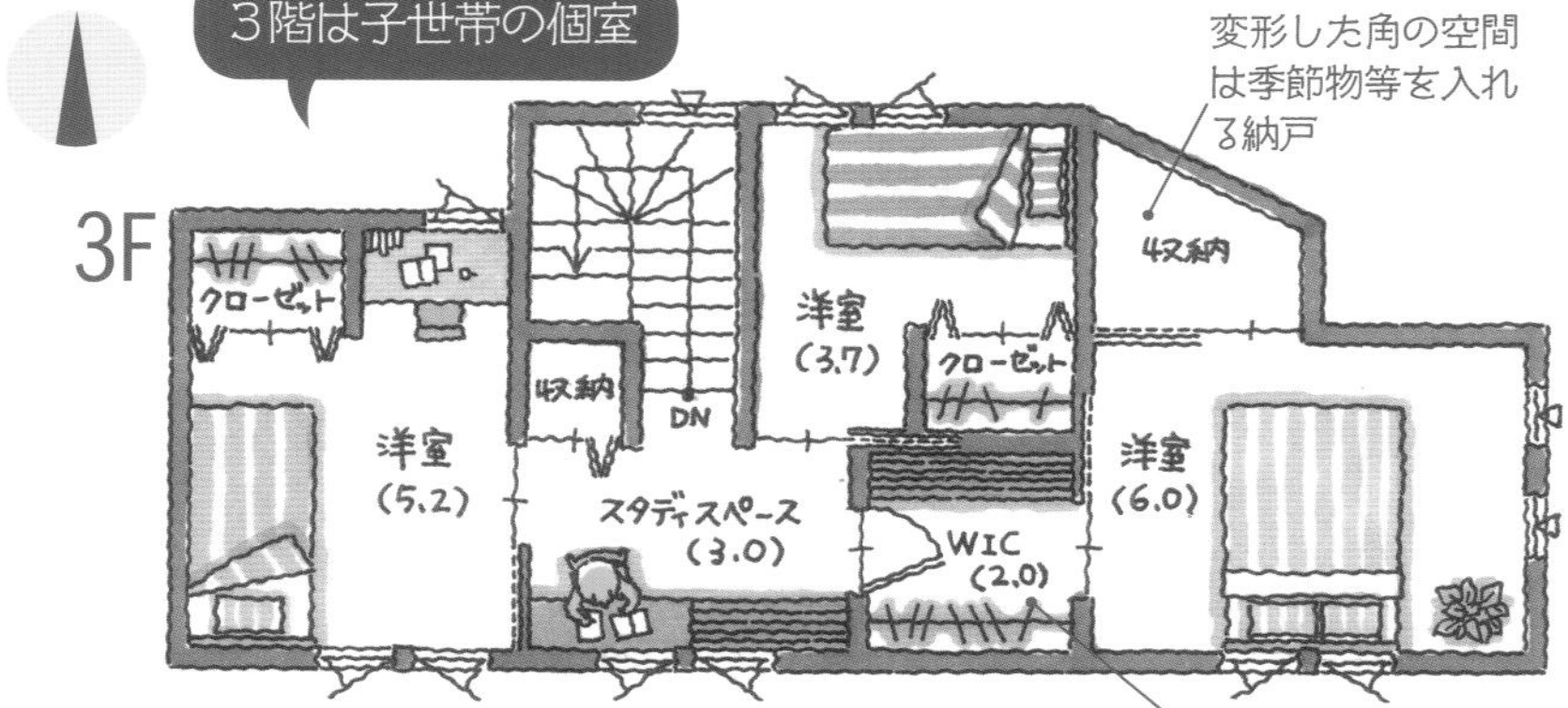
狭小住宅に最適！空間を有効利用できる動線上の収納

2階は共用のLDK＆水まわり

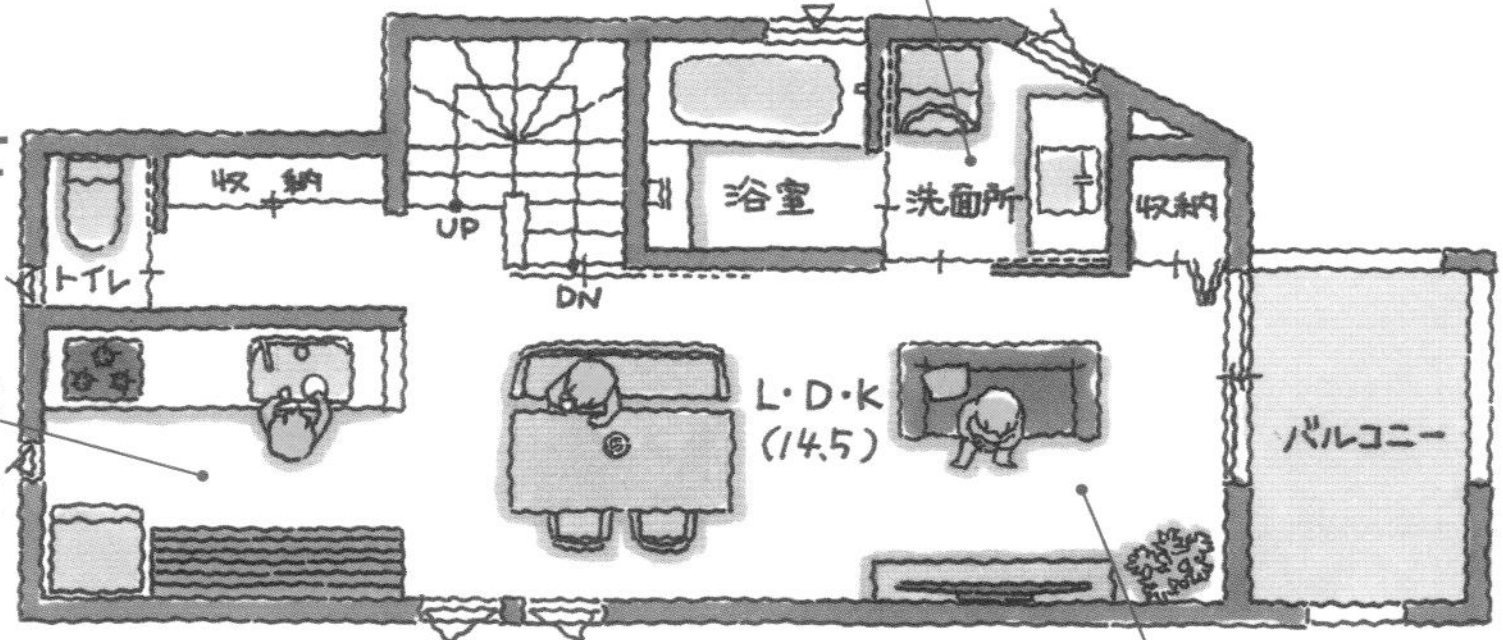
2F
水まわりは二世帯共用。コストダウンにも貢献！
バルコニーまで視線が長く伸び、広々と感じる
東向きのバルコニーで、リビングは日中、照明要らず

1階は父の部屋＋車庫

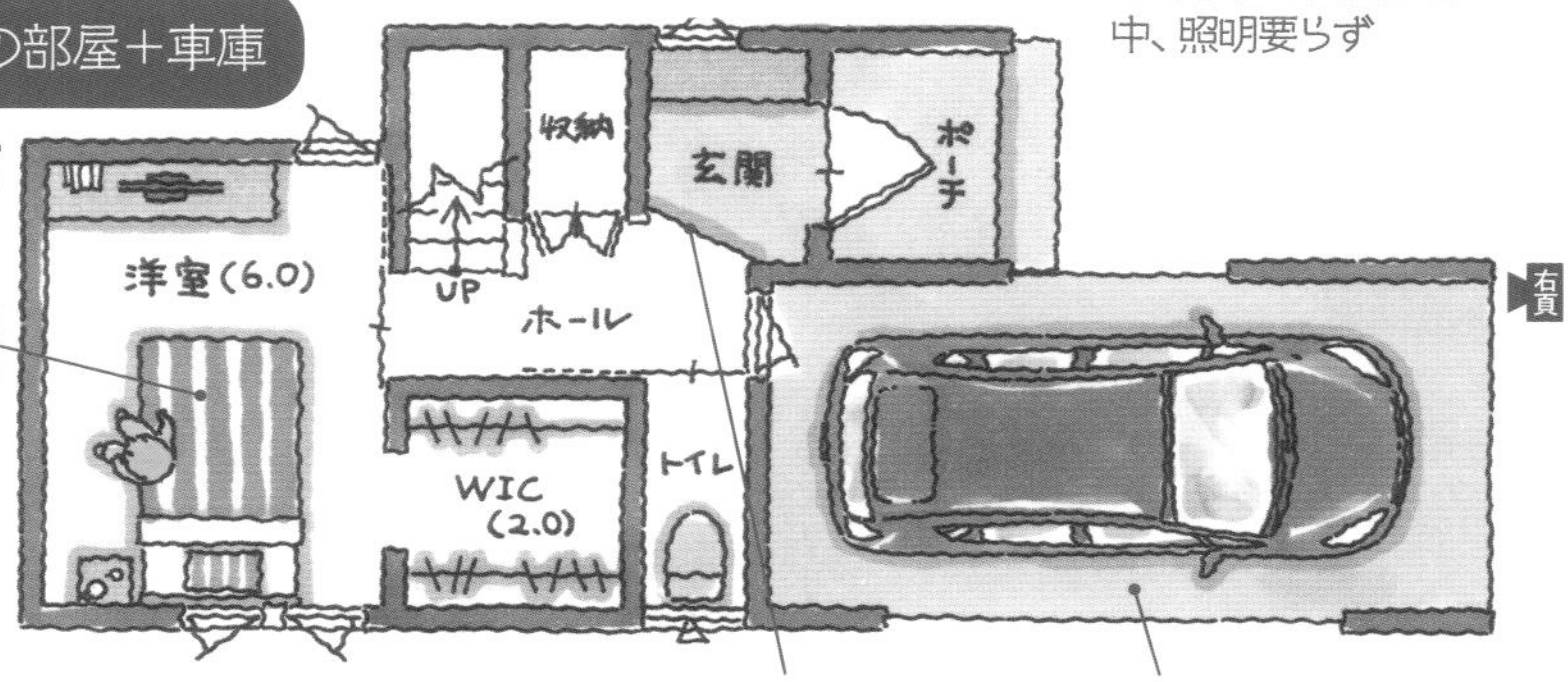
1F
父の個室は出入りしやすい1階に
上がりかまちを斜めにし、玄関もホールも広さを確保
屋根付きガレージで雨の日もラク

Data
祖父＋夫婦＋子２人（6歳・8歳）
床面積……1F：23.2㎡｜2F: 38.1㎡｜3F: 43.1㎡

右頁

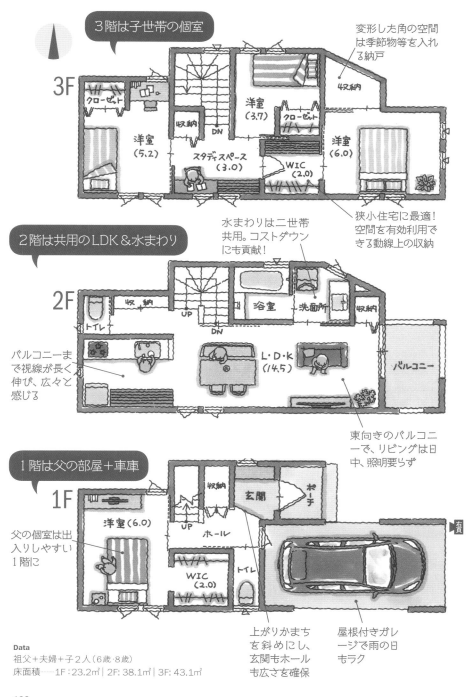

コラボハウス一級建築士事務所

2008年に愛媛県松山市にて創業。愛媛県、香川県を拠点に「設計士とつくるデザイナーズ住宅」を手掛け、これまでに1000棟以上の住宅を供給。全国に100社の加盟店を擁するコラボハウスネットワークのFC本部として、「住みやすくて、使いやすくてちょっとかっこいい家」を広める設計セミナーや事業支援も行っている。

公式サイト：http://collabohouse.info/
公式インスタグラム：https://www.instagram.com/collabo_house/
代表者インスタグラム：https://www.instagram.com/seike_shugo/

間取りのお手本

2020年 3 月 9 日　初版第 1 刷発行
2023年 8 月18日　　　第10刷発行

著者
コラボハウス一級建築士事務所

発行者
澤井聖一

発行所
株式会社エクスナレッジ
〒106-0032
東京都港区六本木7-2-26
https://www.xknowledge.co.jp/

問合わせ先
［編集］TEL 03-3403-6796　FAX 03-3403-0582　info@xknowledge.co.jp
［販売］TEL 03-3403-1321　FAX 03-3403-1829